高等职业教育铁道养路机械应用技术专业系列教材

# 铁路大型养路机械检修技术

张永革◎主　编

中国铁道出版社有限公司

2023年·北　京

## 内 容 简 介

本书为高等职业教育铁道养路机械应用技术专业系列教材之一。作者针对大型养路机械类专业课程的教学特点和行业特点，精心组织编写，辅以工程实例，形式新颖，重点突出，凸显校企合作，行业特点明显。本书共分为九个项目，将企业的岗位标准和学生的专业能力培养有机地结合在一起，并以够用为原则。

本书可作为高等职业院校铁道养路机械应用技术专业、机电一体化技术专业、铁道施工和养路机械制造与维护专业学生的学习用书，也可以作为相关技术人员的培训用书。

**图书在版编目（CIP）数据**

铁路大型养路机械检修技术/张永革主编．—北京：中国铁道出版社有限公司，2021.4（2023.8 重印）
高等职业教育铁道养路机械应用技术专业系列教材
ISBN 978-7-113-27715-4

Ⅰ.①铁… Ⅱ.①张… Ⅲ.①铁路养护-养路机械-检修-高等职业教育-教材 Ⅳ.①U216.6

中国版本图书馆 CIP 数据核字(2021)第 016126 号

**书　　名：铁路大型养路机械检修技术**
**作　　者：**张永革

---

**策　　划：**陈美玲
**责任编辑：**陈美玲　　**编辑部电话：**（010）51873240　　**电子邮箱：**992462528@qq.com
**封面设计：**郑春鹏
**责任校对：**王　杰
**责任印制：**赵星辰

---

**出版发行：**中国铁道出版社有限公司（100054，北京市西城区右安门西街 8 号）
**网　　址：**http://www.tdpress.com
**印　　刷：**北京铭成印刷有限公司
**版　　次：**2021 年 4 月第 1 版　2023 年 8 月第 4 次印刷
**开　　本：**787 mm×1 092 mm 1/16　**印张：**12.5　**字数：**320 千
**书　　号：**ISBN 978-7-113-27715-4
**定　　价：**39.00 元

---

# QIAN YAN 前言

随着科学技术的迅猛发展，机电设备正朝着大型化、自动化、高精度化方向发展，设备的结构也随之变得越来越复杂，设备在生产施工中的重要性日益显现。和其他许多发展迅速的行业一样，铁路行业的设备检修人员越来越多地遇到大型的、复杂的机电一体化的设备，先进的设备与落后的检修技术之间的矛盾正严重困扰着企业，并可能成为整个行业发展的瓶颈。因此，为了保证设备安全有效地运转，必须对设备检修人员提出更高的要求。为了适应这种趋势，编者从机电设备检修技术课程的培养目标及知识、能力结构要求出发，按照该课程教学大纲编写了本书。

全书共分为九个项目，主要介绍了机电设备检修基础知识、机电设备的拆卸与装配、机械零件的修复技术、典型机械结构部件的检修、电气系统的检修、铁路大型养路机械检修管理、铁路大型养路机械检修修程、铁路大型养路机械的故障与检修和铁路大型养路机械检修工艺等内容。

本书编写特点有：将机械与电气知识有机融合于一体，兼顾机电设备检修基础知识与基本技能，将传统设备维修技术与现代大型机电设备检修新技术、新工艺相结合；强调理论联系实际，列举了大量的典型现场维修、检修实例，既涉及了常见的机电设备维修，也包含了铁路行业最先进的大型机电设备的检修。全书内容丰富、结构完整、先进实用。

本书由郑州铁路职业技术学院张永革担任主编，包头铁道职业技术学院刘新泰、郑州铁路职业技术学院潘卫彬担任副主编。具体编写分工如下：项目1、项目6由张永革编写，项目2由陕西铁路工程职业技术学院黑棣编写，项目3由郑州铁路职业技术学院索小娟编写，项目4由黑龙江交通职业技术学院李世鑫编写，项目5由潘卫彬编写，项目7由郑州铁路职业技术学院李源编写，项目8由天津铁道职业技术学院于磊编写，项目9由刘新泰编写。本书在编写过程中得到了中国铁路郑州局集团有限公司郑州工务机械段检修基地李秋霞、高剑的大力支持和帮助，在此衷心地表示感谢。

由于时间仓促，水平有限，书中难免存在不妥或疏漏之处，恳请广大读者批评指正。

编　者

2021年1月

MU LU

# 目录

# 项目 1　机电设备检修基础知识

## 学习目标

知识目标：

1. 了解机电设备维修技术的发展概况和发展趋势；
2. 掌握机电设备故障类型和一般规律，掌握检修的主要内容；
3. 掌握机电设备故障诊断技术；
4. 掌握机电设备大修的内容和过程。

能力目标：

1. 具有随时了解机电设备维修技术的发展情况和发展趋势的能力；
2. 能对机电设备做基本的检查维护；
3. 能够应用一种机电设备故障诊断技术；
4. 能根据实际需要做好机电设备大修的准备工作。

机电设备是企业生产的物质技术基础，作为现代化的生产工具在各行各业都有广泛的应用。随着生产力水平的提高，设备技术状态对企业生产的正常运行，对产品生产率、质量、成本、安全、环保和能源消耗等在一定意义上起着决定性的作用。

机电设备在使用过程中，不可避免地会由于磨损、疲劳、断裂、变形、腐蚀和老化等原因造成设备性能的劣化以致出现故障，从而会使其不能正常运行，最终导致设备损坏和停产而使企业蒙受经济损失，甚至造成灾难性的后果。因此，减缓机电设备劣化速度，排除故障、恢复设备原有的性能和技术要求，需要设备维修从业人员掌握一整套系统的、科学的维护和修理设备的技术和方法。

机电设备维修技术是以机电设备为研究对象，探讨设备出现性能劣化的原因，研究并寻找减缓和防止设备性能劣化的技术及方法，保持或恢复设备的规定功能并延长其使用寿命。

## 任务 1.1　机电设备维修技术认知

设备的维护与修理和设备本身应该是结伴产生的，但其发展并不平衡，设备管理与有计划的预防性维修是最近几十年才发展起来的。越是工业发达的国家，设备管理与维修工作发展得越迅速，投入的人力、物力、财力也越多。随着工业生产的发展，设备维修的生产组织、科学研究也不断发展。

### 1.1.1　设备维修技术的发展概况

设备维修技术是随着经济的发展，科学技术水平的不断进步，以及管理科学的发展而逐步发展起来的。设备维修管理的发展过程可以分为三个时期：

1. 事后维修时期

最初当人们对故障发生的规律尚不能认识时，只能在故障发生后再进行修理，这就是事后维修产生的过程。采用事后维修的方式(即坏了再修)，可以延长主要零件的最大寿命，维修经济性好。

事后维修方式一般适用范围有：

①故障停机后再修理不会给生产造成损失的设备。

②修理技术不复杂而又能及时提供配件的设备。

③非主要的设备，利用率低或有备用的设备。

虽然这一维修方式已比较落后，但因为它不需为预防性的各种措施付出代价，而且只是修理坏了的部分，因而可缩小维修组织，节约维修费用。

事后维修作为一种维修策略，可以发挥主要零件的最大寿命，不同于原始落后的事后维修方式，目前仍有企业采用，但它不适用于对安全、质量、生产影响较大的设备，例如对停机会造成的重大生产损失的流水线设备，涉及铁路行车安全的设备等，是不能采用的。

2. 预防维修时期

预防维修是根据设备磨损的一般规律(见图 1.1)，按预定修理周期及修理周期结构对设备进行维护和修理，以保证设备经常处于良好的技术状态的一种设备维修制度。主要特征有：①按规定要求，对设备进行日常清扫、检查、润滑、紧固和调整等，以延缓设备的磨损，保证设备正常运行；②按规定的日程表对设备的运动状态、性能和磨损程度等进行定期检查和调整，以便及时消除设备隐患，掌握设备技术状态的变化情况，为设备定期修理做好物质准备；③有计划有准备地对设备进行预防性修理。

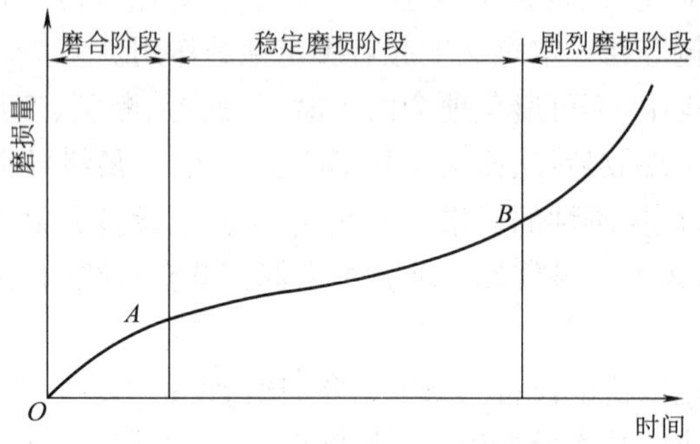


图 1.1　设备磨损的一般规律

(1)定期维修

定期维修是一种以时间为基础的预防维修方式，根据设备磨损的统计规律或经验，事先确定维修类别、维修周期、设备维修内容、维修备件及材料等的维修方式。定期维修适合于已知设备磨损规律的设备，以及难以随时停机进行维修的流程工业、自动生产线设备。

其主要特点是：

①根据设备的特点和状况。按照设备运转小时(产量和里程)等，规定不同的维修保养类别和间隔期。

②在保养的基础上制定设备不同的修理类别和修理周期。

③当设备运转到规定时限时，不论其技术状态如何，也不考虑生产任务的轻重，都要严格

地按要求进行检查、保养和计划修理。

(2)状态监测维修

这是一种以设备技术状态为基础,按实际需要进行修理的预防维修方式。这种维修方式的基础是将各种检查、维护、使用和修理,尤其是诊断和监测提供的大量信息,通过统计分析,正确判断设备的劣化程度、发生(或将要发生)故障的部位、技术状态的发展趋势,从而采取正确的维修类别。因受到诊断技术发展的限制,它主要适用于重点设备以及利用率高、精度高、大型稀有类的设备,即值得投入诊断与监测费用的设备,以使设备故障后果影响最小和避免盲目安排维修。

事后维修与预防维修的局限性在于:①只注重设备的维护修理阶段,而较少注意设备的全过程管理;②设备的设计和制造管理与设备的使用和维修管理相脱节;③只侧重于设备的技术管理,忽视设备的经济问题和组织管理;④传统设备管理由于受传统的垂直专业职能分工的影响,没有把同设备管理有关的职能加以协调与组织,经常是配合不紧密、步调不一致,从而影响设备管理的整体目标的实现。

3.设备综合管理时期

为了摆脱传统设备管理的局限性,实现现代工业生产无事故、无缺陷、无伤亡、无公害的要求,世界上工业发达国家先后提出了设备综合管理理论。

(1)设备综合工程学

1974年,英国工商部给设备综合工程学下的定义是“为了求得经济的寿命周期费用而把适用于有形资产的有关工程技术、管理、财务以及其业务工作加以综合的科学就是设备综合工程学”。

设备综合工程学的内容可归纳成5个方面:

①把设备寿命周期费用达到最经济作为其研究目标。

②关于有形资产的工程技术、管理、财务等方面的综合管理科学。

③进行设备的可靠性、维修性设计。

④关于有形资产(设备、机械、装置、建筑物),即关于设备一生(方案、设计、制造、安装、运转、维修保养、改造和更新等)机能的管理学。

⑤关于设计、使用效果、费用信息反馈的管理学。

(2)全员生产维修

日本在学习英美维修理论的基础上,根据本国企业的管理经验,将可靠性工程理论和现代管理,技术加以综合应用,逐步形成了全员生产维修,它是全员参加的,以提高设备综合效能为目标,以设备寿命周期为对象的生产维修制度。

具体内容如下:

①目标是使设备的综合效能最大。

②建立包括设备整个寿命周期的生产维修系统(即管理设备的一生)。

③包括与设备有关的所有部门,如设备规划、设备使用、维修部门等。

④从最高管理部门到基层员工的全体人员都参加。

⑤开展小组自主活动推进生产维修与管理。

目前,维修性技术基本实现了规范化、标准化和应用制度化。

我国是一个设备大国,设备运行中的磨损、腐蚀、疲劳又是不可避免的,发展先进的维修技术除了能保障设备的正常运行之外,还能延长其使用寿命,充分利用维修件的剩余价值,节约新品采购费用等,其产生的节资、节材、节能、环保的效益是不言而喻的。20世纪80年代以来,经过多年的发展特别是在“十五”期间,我国机电设备维修技术取得了长足的进步,在修复工艺、故障诊断等方面取得了一批成果，为维修技术持续、快速、健康地发展奠定了技术基础。但是，我国目前对状态监测与故障诊断的研究和应用还不够广泛、深入，维修保障的综合化、信息化水平仍然较低，维修性的设计与验证技术还很不成熟，软件密集型机械设备的故障与修复机理、腐蚀与防护机理等基础问题的研究也才刚刚起步，维修技术发展仍然面临巨大的挑战，其整体水平与我国现代化建设的需求还存在相当大的差距。

### 1.1.2　机电设备维修技术的发展趋势

随着机电设备的技术进步，企业的设备操作人员不断减少，而维修人员则不断增加，如图 1.2所示。另一方面，操作的技术含量不断降低，而维修的技术含量却在逐年上升(图 1.3)。现今的维修人员遇到的多是机电一体化，集光电技术、液压技术、气动技术、激光技术和计算机技术为一体的复杂设备。当代的机电设备维修已经不是传统意义上的维修工所能胜任的工作。当前，我们面临的任务是大力抓好人才的开发和培养，通过高等院校培养和对在职人员进行补充更新知识的继续教育，尽快造就成一批具有现代维修管理知识和技术的维修专业人员。了解和掌握机电设备维修技术的发展概况和发展趋势不仅是学习本课程的基础，也为今后从事机电设备维修工作打开发展的空间。

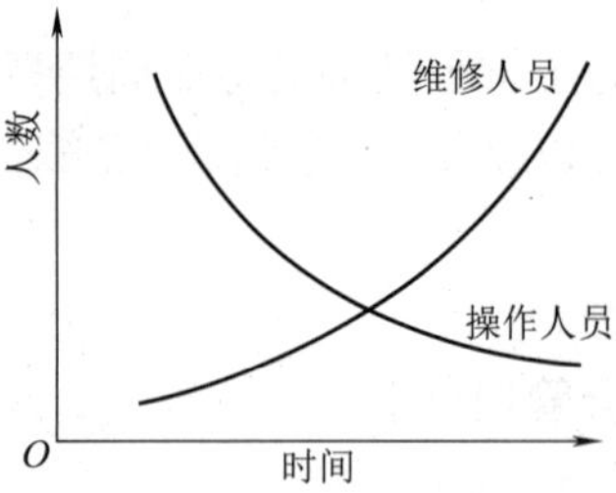


图 1.2　设备操作人员与维修人员的比例关系

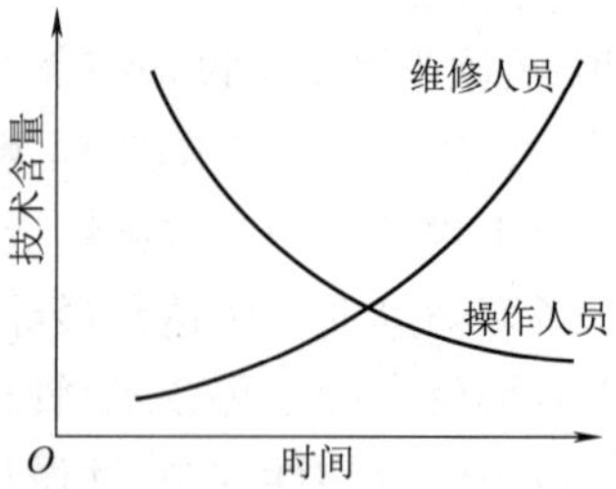


图 1.3　设备维修人员和操作人员与技术含量的关系

现代科学技术和社会经济相互渗透、相互促进、相互结合，机电设备逐步向机电一体化、高速化、微电子化发展，这使机电设备的操作越来越容易，而机电设备故障的诊断和维修则变得困难。而且，机电设备一旦发生故障，尤其是连续化生产设备，往往会导致整套设备停机，从而造成一定的经济损失，如果危及到安全和环境，还会造成严重的社会影响。随着社会经济的迅速发展，生产规模的日益扩大，先进的生产方式的出现和采用，机电设备维修技术不断得到人们的重视和关注。

机电设备维修技术是一门较为典型的综合性工程技术，其发展和创新越来越依赖于多学科的综合、渗透和交叉。不仅新兴的维修技术研究领域很多都跨越了传统的学科分类，而且许多传统的维修技术研究领域也都通过更深入的开发、创新，突破了原有的传统技术界限。设备维修技术必然朝着以计算机技术、信号处理技术、测试技术、表面工程技术等现代技术为依托，以现代设备状态监测与故障诊断技术为先导，以机电一体化为背景，以满足现代化工业生产日益提高的要求为目标，以不断完善的维修技术为手段的方向迅猛地发展。

## 任务 1.2　机电设备故障与检修

机电设备在使用中因某种原因丧失了规定机能而中断生产或降低效能的状态称为设备故障。设备在使用中，由于零部件发生各种磨损、腐蚀、疲劳、变形或老化等劣化现象，导致精度下降、性能降低，影响产品加工质量，情况严重时，会造成设备停机而使企业蒙受经济损失。机电设备的检修就是通过对设备进行维护和修理，降低其劣化速度和故障率，延长使用寿命，保持或恢复设备规定功能而采取的一种技术活动，具体包括日常维护、检查和修理等工作。

### 1.2.1　机电设备故障类型

机械故障分类方法很多，主要有以下几种：

1.按故障发生的时间性可分为突发性故障和渐进性故障。

(1)突发性故障

突发性故障是由于各种不利因素和偶然的外界影响共同作用的结果。这种故障发生的特点是具有偶然性，一般与使用的时间无关，因而这种故障是难以预测的，但它一般容易排除。这类故障的例子有：因润滑油中断而使零件产生热变形裂纹；因机械使用不当或出现超负荷现象而引起零件折断；因各参数达到极限值而引起零件变形和断裂等。

(2)渐进性故障

渐进性故障是由于机械产品参数的劣化过程（磨损、腐蚀、疲劳、老化）逐渐发展而形成的。它的主要特点是故障发生可能性的大小与使用时间有关，使用的时间越长，发生故障的可能性就越大。大部分机器的故障都属于这类故障。这类故障只是在机械设备的有效寿命的后期才明显地表现出来。这种故障一经发生，就标志着机械设备寿命的终结，需要进行大修。

2.按故障出现的现象可分为功能(已发生)故障和潜在(可能发生)故障。

(1)功能故障

功能故障是指机械设备丧失了它应有的功能而不能工作或参数(特性)超出规定的指标而使设备工作能力降低。这类故障可以通过操作者的直接感受或测定其输出参数来判断。

(2)潜在故障

潜在故障和渐发性故障相联系，当故障是在逐渐发展中，但尚未在功能和特性上表现出来，而同时又接近萌芽的阶段时(当这种情况能够鉴别出来时)，即认为也是一种故障现象，并称之为潜在故障。例如，零件在疲劳破坏过程中，其裂纹的深度是逐渐扩展的，同时其深度又是可以探测的，当探测到扩展的深度已接近于允许的临界值时，便认为是存在潜在故障，必须按实际故障一样来处理。探明了机械的潜在故障，就有可能在机械达到功能故障之前排除，这有利于保持设备完好状态，避免由于发生功能性故障而可能带来的不利后果，这在设备使用和检修中是有着重要意义的。

3.按故障发生的原因可分为人为故障和自然故障。

(1)人为故障

由于维护和调整不当，违反操作规程或使用了质量不合格的零件材料等，致使设备过早地丧失工作性能和功能，这种故障称为人为故障。人为故障是可以避免的。

(2)自然故障

机电设备在使用过程中，由于受外部和内部各种不可抗拒的自然因素的影响所引起的故障称为自然故障。例如因自然磨损或物理化学变化而造成机械零件的变形、断裂、蚀损等失效形式所引起的故障都属于自然故障这一范畴。这种故障虽不可避免，但随着零件设计、制造、使用和修理水平的提高，可使机械有效工作时间大大延长，而使故障较迟发生。

4.按故障发生的部位可分为机械故障和电气故障。

(1)机械故障

机械故障是指机械的各项技术指标(包括经济指标)偏离了它的正常状况。如某些零件或部件损坏,致使工作能力丧失;发动机功率降低;传动系统失去平衡和噪声增大;工作机构的工作能力下降;燃料和润滑油的消耗增加等。当其超出了规定的指标时,均属于机械故障。机械故障大多是由于机械零件的失效引起的,一般发生在机械运动部位,如零件的断裂、变形,配合件的间隙增大或过盈丧失,固定和紧固装置的松动等。

(2)电气故障

电气故障一般发生在电气控制系统,一般是由于电气元件的品质因素下降,元器件焊接松动,接插件接触不良或损坏等因素引起。这些故障表现为时有时无,需要借助测量工具检查工作电压、电流或测量波形进行分析。电气故障又分弱电故障与强电故障。

### 1.2.2　机电设备故障一般规律

机电设备在运行中发生故障的可能性随时间而变化的规律称为机电设备的故障规律。图1.4中横坐标为使用时间,纵坐标为失效率。这一变化过程,主要分为三个阶段。

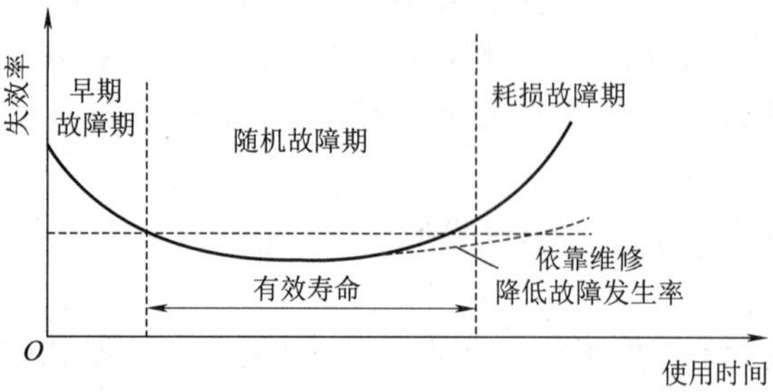


图1.4　设备故障规律浴盆曲线

1.早期故障期

设备处于早期故障期,开始故障率很高,但随时间的推移故障率迅速下降。早期故障期对于机械产品又称为“磨合期”。此段时间的长短,随产品、系统的设计与制造质量而异。此期间发生的故障,主要是由设计、制造上的缺陷所致,或是使用环境不当所造成的,因此故障率一般较高,经过运转、跑合、调整,故障率将逐渐下降并趋于稳定。

2.随机故障期

设备进入随机故障期,故障率大致处于稳定状态,趋于定值。在此期间,故障发生是随机的。在随机故障期内,设备的故障率最低,而且稳定。因而可以说,这是设备的最佳状态期或称正常工作期。这个区段称为“有效寿命”。偶发故障期的故障,多起因于设计、使用不当及检修不力。故通过提高设计质量、改进使用管理,加强监视诊断与维护保养等工作,可使故障率降低到最低水平。

3.耗损故障期

在设备使用的后期,故障率开始上升。这是由于设备零部件的磨损、疲劳、老化、腐蚀等造成的。这时如加强维护保养,及时更换即将到达寿命周期的零部件,则可使正常运行期延长,但如检修费过高,则应考虑设备更新。

设备故障率曲线变化的三个阶段,真实地反映出设备从磨合、调试、正常工作到大修或报废故障率变化的规律。

### 1.2.3 机电设备的可靠性与维修

机械设备的可靠性是指在规定的条件下(如环境温度、湿度、使用条件及使用方法等在正常情况下),机械设备维持无故障的工作能力。衡量该要求的指标有:

1. 平均无故障时间 MTBF

$$\mathrm{MTBF}=\frac{\text{总工作时间}}{\text{总故障次数}}$$

这个时间越长越好,因而必须减少故障次数。

2. 平均修复时间 MTTR

平均修复时间是指从机电设备出现故障开始直至能正常使用所用的平均时间,当设备出了故障后,要求排除故障的修理时间 MTTR 越短越好。

3. 平均有效度 $A$

平均有效度是指一台可维修的设备,在某一段时间内,维持其性能的概率。用平均无故障时间除以平均无故障时间与平均修复时间的和来计算。

$$A=\frac{\mathrm{MTBF}}{\mathrm{MTBF}+\mathrm{MTTR}}$$

机械设备维修是设备维护和修理两类作业的总称。维护是一种保持设备规定的技术性能的日常活动,修理是一种排除故障恢复技术性能的活动。要充分发挥机电设备的效率,就要加强设备维护保养、提高修理水平,保证它的开动率,这就对机电设备提出了稳定性和可靠性的要求。为了提高 MTBF,降低 MTTR,一方面要加强维护,延长无故障的时间;另一方面当出现故障后,要尽快诊断出故障的原因并加以修复。通过维修、恢复设备规定的功能,提高设备的可靠性或者消除设备修前存在的缺陷,并充分利用零部件的有效寿命。

### 1.2.4 机电设备的检修

机电设备检修的基本内容包括:设备的检查、维护和修理。

设备检查是指对设备的运行情况、工作精度、磨损或腐蚀程度进行测量和校验。通过检查全面掌握机器设备的技术状况和磨损情况,及时查明和消除设备的隐患,有目的地做好修理前的准备工作,以提高修理质量,缩短修理时间。对于涉及安全的大型、重要设备,做好设备检查工作非常重要。

设备的“维护” 和“保养”是同一概念,其主要内容是:清洁、润滑、紧固、调整、防腐。实践证明,设备的寿命在很大程度上决定于维护保养的好坏。

1. 日常检查保养

日常检查保养每天由设备操作者例行保养,又称例行保养。这类保养的项目和部位较少,大多数在设备的外部。机械设备维护保养的要求主要有四项:

(1) 清洁

设备内外整洁,各滑动面、丝杠、齿条、齿轮箱、油孔等处无油污,各部位不漏油、不漏气,设备周围的切屑、杂物、脏物要清扫干净。

(2) 整齐

工具、附件、工件(产品) 要放置整齐,管道、线路要有条理。

(3) 润滑良好

按时加油或换油，不断油，无干磨现象，油压正常、油标明亮、油路畅通，油质符合要求，油枪、油杯、油毡清洁。图 1.5 为某机床设备润滑示意图。

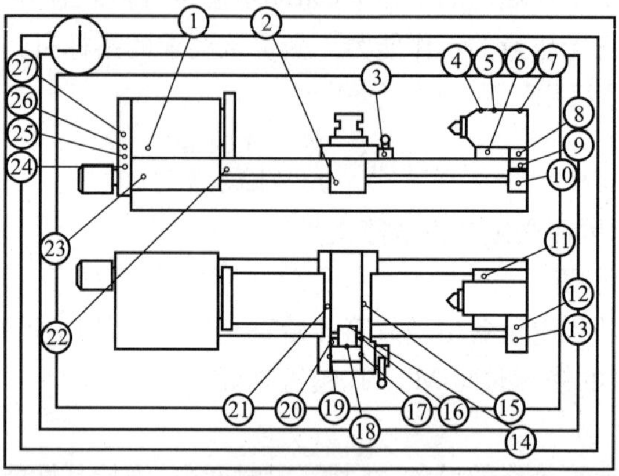


(a) 润滑部位及间隔时间

| 润滑部位编号 | ① | ② | ③ | ④～㉓ | ㉔～㉗ |
|---|---|---|---|---|---|
| 润滑方法 | 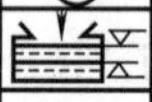 |  |  |  | 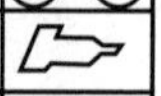 |
| 润滑油牌号 | N46 | N46 | N46 | N46 | 油脂 |
| 过滤精度/μm | 65 | 15 | 5 | 65 | — |

(b) 润滑方法及材料

图 1.5　某机床设备润滑示意图

(4) 安全

遵守安全操作规程，不超负荷使用设备，设备的安全防护装置齐全可靠，及时消除不安全因素。

2. 定期检查保养

一级保养：主要内容包括普遍地进行拧紧、清洁、润滑、紧固，还要部分地进行调整。日常保养和一级保养一般由操作工人承担。

二级保养：主要内容包括内部清洁、润滑、局部解体检查和调整。

三级保养：主要是对设备主体部分进行解体检查和调整工作，必要时对达到规定磨损限度的零件加以更换。此外，还要对主要零部件的磨损情况进行测量、鉴定和记录。二级保养、三级保养在操作工人参加下，一般由专职保养检修工人承担。

在各类维护保养中，日常检查保养是基础。保养的类别和内容，要针对不同设备的特点加以规定，不仅要考虑到设备的生产工艺、结构复杂程度、规模大小等具体情况和特点，同时要考虑到不同工业企业内部长期形成的检修习惯。

3. 针对性检查保养

针对性检查保养是根据设备的技术状况和使用情况而采取的针对性较强的特殊保养。

### 1.2.5　机电设备修理类别

机电设备在使用中由于磨损、腐蚀或维护不良、操作不当等原因，使设备技术状态发生劣化以致出现故障。为保持或恢复机械设备应有的精度、性能和效率等，必须对机电设备及时进行修理。机电设备修理类别按修理内容、技术要求和工作量大小可分为大修、项修、小修三个类别。

1. 大修

设备的大修是工作量最大的一种全面修理。它要把设备的全部或大部分部件解体，修复基准件，更换或修复全部不合用的零部件，修理、调整设备的电气系统，修复设备的附件以及翻新外观等，从而达到全面消除修前存在的缺陷，恢复设备原有的精度和性能，达到出厂标准。

2. 项修

设备的项修是根据设备的实际技术状态，对设备精度和性能的劣化项目进行有针对性的局部修理。项修时，一般要进行部分拆卸、检查，更换或修复失效的零件，必要时对基准件进行局部修理和校正坐标，从而恢复所修部分的性能和精度，其工作量视实际情况而定。

3. 小修

设备的小修是工作量最小的一种修理。对于实行状态(监测)检修的设备，小修的工作内容主要是针对日查发现的问题，拆卸有关的零部件，进行检查、调整、更换或修复失效的零件(主要是易损件)，以恢复设备的正常功能，保证设备能运行到下一次小修理。对于实行定期检修的设备，小修的工作内容主要是根据掌握的磨损修理间隔期内失效或将要失效的零件，并进行调整，以保证设备的正常工作能力。

## 任务1.3　机电设备故障诊断技术

设备故障诊断是一种给设备“看病”的技术，是了解和掌握设备在使用过程中的状态，确定其整体或局部是正常或异常，早期发现故障及其原因并能预报故障发展趋势的技术。随着科学技术与生产的发展，设备工作强度不断增大，生产效率、自动化程度越来越高，同时设备更加复杂、各部分的关联愈密切，从而造成某处微小故障就爆发连锁反应，导致整个设备乃至与设备有关的环境遭受灾难性的毁坏，这不仅会造成巨大的经济损失，而且会危及人身安全，后果极为严重。因此，设备诊断技术日益发挥重要作用，它可使设备无故障、工作可靠，发挥最大效益；保证设备在将有故障或已有故障时，能及时诊断出来，正确地加以检修，以减少检修时间，提高检修质量、节约检修费用。

### 1.3.1　机电设备故障诊断内容

对于设备的诊断，一是防患于未然，早期诊断；二是诊断故障，采取措施。其主要内容包括：

(1)正确选择与测取设备有关状态的特征信号，所测取的信号应该包含设备有关状态的信息，如振动、噪声、压力、温度、流量、润滑状态及其指标等。

(2)正确地从特征信号中提取设备有关状态的有用信息(征兆)从特征信号直接判明故障的有无，一般是比较难的。例如，从结构的振动信号一般以直接判明结构有无裂纹，还需根据振动理论、信号分析理论、控制理论等提供的理论与方法，加上试验，对特征信号加以处理，持取有用的信息(称为征兆)，才有可能判明设备的有关状态。征兆信息包括结构的物理参数(如质量、刚度等)、结构的模态参数(如固有频率、模态阻尼等)，设备的工作特性(如耗油率、工作转速、功率等)，信号统计特性及其他特征量。

(3)根据征兆进行设备的状态诊断,识别设备的状态。因此,可采用多种模式识别设备的状态。因此,可采用多种模式识别理论与方法,对征兆加以处理,构成判别准则,进行状态的识别与分类。状态诊断是设备诊断的重点,而特征信号与征兆的获取正确与否进行正确状态诊断的前提。征兆既用于由外表现象推断内部状态,此时可称为症候,以用于由当前的现象推断未来的状态,此时可称为预兆。

(4)根据征兆与状态进行设备的状态分析故障位置、类型、性质、原因与趋势等。例如,故障树分析过程可知故障的原因往往是次一级的故障;如轴承烧坏是故障,其原因是输油管不输油,而不输油是因油管堵塞,后者原因才是次级故障,因而有关的状态诊断方法也可用于状态分析。

(5)根据状态分析作出决策,干预设备及其工作进程,以保证设备安全可靠、高效地发挥其应有功能,达到设备诊断目的。所谓干预和自动干预,即包括调整、修理、控制、自诊断等。图 1.6 为设备故障诊断的基本过程和内容。

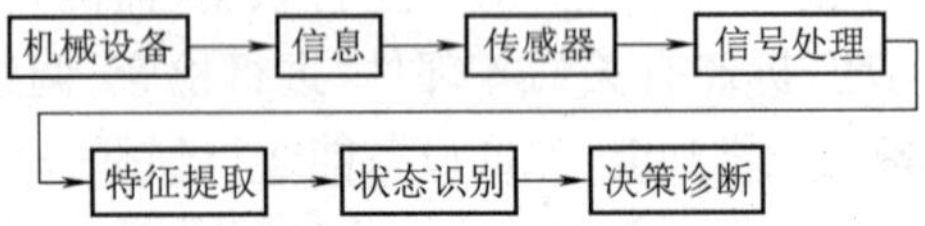


图 1.6　设备故障诊断的基本过程和内容

### 1.3.2　机电设备故障诊断常用方法

1. 简易监测法

一般由现场作业人员进行。凭着听、摸、看、闻、问来检查。具有实用简便、快速有效的特点,但诊断效果的好坏在很大程度上要凭借检修技术人员的经验,而且有一定的局限性,对一些疑难故障难以奏效。

2. 温度监测法

通过温度测量可以找出机件的缺陷并能诊断出各种由热应力引起的故障。不仅如此,温度测量法还可以弥补射线、超声、涡流等无损探测法的不足,用来探测机件内部的各种故障隐患。研究和应用实例表明,温度测量法是目前故障诊断中的一项十分实用而有效的诊断方法。

(1)热电偶

热电偶与后续仪表配套可以直接测量出 0～1 800 ℃范围内液体、气体内部以及固体表面的温度。测量范围非常宽,对象可以是气体、液体温度,也可以是固体表面的温度。

(2)热电阻温度计

热电阻温度计利用材料的电阻率随温度变化而变化的特性,与电桥相配合,将温度按一定函数关系转换为电量。

(3)红外测温仪器

红外探测器能把红外辐射能转变为电能。红外测温仪器是利用红外辐射原理,采用非接触方式,对被测物体表面进行观测,并能记录其温度变化的设备。常用的红外测温仪器有红外测温仪和红外热像仪。图 1.7 为红外热像仪工作原理。

3. 振动监测法

设备的零部件、整机都有不同程度的振动。机械设备的振动往往会影响其工作精度,加剧设备的磨损,加速疲劳破坏;而随着磨损的增加和疲劳损伤的加重,机械设备的振动将更加剧烈，如此恶性循环，直至设备发生故障、破坏。

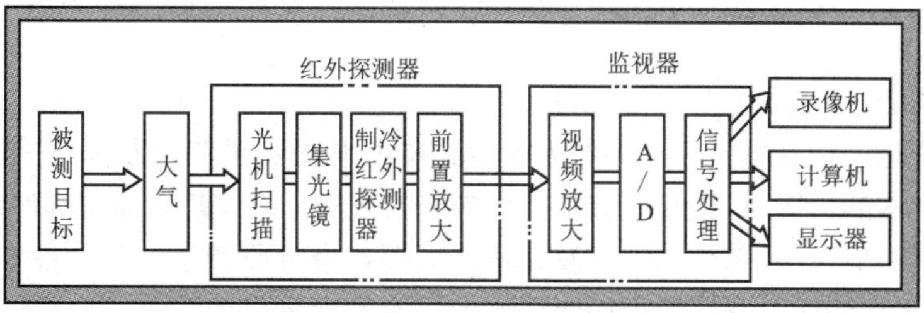


图 1.7　红外热像仪工作原理

设备发生故障时，常表现为振动频率的变化，通过检测振动的频率、转数、振动的速度、加速度、位移量、相位等参数，并进行分析，从中可以找出产生振动变化的原因。图 1.8 为典型齿轮故障振动波形。

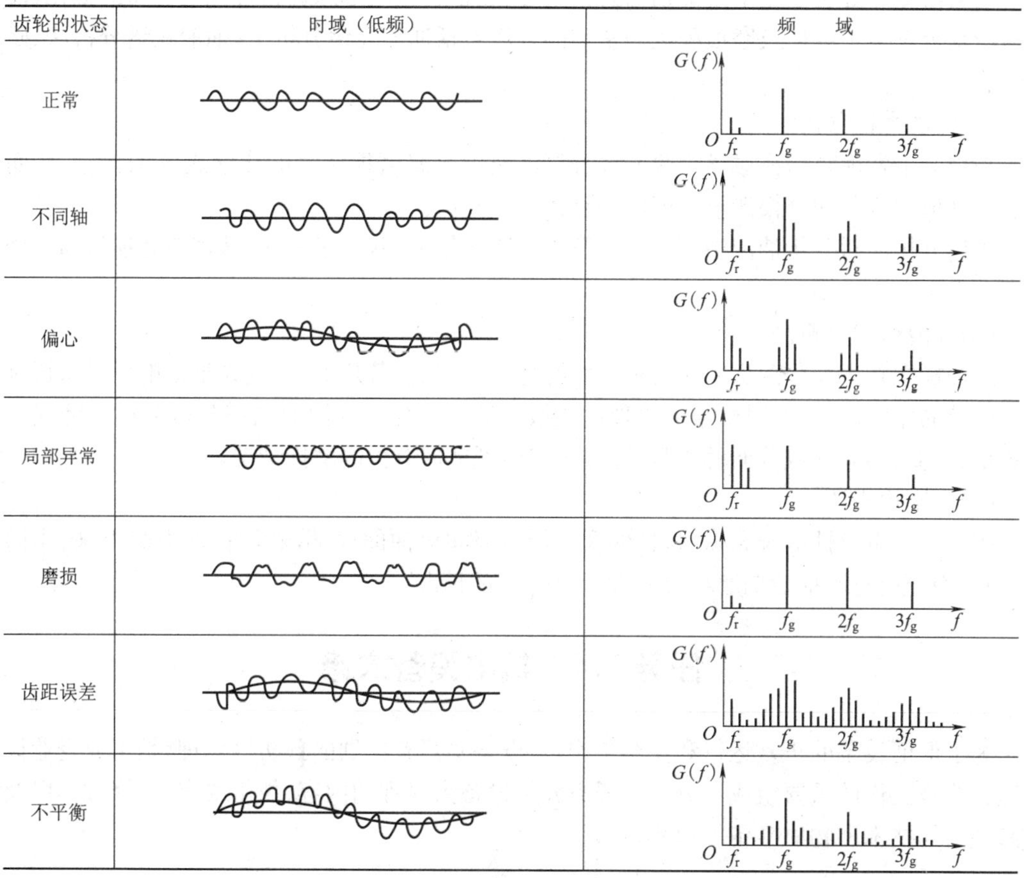


图 1.8　典型齿轮故障振动波形

4. 噪声监测法

物体内部发生变形、裂纹时，将一部分能量以声、光、热的形式释放出来，通过分析辐射出的声能便可知道裂纹的情况，是一种无损检测方法。物体在状态改变时自动发出声音的现象为声发射，其实质地物体受到外力或内力作用产生变形或断裂时，以弹性波形式释放能量的一种现象。由于声发射提供了材料状态变化的有关信息，所以可用于设备的状态监测和故障诊断。根据材料的微观变形和开裂以及裂纹的发生和发展过程所产生声发射的特点及强度来推知声发射源目前的状态(存在、位置、严重程度),而且可知道它形成的历史,并预报其发展趋势。

5. 无损监测法

无损监测法是一种从材料和产品的无损检验技术中发展起来的方法,它是在不破坏材料表面及其内部结构的情况下,检验机械零部件缺陷的方法。裂纹是机器零部件最严重的缺陷。裂纹可能在原材料生产、零部件加工以及设备使用等各个阶段产生。对设备零部件裂纹的检查,主要采用无损探测法。利用无损探测技术不仅能发现机件的裂纹,以及腐蚀、机械性能超差等变化,而且还可以根据机件损伤的种类、形状、大小、产生部位、应力水平、应力方向等信息预测损伤或缺陷发展的趋势,以便及时采取措施,排除隐患。

有多种无损探测法供选用,如渗透探测法、磁粉探测法、射线探测法、超声波探测法。

6. 油液监测法

根据监测和分析油液中污染物的元素成分、数量、尺寸、形态等物理化学性质的变化,便可以判断是否发生了磨损及磨损程度。常用的方法包括油液光谱分析法、油液铁谱分析法、磁塞检查法。

(1)油液光谱分析法

利用原子发射光谱或原子吸收光谱分析油液中金属磨损产物的化学成分和含量,从而判断机件磨损的部位和磨损严重程度的一种污染诊断法。

光谱分析法对分析油液中有色金属磨损产物比较适用,用于早期、精密的磨损诊断。磨屑粒度一般小于 10 μm。

(2)油液铁谱分析法

从油样中将微粒分离出来,并按照微粒的大小排列在基片上,通过光学或电子显微镜读出大小微粒的相对浓度,并对微粒的物理性能做出进一步分析。油液铁谱分析能提供磨损产物的数量、粒度、形态和成分四种参数,通过研究即可掌握有关的磨损情况。

(3)磁塞检查法

用一个带有磁性的金属棒,直接伸到机器内部润滑油的底部,然后把油泥吸上来,用肉眼来观察,用于检查磨损后期磨粒尺寸大于 70 μm 的情况。

# 任务 1.4 机电设备大修

为了保证设备的正常运行和安全生产,对设备实行有计划的预防性修理,是工业企业设备管理与检修工作的重要组成部分。本任务介绍设备大修理的内容、技术要求,大修过程以及设备修理前的技术和物质准备等内容。

## 1.4.1 设备大修内容和技术要求

1. 大修内容

在设备预防性计划修理类别中,设备大修是工作量最大、修理时间较长的一类修理。一般包括以下内容:

(1)将设备全部或大部分部件解体;

(2)修复基础件;

(3)更换或修复机械零件;

(4)修理电器元件,调整电气系统;

(5)整机装配和调试;

(6)翻新外观。

2.大修的技术要求

(1)全面清除大修前存在的缺陷;

(2)恢复设备规定的精度与性能。

### 1.4.2　机电设备大修过程

机电设备大修过程一般包括修前准备、大修施工和修后验收三个阶段。

1.修前准备

(1)修前技术准备

机电设备大修前的准备工作很多,大多是技术性很强的工作,其完善程度和准确性、及时性都会直接影响大修进度计划、修理质量和经济效益。各企业的设备检修组织和管理分工有所不同,但设备大修前的技术准备工作内容及程序大致相同,如图1.9所示。

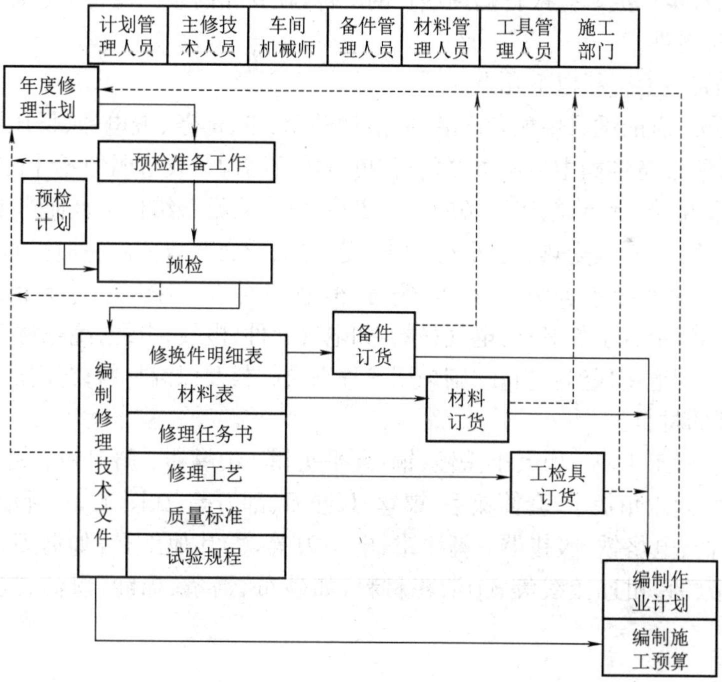


图1.9　设备大修准备工作及程序

①预检

为了全面深入了解设备技术状态劣化的具体情况,在大修前安排的停机检查,通常称为预检。预检工作由主修技术人员负责,设备使用单位的机械人员和检修工人参加,并共同承担。预检工作量由设备的复杂程度、劣化程度决定,设备越复杂、劣化程度越严重,预检工作量就越大,预检时间也越长。预检既可验证事先预测的设备劣化部位及程度,又可发现事先未预测到的问题,从而全面深入了解设备的实际技术状态,并结合已经掌握的设备技术状态劣化规律,作为制定修理方案的依据。

②编制大修理技术文件

通过预检和分析确定修理方案后，必须以大修理技术文件的形式做好修理前的技术准备。机电设备大修理技术文件有修理技术任务书、修换件明细表、材料明细表、修理工艺和修理质量标准等。这些技术文件是编制修理作业计划，准备备品、配件、材料，校算修理工时与成本，指导修理作业以及检查和验收修理质量的依据，它的正确性和先进性是衡量企业设备检修技术水平的重要标志之一。

(2)修前物质准备

设备修理前的物质准备是一项非常重要的工作，是搞好检修工作的物质条件。实际工作中经常由于备品配件供应不上而影响修理工作的正常进行，延长修理停歇时间，造成“窝工”现象，使生产受到损失。因此，必须加强设备修理前的物质准备工作。

主修技术人员在编制好修换件明细表和材料明细表后，应及时将明细表交给备件、材料管理人员。备件、材料管理人员在核对库存后提出订货。主修技术人员在制定好修理工艺后，应及时把专用工、检具明细表和图样交给工具管理人员。工具管理人员经校对库存后，把所需用的库存专用工、检具，送有关部门鉴定，按鉴定结果，如需修理提请有关部门安排修理，同时要对新的专用的工、检具，提出订货。为了缩短修理停歇时间，减少停机损失，对某些形状复杂、要求高、加工困难、生产成本高或订购周期长的配件，在仓库内预先储备一定数量，这种配件称为备品配件，简称备件。

修前物质准备主要包括以下几点。

备件准备：①所有的维修用配套产品，如滚动轴承、带、链条、继电器、低压电器开关、热元件、皮碗油封等；②设备结构中传递主要负荷、负荷较重结构又较薄弱的零件；③保持设备精度的主要运动件；④特殊、稀有、精密设备的一切更换件；⑤因设备结构不良而产生不正常损坏或经常发生故障的零件；⑥因受热、受压、受冲击、受摩擦、受交变载荷而易损坏的一切零、部件。

材料准备：①各种型钢，如圆钢、钢板、钢管、槽钢、工字钢、钢轨等；②有色金属型材，如铜管、铜板、铝合金管、铝合金板等；③电气材料，如电气元件、电线、电缆、绝缘材料等；④橡胶、塑料及石棉制品；⑤管道用保温材料；⑥砌炉用各种砌筑材料及保温材料；⑦润滑油脂；⑧其他直接用于设备修理的材料。

工具准备：①钳工工具，如大小铁锤、铜棒、平头钳、尖嘴钳、斜口钳、大小活络扳手、各种尺寸的呆扳手、内六角扳手、套筒扳手、螺丝刀、锉刀、刮刀等，如图 1.10 所示；②电工工具，如万用表、验电器、电烙铁、吸锡器、剥线钳、电工刀等；③其他工具，如剪刀、镊子、刷子、吹尘器、清洗盘、带鳄鱼钳连接线等；④消耗材料，如砂布、锯条、棉纱、煤油、汽油、显示剂、垫圈等。

2.大修施工

机电设备大修的修理技术和工作量，在大修前难以预测得十分准确。因此，在大修施工过程中，应从实际情况出发，及时地采取各种措施来弥补大修前预测的不足，并保证修理工期按计划或提前完成。

修理过程开始后，首先进行设备的解体工作，按照与装配相反的顺序和方向，即“先上后下，先外后里”的方法，有次序地解除零部件在设备中相互约束和固定的形式。拆卸下来的零件应进行二次预检，根据二次预检的情况提出二次补修件；还要根据更换件和修复件的供应、修复情况，大致排定修理工作进度，以使修理工作有步骤、按计划地进行，以免因组织工作的衔接不当而延长修理周期，大修施工过程如图 1.11 所示。

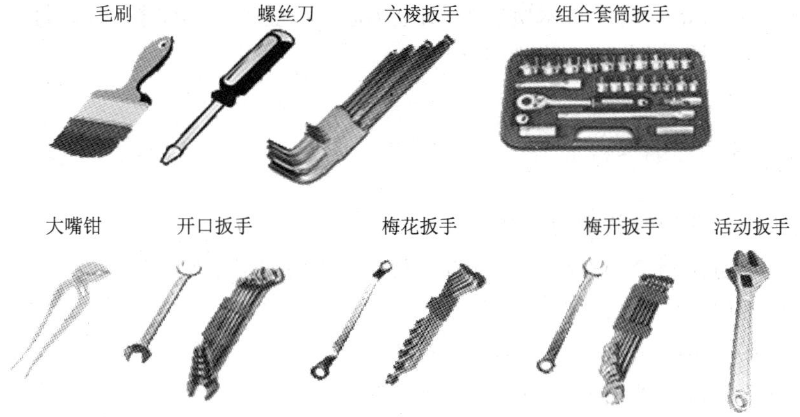


图1.10　机电设备维修常用的工具

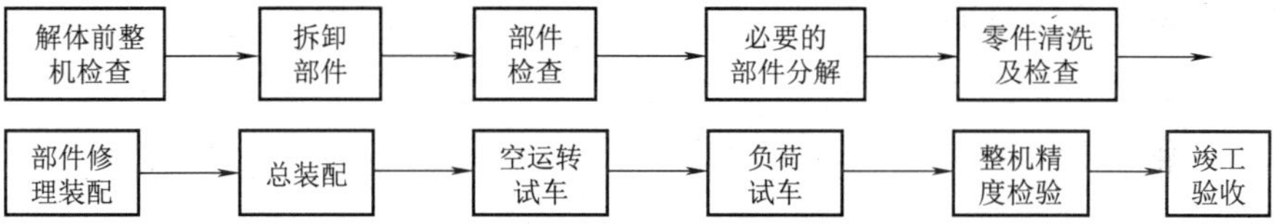


图1.11　大修施工过程框图

3. 修后验收

凡是经过修理装配调整好的设备，都必须按有关规定的精度标准项目或修前拟定的精度项目，进行各项精度检验和试验，如几何精度检验、空运转试验、载荷试验和工作精度检验等，全面检查衡量所修理设备的质量、精度和工作性能的恢复情况，设备大修后验收程序如图1.12所示。

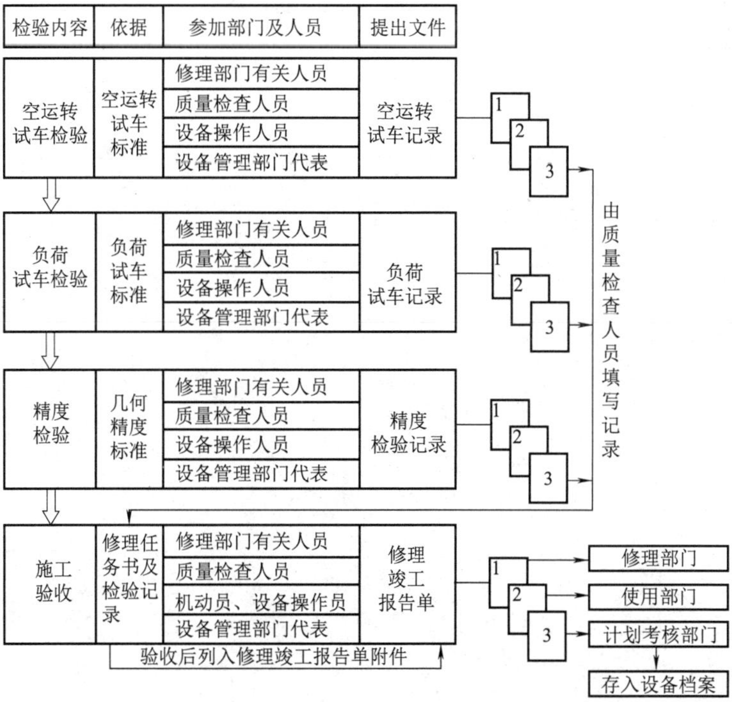


图1.12　设备大修后验收程序

设备修理后，应记录对原技术资料的修改情况和修理中的经验教训，做好修后工作小结，与原始资料一起归档，以备下次修理时参考。

## 思考题与习题

1. 简述机电设备检修技术的发展概况。
2. 什么是状态监测检修？状态监测检修适用于哪些设备？
3. 机电设备的故障是怎样分类的？
4. 机电设备在运行中发生故障有哪些规律和特点？
5. 机电设备修理的类别有哪些？各有什么特点？
6. 机电设备故障诊断常用方法有哪些？
7. 设备大修前的准备工作内容有哪些？
8. 简述设备大修理施工过程。

# 项目 2　机电设备拆卸与装配

## 学习目标

知识目标：

1. 熟悉典型零部件的拆卸方法；
2. 掌握典型机械零件的检验；
3. 掌握典型零部件的装配方法和工艺；

能力目标：

1. 能对典型零部件进行拆卸、清洗；
2. 能对典型机械零件进行检验；
3. 能完成典型零部件的装配。

## 任务 2.1　机电设备拆卸与清洗

### 2.1.1　机电设备拆卸一般规则和要求

任何机电设备都是由许多零部件组合成的。需要修理的机电设备，必须经过拆卸才能对失效零部件进行修复或更换。如果拆卸不当，往往会造成零部件损坏，设备精度降低，有时甚至无法修复。机电设备拆卸的目的是为了便于检查和修理零部件，拆卸工作量约占整个修理工作量的20%。因此，为保证修理质量，在动手解体机电设备前，必须周密计划，对可能遇到的问题有所估计，做到有步骤地进行拆卸，一般应遵循下列规则和要求。

1. 拆卸前的准备工作

(1)拆卸场地的选择与清理拆卸前应选择好工作场地，不要选有风沙、尘土的地方。工作场地应是避免闲杂人员频繁出入的地方，以防止造成意外的混乱。不要使泥土、油污等弄脏工作场地的地面。机电设备进入拆卸场地之前应进行外部清洗，以保证机电设备的拆卸不影响其精度。

(2)保护措施在清洗机电设备外部之前，应预先拆下或保护好电气设备，以免其受潮损坏。对于易氧化、锈蚀等的零件要及时采取相应的保护、保养措施。

(3)拆卸前的放油尽可能在拆卸前将机电设备中的润滑油趁热放出，以利于拆卸工作的顺利进行。

(4)了解机电设备的结构、性能和工作原理为避免拆卸工作的盲目性，确保修理工作的正常进行，在拆卸前，应详细了解机电设备各方面的状况，熟悉机电设备各个部分的结构特点、传动系统，以及零部件的结构特点和相互间的配合关系，明确其用途和相互间的作用，以便合理安排拆卸步骤和选用适宜的拆卸工具或设施。

2. 拆卸的一般原则

(1)根据机电设备的结构特点,选择合理的拆卸步骤机电设备的拆卸顺序。一般是由整体拆成总成,由总成拆成部件,由部件拆成零件;或由附件到主机,由外部到内部。在拆卸比较复杂的部件时,必须熟读装配图,并详细分析部件的结构以及零件在部件中所起的作用,特别应注意那些装配精度要求高的零部件。这样,可以避免混乱,使拆卸有序,达到利于清洗、检查和鉴定的目的,为修理工作打下良好的基础。

(2)合理拆卸在机电设备的修理拆卸中,应坚持能不拆的就不拆、该拆的必须拆的原则。若零部件可不必经拆卸就符合要求,则不必拆开,这样不但可减少拆卸工作量,而且还能延长零部件的使用寿命。如对于过盈配合的零部件,拆装次数过多会使过盈量消失而致使装配不紧固;对较精密的间隙配合件,拆后再装,很难恢复已磨合的配合关系,从而加速零件的磨损。但是,对于不拆开难以判断其技术状态而又可能产生故障的,或无法进行必要保养的零部件,则一定要拆开。

3. 拆卸时的注意事项

在机电设备修理中,拆卸时还应考虑到修理后的装配工作,为此应注意以下事项。

(1)对拆卸零件要作好核对工作或作好记号,机电设备中有许多配合的组件和零件,因为经过选配或重量平衡等,所以装配的位置和方向均不允许改变。如汽车发动机中各缸的挺杆、推杆和摇臂,在运行中各配合副表面得到较好的磨合,不宜变更原有的配合关系;如多缸内燃机的活塞连杆组件,是按重量成组选配的,不能在拆装后互换,例如,发动机的连杆与下盖,拆卸时应该先检查有无装配记号或平衡标记。因此在拆卸时,有原记号的要核对,如果原记号已错乱或有不清晰者,则应按原样重新标记,以便安装时对号入位,避免发生错乱。

(2)分类存放零件对拆卸下来零件的存放应遵循如下原则:同一总成或同一部件的零件应尽量放在一起,根据零件的大小与精密度分别存放;不应互换的零件要分组存放;怕脏、怕碰的精密零部件应单独拆卸与存放;怕油的橡胶件不应与带油的零件一起存放;易丢失的零件,如垫圈、螺母要用铁丝串在一起或放在专门的容器里;各种螺栓和螺柱应装上螺母存放;如钢铁件、铝质件、橡胶件和皮质件等零件,应按材质的不同,分别存放于不同的容器中。

(3)保护拆卸零件的加工表面。在拆卸过程中,一定不要损伤拆卸下来的零件的加工表面,否则将给修复工作带来麻烦,并会因此而引起漏气、漏油、漏水等故障,也会导致机械设备的技术性能降低。

### 2.1.2　机电设备常用的拆卸方法

常用的零件拆卸方法可分为击卸法、拉卸法、顶压法、温差法和破坏法等。在拆卸中应根据被拆卸零部件结构特点和连接方式的实际情况,采用相应的拆卸方法。

1. 击卸法

击卸法是利用锤子或其他重物在敲击或撞击零件时产生的冲击能量,把零件拆卸下来(图 2.1)。它是拆卸工作中最常用的一种方法,具有操作简单、灵活方便、适用范围广等优点,但如果击卸方法不正确,则容易损坏零件。

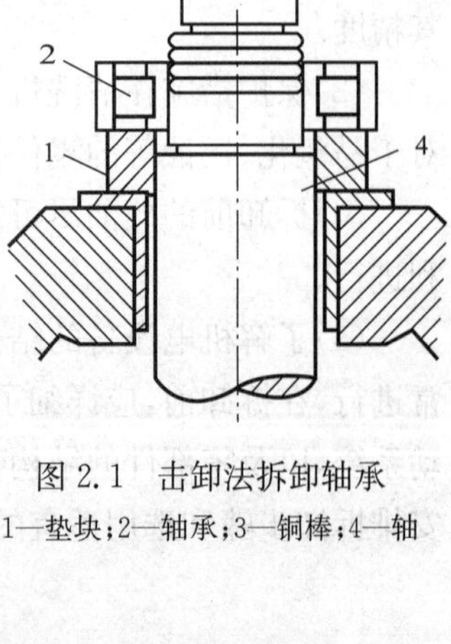


图 2.1　击卸法拆卸轴承

1—垫块;2—轴承;3—铜棒;4—轴

用锤子敲击拆卸时应注意以下事项：

(1)要根据被拆卸件的尺寸大小、重量及结合的牢固程度，选择大小适当的锤子。如果击卸件重量大、配合紧，而选择的锤子太轻，则零件不易击动，且容易将零件打毛。

(2)要对击卸件采取保护措施，通常使用铜棒、胶木棒、木棒及木板等保护受击部位的轴端、套端及轮缘等。

(3)要选择合适的锤击点，且受力均匀分布。应先对击卸件进行试击，注意观察是否拆卸方向相反或漏拆紧固件。发现零件配合面严重锈蚀时，可用煤油浸润锈蚀面，待其略有松动时再拆卸。

(4)要注意安全。击卸前应检查锤柄是否松动，以防猛击时锤头飞出伤人损物。要观察锤子所划过的空间是否有人或其他障碍物。

2.拉卸法

拉卸法是使用专用拉卸器把零件拆卸下来的一种静力或冲击力不大的拆卸方法。它具有拆卸比较安全，不易损坏零件等优点，适用于拆卸精度较高的零件和无法敲击的零件。

(1)锥销、圆柱销的拉卸可采用拔销器拉出端部带内螺纹的锥销、圆柱销。

(2)轴端零件的拉卸位于轴端的带轮、链轮、齿轮以及轴承等零件，可用各种顶拔器拉卸，如图2.2、图2.3所示。

(3)轴套的拉卸轴套一般是以铜、铸铁、轴承合金等较软的材料制成，若拉卸不当易变形，不需要更换的套一般不拆卸，必须拆卸时需用专用拉具拉卸。

(4)钩头键在拉卸时常用锤子、錾子将键挤出，但易损坏零件。若用专用拉具则拆卸较为可靠，不易损坏零件。

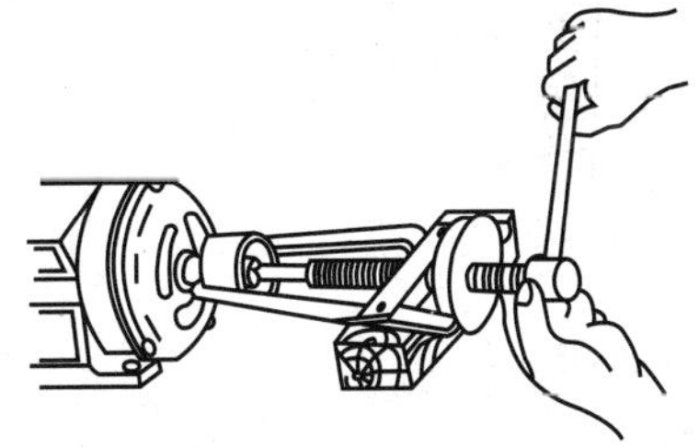

图2.2 用顶拔器拆卸带轮或联轴器

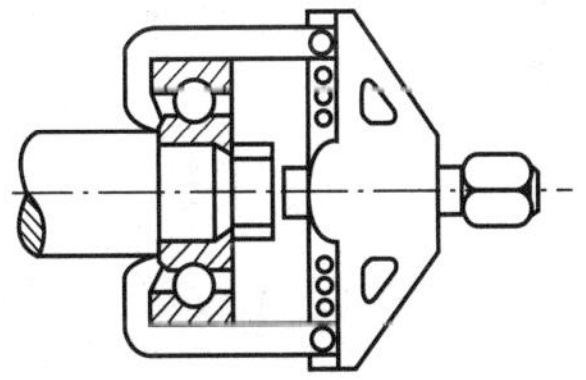

图2.3 拔轮器拆卸轴承

3.顶压法

顶压法是一种静力拆卸的方法，适用于拆卸形状简单的过盈配合件。常利用螺旋C形夹头、手压机、油压机或千斤顶等工具和设备进行拆卸，图2.4为压力机拆卸轴承。

4.温差法

温差法是利用材料热胀冷缩的性能，加热包容件或冷却被包容件使配合件拆卸的方法，常用于拆卸尺寸较大、过盈量较大的零件或热装的零件。例如拆卸尺寸较大的轴承与轴时，应采用对轴承内圈加热来拆卸轴承，如图2.5所示。加热前把靠近轴承部分的轴颈用石棉隔离开来，防止轴颈受热膨胀，用顶拔器拉钩扣紧轴承内圈，给轴承施加一定拉力，然后迅速将100 ℃左右的热油倾倒在轴承内圈上，待轴承内圈受热膨胀后，即可用顶拔器将轴承拆卸。

5.破坏法

破坏法拆卸是拆卸中应用最少的一种方法，只有在拆卸焊接、铆接、密封连接等固定联结件和相互咬死的配合件时才不得已采用保存主件、破坏副件的措施。破坏法拆卸，一般采用车、铣、锯、錾、钻、气割等方法进行,如图 2.6 所示。

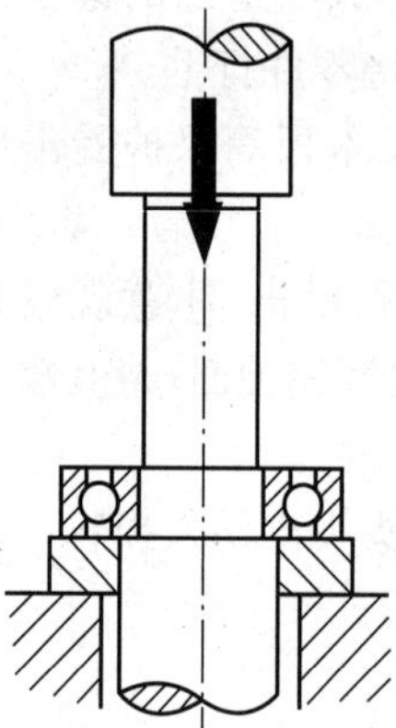

图 2.4　压力机拆卸轴承

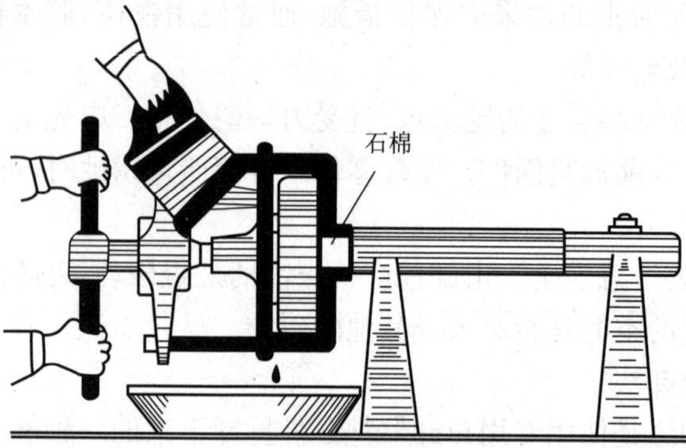


图 2.5　轴承的加热拆卸

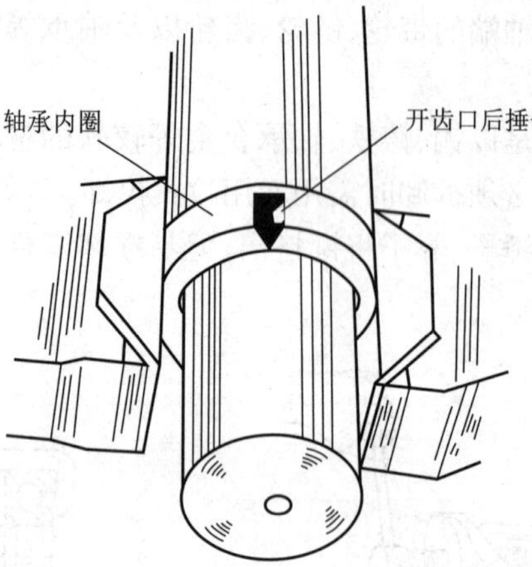


图 2.6　报废轴承的拆卸

### 2.1.3　典型零部件的拆卸方法

典型零部件的拆卸应遵循拆卸的一般原则,结合其各自的特点,采用相应的拆卸方法来达到拆卸的目的。

1. 齿轮副的拆卸

为了提高传动链精度,对传动比为 1 的齿轮副采用误差相消法装配,即将一个外齿轮的最大径向圆跳动处的齿间与另一个齿轮的最小径向圆跳动处的齿间相啮合。为避免拆卸后再装配的误差不能消除,拆卸时在两齿轮的相互啮合处作上记号,以便装配时恢复原精度。

2. 轴上定位零件的拆卸

在拆卸齿轮箱中的轴类零件时,必须先了解轴的阶梯方向,进而决定拆卸轴时的移动方向,然后拆去两端轴盖和轴上的轴向定位零件。如紧固螺钉、圆螺母、弹簧垫圈、保险弹簧等零件。先要松开装在轴上的齿轮、套等不能通过轴盖孔的零件的轴向紧固关系,并注意轴上的键能随轴通过各孔,才能用木锤击打轴端而拆下轴。否则不仅轴拆不下来,还会造成对轴的损伤。

3. 螺纹联结的拆卸

螺纹联结在机电设备中是最为广泛的联结方式，具有结构简单、调整方便和可多次拆卸装配等优点；其拆卸虽比较容易，但往往因重视不够、工具选用不当、拆卸方法不正确等而造成损坏。因此拆卸螺纹联结件时，一定要注意选用合适的呆扳手或旋具，尽量不用活扳手。对于较难拆卸的螺纹联结件，应先弄清楚螺纹的旋向，不要盲目乱拧或用过长的加力杆。拆卸双头螺柱，要用专用的扳手。

(1)断头螺钉的拆卸有螺钉断头在机体表面及以下和螺钉断头露在机体表面外一部分等情况，根据这些情况，可选用不同的方法进行拆卸。

当螺钉断头在机体表面及以下时，可以采用下列方法进行拆卸。

①在螺钉上钻孔，打入多角淬火钢杆，将螺钉拧出，如图 2.7 所示。注意打击力不可过大，以防损坏机体上的螺纹。

②在螺钉中心钻孔，攻反向螺纹，拧入反向螺钉旋出，如图 2.8 所示。

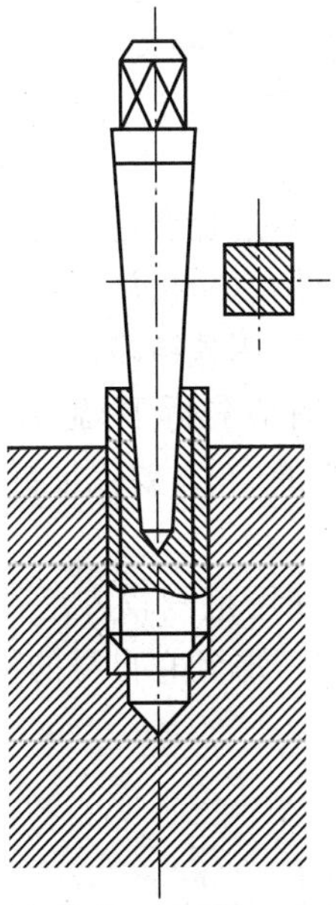

图 2.7　多角淬火钢杆拆卸断头螺钉

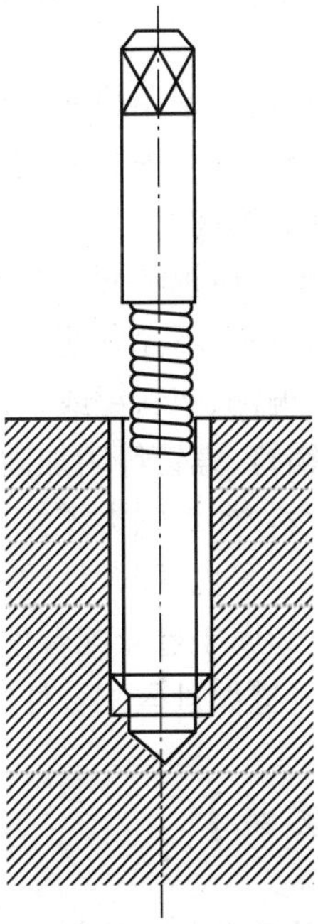

图 2.8　攻反向螺纹拆卸断头螺钉

③在螺钉上钻直径相当于螺纹小径的孔，再用同规格的螺纹刃具攻螺纹；或钻相当于螺纹大径的孔，重新攻一个比原螺纹直径大一级的螺纹，并选配相应的螺钉。

④用电火花在螺钉上打出方形或扁形槽，再用相应的工具拧出螺钉。

⑤当螺钉的断头露在机体表面外一部分时，可以采用图 2.9 所示方法进行拆卸。

(2)打滑内六角圆柱头螺钉的拆卸。

内六角圆柱头螺钉用于紧固定联结的场合较多。当内六角磨圆后会产生打滑现象而不容易拆卸，这时用一个孔径比螺钉头外径稍小一点的六角螺母，放在内六角螺钉头上，如图 2.10 所示，然后将螺母与螺钉焊接成一体，待冷却后用扳手拧六角螺母，即可将螺钉迅速拧出。

(3)锈死螺纹件的拆卸锈死螺纹件有螺钉、螺柱、螺母等，当其用于紧固或连接时，由于生锈而很不容易拆卸，这时可采用下列方法进行拆卸。

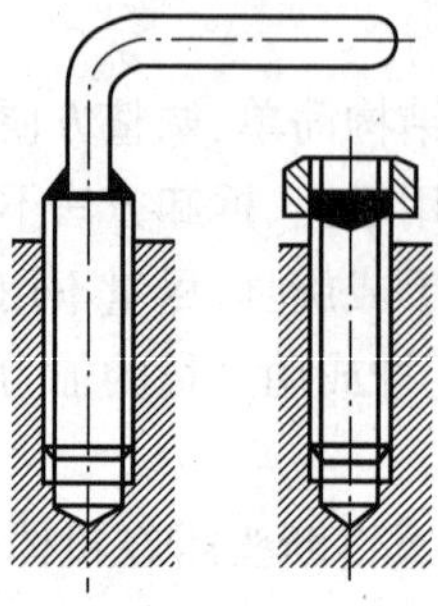

（a）加焊弯杆　（b）加焊螺母

图 2.9　露在机体表面外断头螺钉的拆卸

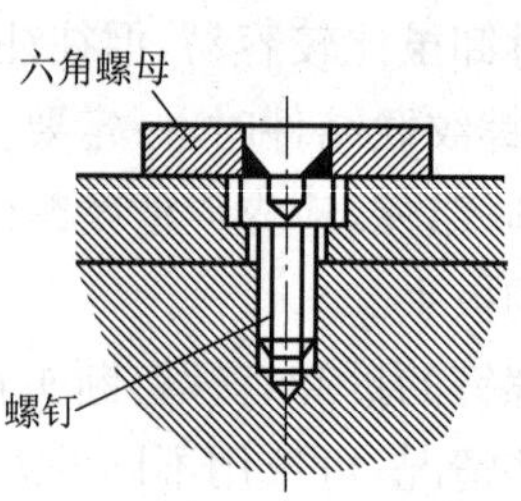


图 2.10　拆卸打滑内六角圆柱头螺钉

①用手锤敲击螺纹件的四周，以振松锈层，然后拧出。

②可先向拧紧方向稍拧一点，再向反方向拧，如此反复拧紧和拧松，逐步拧出。

③在螺纹件四周浇些煤油或松动剂，浸渗一定时间后，先轻轻锤击四周，使锈蚀面略微松动后，再行拧出。

④若零件允许，还可采用快速加热包容件的方法，使其膨胀，然后迅速拧出螺纹件。

⑤采用车、锯、錾、气割等方法，破坏螺纹件。

4. 过盈配合件的拆卸

拆卸过盈配合件，应视零件配合尺寸和过盈量的大小，选择合适的拆卸方法以及工具和设备，如拔轮器、压力机等，不允许使用铁锤直接敲击零部件，以防损坏零部件。在无专用工具的情况下，可用木锤、铜锤、塑料锤或垫以木棒（块）、铜棒（块）用铁锤敲击。无论使用何种方法拆卸，都要检查有无销钉、螺钉等附加固定或定位装置，若有应先拆下；施力部位必须正确，以使零件受力均匀不歪斜，如对轴类零件，力应作用在受力面的中心；要保证拆卸方向的正确性，特别是带台阶、有锥度的过盈配合件的拆卸。

滚动轴承的拆卸属于过盈配合件的拆卸范畴，它的使用范围较广泛，因为其有拆卸特点，所以在拆卸时，除要遵循过盈配合件的拆卸要点外，还要考虑到它自身的特殊性。

## 【任务实施】

现以图 2.11 所示电动机的拆卸为例说明拆卸工作的一般方法与步骤。

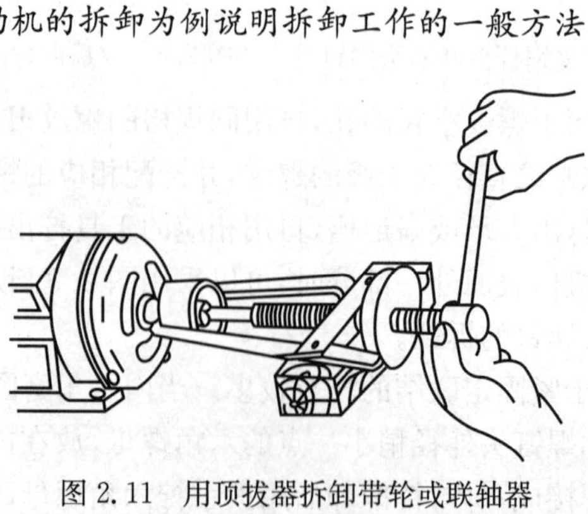

图 2.11　用顶拔器拆卸带轮或联轴器

电动机在检修和维护保养时，经常需要拆装，如果拆装时操作不当，就会损害零部件。拆卸前，应预先在线头、端盖、刷架等处做好标记，以便于修复后的装配。在拆卸过程中，应同时进行检查和测量，并作好记录。

1. 拆卸步骤

(1)拆开端接头器。

(2)拆卸带轮或联轴。

(3)拆卸风罩和风叶。

(4)拆卸轴承盖和端盖(先拆卸联轴端，后拆卸集电环或换向端)。

(5)抽出或吊出转子。拆绕线转子电动机时，抬起或提出电刷，拆卸刷架。

2. 主要零部件的拆卸

(1)带轮或联轴器的拆卸，首先在带轮(或联轴器)的轴伸端(或联轴端)上做好尺寸标记，再拆开电动机的端接头；然后把带轮或联轴器上的定位螺钉或销子松脱取下，用两爪或三爪顶拔器，把带轮或联轴器慢慢拉出。丝杠尖端必须对准电动机轴端的中心，使其受力均匀，便于拉出，如图2.11所示。

若拉不下来时，切忌强硬拆卸，可在定位螺钉孔内注入煤油，待数小时后再拆；如仍然拉不出，可用喷灯在带轮或联轴器四周加热，使其膨胀，就可拉出，但加热温度不能太高，以防轴变形。不能用锤子直接敲出带轮，防止带轮或联轴器碎裂，使轴变形或端盖等部件受损。

(2)刷架、风罩和风叶的拆卸先松开刷架弹簧，抬起刷架卸下电刷，然后取下刷架。拆卸时应该做好记号，这样便于装配。对于封闭式电动机，在拆下带轮或联轴器后，就可以把外风罩螺栓松脱，取下风罩；然后把转尾轴端风叶上的定位螺钉或销子松脱取下，用金属棒或锤子在风叶四周均匀地轻敲，风叶就可脱落下来。对于小型电动机的风叶，一般不用拆下，可随转子一起抽出；但如果后端盖内的轴承需加油或更换时，就必须拆卸，可把转子连同风叶放在压床中一起压出。对于J02、J03等型号的电动机，由于风叶是用塑料制成的，内孔有螺纹，故可用热水使塑料风叶膨胀后再卸下。

(3)轴承盖和端盖的拆卸，先把轴承的外盖螺栓松下。拆下轴承外盖，然后松开端盖的紧固螺栓，在端盖与机座的接缝处做好记号，随后用木锤均匀敲打端盖四周，把端盖取下。较大型电动机端盖较重，应先用起重机吊住，以免端盖卸下时跌碎或碰坏绕组。对于大型电动机，可先把轴伸端的轴承外盖卸下，再松下端盖的紧固螺栓，然后用木锤敲打轴伸端，这样就可以把转子连同端盖一起取出。

(4)抽出转子对于小型电动机的转子，如上所述，可以连同端盖一起取出。抽出转子时应小心，动作要慢一些，注意不可歪斜以免碰伤定子绕组；对于绕线转子异步电动机，还要注意不要损伤集中环和刷架。对于大型电动机，转子较重，要用起重机设备将转子吊出，方法如图2.12所示。

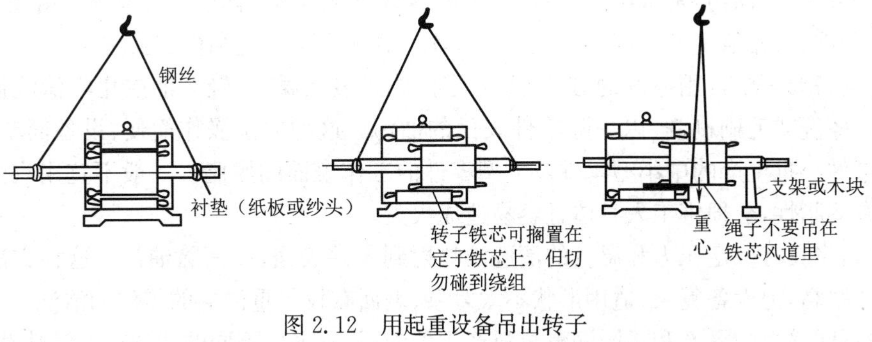


图2.12　用起重设备吊出转子

图 2.13 所示为某车床主轴部件的拆卸方法。图示主轴的阶梯状向左直径减小,拆卸主轴的方向应向右,其拆卸的具体步骤如下:

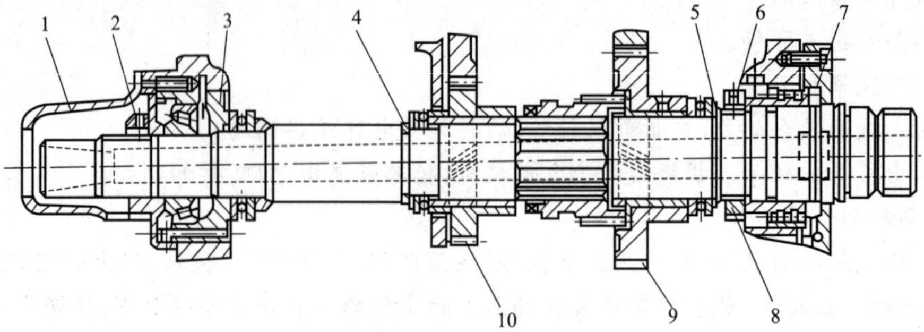


图 2.13　车床主轴部件

1—后罩盖;2、8—圆螺母;3—轴承座;4—卡簧;5—垫圈;
6—螺钉;7—端盖;9、10—齿轮

①先将端盖 7、后罩盖 1 与主轴箱间的联结螺钉松脱,拆卸端盖 7 及后罩盖 1。

②松开锁紧螺钉 6 后,接着松开主轴上的圆螺母 8 及 2(由于推力轴承的关系,圆螺母 8 只能松开到碰至垫圈 5)。

③用相应尺寸的装拆钳,将轴向定位用的卡簧 4 撑开向左移出沟槽,并置于轴的外表面上。

④当主轴向右移动而完全没有零件障碍时,在主轴的尾部(左端)垫铜或铝等较软金属圆棒后,才用大木锤敲击主轴。边向右移动主轴,边向左移动相关零件,用压力机或其他拆卸工具将轴承从轴上拆下来,从主轴箱后端插入铁棒(使轴上件落在铁棒上,以免落入主轴箱内),且从主轴箱前端抽出主轴。

⑤轴承座 3 在松开其固定螺钉后,可垫铜棒向左敲出。

⑥主轴上的前轴承垫了铜套后,可向左敲击取下内圈,向右敲击取出外圈。

### 2.1.4　机械零件的清洗

对拆卸后的机械零件进行清洗是修理工作的重要环节。清洗方法和清理质量,对零件鉴定的准确性、设备的修复质量、修理成本和使用寿命等都将产生重要影响。

零件的污垢包括油污、水垢、积炭、锈层和旧涂装层等。

1.除油污

清除零件上的油污,常采用清洗液,如有机溶剂、碱性溶液、化学清洗液等。清洗方法有擦洗、浸洗、喷洗、气相清洗及超声波清洗等。清洗方式有人工清洗和机械清洗。

机电设备修理中常用擦洗的方法,即将零件放入装在煤油、轻柴油或化学清洗剂的容器中,用棉纱擦洗或毛刷刷洗,以去除零件表面的油污。这种方法操作简便、设备简单,但效率低,用于单件小批生产的中小型零件及大型零件的工作表面的脱脂。一般不宜用汽油作清洗剂,因其有溶脂性,会损害工人身体且容易造成火灾。

喷洗是将具有一定压力和温度的清洗液喷射到零件表面,以清除油污。这种方法清洗效果好、生产率高,但设备复杂,适用形状不太复杂、表面有较严重油垢的零件的清洗。

清洗不同材料的零件和不同润滑材料产生的油污,应采用不同的清洗剂。清洗动、植物油污，可用碱性溶液，因为它能与碱性溶液起皂化反应，生成的肥皂和甘油溶于水；但碱性溶液对不同的金属有不同程度的腐蚀性，尤其对铝的腐蚀较强。因此清洗不同的金属零件应该采用不同的配方，表 2.1 和表 2.2 分别列出了清洗钢铁零件和铝合金零件的配方。

**表 2.1　清洗钢铁零件的配方**(单位:kg)

| 成　分 | 配方 1 | 配方 2 | 配方 3 | 配方 4 |
|---|---|---|---|---|
| 苛性钠 | 7.5 | 20 | | |
| 碳酸钠 | 50 | | 5 | |
| 磷酸钠 | 10 | 50 | | |
| 硅酸钠 | | 30 | 2.5 | |
| 软肥皂 | 1.5 | | 5 | 3.6 |
| 磷酸三钠 | | | 1.25 | 9 |
| 磷酸氢二钠 | | | 1.25 | |
| 偏硅酸钠 | | | | 4.5 |
| 重铝酸钠 | | | | 0.9 |
| 水/L | 1 000 | 1 000 | 1 000 | 450 |

**表 2.2　清洗铝合金零件的配方**(单位:kg)

| 成　分 | 配方 1 | 配方 2 | 配方 3 |
|---|---|---|---|
| 碳酸钠 | 1.0 | 0.4 | 1.5～2.0 |
| 重铝酸钠 | 0.05 | | 0.05 |
| 硅酸钠 | | | 0.5～1.0 |
| 肥皂 | | | 0.2 |
| 水/L | 100 | 100 | 100 |

矿物油不溶于碱溶液，因此清洗零件表面的矿物油油垢，需加入乳化剂，使油脂形成乳油液而脱离零件表面。为加速去除油垢的过程，可采用加热、搅拌、压力喷洗、超声波清洗等措施。

2. 除锈

零件表面的腐蚀物，如钢铁零件的表面锈蚀，在机械设备修理中，为保证修理质量，必须彻底清除。根据具体情况，目前主要采用机械、化学和电化学等方法进行清除。

(1)机械法除锈利用机械摩擦、切削等作用清除零件表面锈层。常用方法有刷、磨、抛光、喷砂等。单件小批生产或修理中可由人工打磨锈蚀表面；成批生产或有条件的场合，可采用机器除锈，如电动磨光、抛光、滚光等。喷砂法除锈是利用压缩空气，把一定粒度的砂子通过喷枪喷在零件锈蚀的表面上，这样不仅除锈快，还可为涂装、喷涂、电镀等工艺做好表面准备，经喷砂处理的表面可达到干净的、有一定粗糙度的表面要求，从而提高覆盖层与零件的结合力。

(2)化学法除锈利用一些酸性溶液溶解金属表面的氧化物，以达到除锈的目的。目前使用的化学溶液主要是硫酸、盐酸、磷酸或其混合溶液，加入少量的缓蚀剂。其工艺过程是：脱脂—水冲洗—除锈—水冲洗—中和—水冲洗—去氢。为保证除锈效果，一般都将溶液加热到一定的温度，严格控制时间，并要根据被除锈零件的材料，采用合适的配方。

(3)电化学法除锈。电化学除锈又称为电解腐蚀，这种方法可节约化学药品，除锈效率高、除锈质量好,但消耗能量大且设备复杂。常用的方法有阳极腐蚀,即把锈蚀件作为阳极,故称为阳极腐蚀;还有阴极腐蚀,即把锈蚀件作为阴极,用铅或铅锑合金作阳极。阳极腐蚀的主要缺点是当电流密度过高时,易腐蚀过度,破坏零件表面,故适用于外形简单的零件;阴极腐蚀无过蚀问题,但氢容易浸入金属中,产生氢脆,降低零件塑性。

3. 清除涂装层

清除零件表面的保护涂装层,可根据涂装层的损坏程度和保护涂装层的要求,进行全部或部分清除。涂装层清除后,要冲洗干净,准备再喷刷新涂层,如图 2.14 所示。

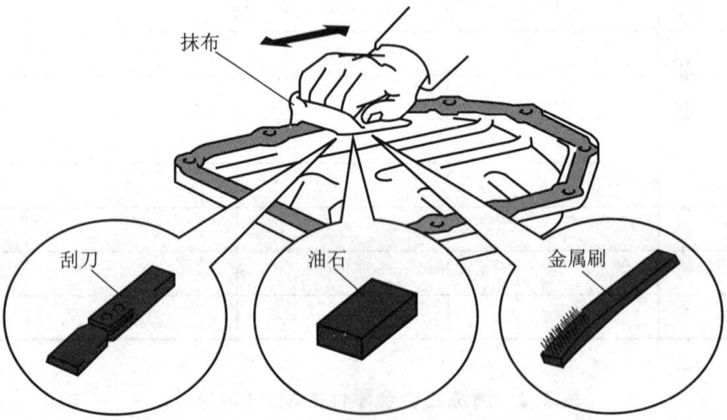


图 2.14 清除涂装层

清除方法一般是采用手工工具,如刮刀、砂纸、油石、钢丝刷或手提式电动、风动工具进行刮、磨、刷等。有条件时可采用化学方法,即用各种配制好的有机溶剂、碱性溶液退漆剂等。使用碱性溶液退漆剂时,可涂刷在零件的漆层上,使之溶解软化,然后再用手工工具进行清除。

使用有机溶液退漆时,要特别注意安全。工作场地要通风、防火,操作者要穿戴防护用具,工作结束后,要将手洗干净,以防中毒。使用碱性溶液退漆剂时,不要让铝制零件、皮革、橡胶、毡质零件接触,以免腐蚀损坏。操作者要戴耐碱手套,避免皮肤接触受伤。

## 任务 2.2 机械零件失效形式及其对策

机电设备越复杂,引起故障的原因便越多样化,机电设备的机械故障和机械零件的失效密不可分。在设备使用过程中,机械零件由于设计、材料、工艺及装配等各种原因,丧失规定的功能,无法继续工作的现象称为失效。当机械设备的关键零部件失效时,就意味着设备处于故障状态。设备发生故障后,其经济技术指标部分或全部下降而达不到预定要求,如功率下降、精度降低、加工表面粗糙度达不到预定等级或发生强烈振动、出现不正常的声响等。

机械零件失效形式也很多,主要有磨损、变形、断裂、蚀损等四种普通的、有代表性的失效模式,图 2.15 为典型零件齿轮的失效形式。

### 2.2.1 机械零件的磨损及其对策

相接触的物体相互移动时发生阻力的现象称为摩擦。相对运动的零件的摩擦表面发生尺寸、形状和表面质量变化的现象称为磨损。摩擦是不可避免的自然现象;磨损是摩擦的必然结果,两者均发生于材料表面。摩擦与磨损相伴产生,造成机械零件的失效。

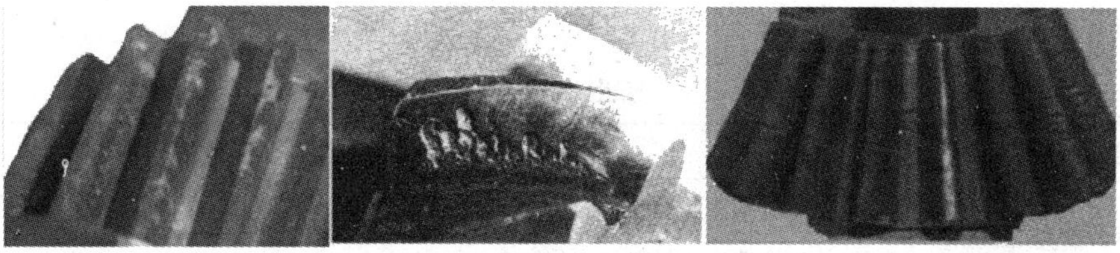

齿面点蚀　　齿面胶合

齿面磨损　　塑性变形　　轮齿折断

图 2.15　齿轮的失效形式

一般机械设备中约有 80%的零件因磨损而失效报废。据估计，世界上的能源消耗约有30%～50%是由于摩擦和磨损造成的。机械零件的磨损过程一般可分为磨合阶段、稳定磨损阶段和剧烈磨损阶段。

1. 磨损的类型和特点

通常将机械零件的磨损分为黏着磨损、磨料磨损、疲劳磨损、腐蚀磨损和微动磨损五种类型，见表 2.3。

**表 2.3　磨损的基本类型**

| 类　型 | 内　容 | 特　点 | 举　例 |
| --- | --- | --- | --- |
| 黏着磨损 | 构成摩擦副的两个摩擦表面相互接触并发生相对运动时，由于黏着作用，接触表面的材料从一个表面转移到另一个表面所引起的磨损 | 接触点黏着剪切破坏，表面呈现擦痕、鱼鳞片状、麻点 | 内燃机的铝活塞壁与缸体摩擦擦伤 |
| 磨料磨损 | 当摩擦副的接触表面之间存在着硬质颗粒，或者当摩擦副材料一方的硬度比另一方的硬度大得多时，所产生的一种类似金属切削过程的磨损 | 磨料作用于材料表面而破坏，表面呈现切痕、刮伤 | 球磨机的衬板与钢球；农业与矿山机械零件磨损 |
| 疲劳磨损 | 摩擦表面材料受循环接触应力作用产生重复变形，导致产生裂纹和分离出微片或颗粒的一种磨损 | 表层受接触应力反复作用而疲劳破坏，表面呈现裂纹、剥落 | 滚动轴承、齿轮副 |
| 腐蚀磨损 | 在摩擦过程中，金属同时与周围介质发生化学或电化学反应，产生材料损失现象，即腐蚀磨损 | 有化学反应或电化学反应的表面腐蚀破坏，表面有反应产物 | 曲轴轴颈氧化磨损；化工设备中的零件表面 |
| 微动磨损 | 两个接触表面由于受相对低振幅振荡运动而产生的磨损称为微动磨损 | 复合式磨损 | 键联结处、过盈配合处、螺栓联结处、片式摩擦离合器的内外摩擦片的接合面上 |

2. 防止和减少磨损的对策(表 2.4)

表 2.4 防止和减少磨损的对策

| 类型 | 内容 |
|---|---|
| 黏着磨损 | (1)控制摩擦表面的状态摩擦表面的状态<br>(2)控制摩擦表面材料的成分和金相组织 |
| 磨料磨损 | (1)减少磨料的进入<br>(2)增强零件的耐磨性<br>(3)合理选用润滑剂 |
| 疲劳磨损 | (1)合理选用摩擦副材料,避免应力集中<br>(2)适当降低表面粗糙度<br>(3)合理选用润滑剂 |
| 腐蚀磨损 | (1)控制氧化膜生长的速度与厚度<br>(2)控制氧化膜的性质金属表面形成的氧化膜的性质<br>(3)控制氧化膜硬度 |
| 微动磨损 | (1)合理选用摩擦副材料<br>(2)控制载荷、温度、振幅<br>(3)合理选用润滑剂 |

### 2.2.2 机械零件的变形及其对策

机械零件或构件在外力的作用下,产生形状或尺寸变化的现象称为变形。过量的变形是机械失效的重要类型,也是判断韧性断裂的明显征兆。例如,各类传动轴的弯曲变形;桥式起重机主梁在变形下挠曲或扭曲;汽车大梁的扭曲变形;弹簧的变形等。变形量随着时间的不断增加,逐渐改变了产品的初始参数,当超过允许极限时,将丧失规定的功能。

1. 弹性变形

金属零件在作用应力小于材料屈服强度时产生的变形称为弹性变形。

弹性变形的特点是:

(1)当外力去除后,零件变形消除,恢复原状。

(2)材料弹性变形时,应变与应力成正比,其比值称为弹性模量,它表示材料对弹性变形的阻力。在其他条件相同时,材料的弹性模量越高,由这种材料制成的机械零件或构件的刚度便越高,在受到外力作用时保持其固有的尺寸和形状的能力就越强。

(3)弹性变形量很小,一般不超过材料原长度的0.1%~1.0%。

在金属零件使用过程中,若产生超量弹性变形(超量弹性变形是指超过设计允许的弹性变形),则会影响零件正常工作。

2. 塑性变形

塑性变形又称为永久变形,是指机械零件在外加载荷去除后留下来的一部分不可恢复的变形。金属零件的塑性变形从宏观形貌特征上看,主要有翘曲变形、体积变形和时效变形三种形式。

塑性变形导致机械零件各部分尺寸和外形的变化,将引起一系列不良后果。例如,机床主轴塑性弯曲，将不能保证加工精度，导致废品率增大，甚至使主轴不能工作。

3. 防止和减少机械零件变形的对策

变形是不可避免的，我们可从下列四个方面采取相应的对策防止和减少机械零件变形。

(1)设计

设计时不仅要考虑零件的强度，还要重视零件的刚度和制造、装配、使用、拆卸、修理等问题。

①正确选用材料，注意工艺性能。

②合理布置零件，选择适当的结构尺寸。

③在设计中，注意应用新技术、新工艺和新材料，减少制造时的内应力和变形。

(2)加工

在加工中要采取一系列工艺措施来防止和减少变形。对毛坯要进行时效以消除其残余内应力。时效有自然时效和人工时效两种。自然时效，可以将生产出来的毛坯在露天存放 1～2 年，这是因为毛坯材料的内应力有在 12～20 个月逐渐消失的特点，其时效效果最佳；缺点是时效周期太长。人工时效可使毛坯通过高温退火、保温缓冷而消除内应力；也可利用振动作用来进行人工时效。高精度零件在精加工过程中必须安排人工时效。

(3)修理

在修理中，既要满足恢复零件的尺寸、配合精度、表面质量等技术要求，还要检查和修复主要零件的形状、位置误差。为了尽量减少零件在修理中产生的应力和变形，应当制定出与变形有关的标准和修理规范，设计简单可靠、好用的专用量具和工夹具，同时注意大力推广“三新”技术，特别是新的修复技术，如刷镀、粘接等。

(4)使用

加强设备管理，制定并严格执行操作规程，加强机械设备的检查和维护，不超负荷运行，避免局部超载或过热等。

### 2.2.3　机械零件的断裂及其对策

断裂是零件在机械、热、磁、腐蚀等单独作用或者联合作用下，其木身连续性遭到破坏，发生局部开裂或分裂成几部分的现象。机械零件断裂后不仅完全丧失工作能力，而且还可能造成重大的经济损失或伤亡事故。

1. 延性断裂

延性断裂又称为塑性断裂或韧性断裂。当外力引起的应力超过抗拉强度时发生塑性变形后造成断裂就称为延性断裂。延性断裂的宏观特点是断裂前有明显的塑性变形，常出现“缩颈”现象。延性断裂断口形貌的微观特点是断面有大量韧窝(即微坑)覆盖。延性断裂实际上是显微空洞形成、长大、连接以致最终导致断裂的一种破坏方式。

2. 脆性断裂

金属零件或构件在断裂之前无明显的塑性变形，发展速度极快的一类断裂叫脆性断裂。它通常在没有预示信号的情况下突然发生，是一种极危险的断裂形式。

3. 疲劳断裂

机械设备中的许多零件，如轴、齿轮、凸轮等，都是在交变应力作用下工作的。它们工作时所承受的应力一般都低于材料的屈服强度或抗拉强度，按静强度设计的标准是安全的。但在实际生产中，在重复及交变载荷的长期作用下，机械零件或构件仍然会发生断裂，这种现象称为疲劳断裂，它是一种普通而严重的失效形式。在机械零件的断裂失效中，疲劳断裂占很大的比重，约为80%～90%。

4.环境断裂

环境断裂是指材料与某种特殊环境相互作用而引起的具有一定环境特征的断裂方式。延性断裂、脆性断裂、疲劳断裂，均未涉及材料所处的环境，实际上机械零件的断裂，除了与材料的特性、应力状态和应变速度有关外，还与周围的环境密切相关，尤其是在腐蚀环境中材料表面的裂纹边沿由于氧化、腐蚀或其他过程使材料强度下降，促使材料发生断裂。环境断裂主要有应力腐蚀断裂、氢脆断裂、高温蠕变断裂、腐蚀疲劳断裂及冷脆断裂等形式。

5.减少或消除机械零件断裂的对策

(1)设计在金属结构设计上要合理，尽可能减少或避免应力集中，合理选择材料。

(2)工艺：采用合理的工艺结构，注意消除残余应力，严格控制热处理工艺。

(3)使用：按设备说明书操作、使用机电设备，严格杜绝超载使用机电设备。

### 2.2.4 机械零件的蚀损及其对策

蚀损即腐蚀损伤。机械零件的蚀损，是指金属材料与周围介质产生化学反应或电化学反应而导致的破坏。金属腐蚀是普遍存在的自然现象，它所造成的经济损失十分惊人。据不完全统计，全世界因腐蚀而不能继续使用的金属零件，约占其产量的10%以上。

1.机械零件的化学腐蚀

化学腐蚀是指单纯由化学作用而引起的腐蚀。在这一腐蚀过程中不产生电流，介质是非导电的。化学腐蚀的介质一般有两种形式：一种是气体腐蚀，指干燥空气、高温气体等介质中的腐蚀；另一种是非电解质溶液中的腐蚀，指有机液体、汽油、润滑油等介质中的腐蚀。它们与金属接触时进行化学反应形成表面膜，在不断脱落又不断生成的过程中使零件腐蚀。

大多数金属在室温下的空气中就能自发地氧化，但在表面形成氧化物层之后，如能有效地隔离金属与介质间的物质传递，就成为保护膜；如果氧化物层不能有效阻止氧化反应的进行，那么金属将不断地被氧化。

2.金属零件的电化学腐蚀

电化学腐蚀是金属与电解质物质接触时产生的腐蚀。大多数金属的腐蚀都属于电化学腐蚀，其涉及面广，造成的经济损失大。电化学腐蚀与化学腐蚀的不同点在于其腐蚀过程有电流产生。电化学腐蚀过程比化学腐蚀强烈得多，这是由于电化学腐蚀的条件易形成和存在决定的。

电化学腐蚀的根本原因是腐蚀电池的形成。在原电池中，作为阳极的锌被溶解，作为阴极的铜未被溶解，在电解质溶液中有电流产生。电化学腐蚀原理与此很相近，同样需要形成原电池的三个条件：两个或两个以上的不同电极电位的物体，或在同一物体中具有不同电极电位的区域，以形成正、负极；电极之间需要有导体相连接或电极直接接触；有电解液。金属材料中一般都含有其他合金或杂质(如碳钢中含有渗碳体，铸铁中含有石墨等)，由于这些杂质的电极电位的数值比铁本身大，便产生了电位差，而且它们又都能导电，杂质又与基体金属直接接触，所以当有电解质溶液存在时便会构成腐蚀电池。

3.减少或消除机械零件蚀损的对策

(1)正确选材：根据环境介质和使用条件，选择合适的耐腐蚀材料，如含有镍、铬、铝、硅、钛等元素的合金钢;在条件许可的情况下,尽量选用尼龙、塑料、陶瓷等材料。

(2)合理设计:在制造机械设备时,即使采用了较优质的材料,如果在结构的设计上不从金属防护角度加以全面考虑,常会引起机械应力、热应力以及流体的停滞和聚集、局部过热等,从而加速腐蚀过程。因此设计结构时应尽量使整个部位的所有条件均匀一致,做到结构合理、外形简化、表面粗糙度合适。

(3)覆盖保护层:在金属表面上覆盖一层不同的材料,可改变表面结构,使金属与介质隔离开来,以防止腐蚀。常用的覆盖材料有金属或合金、非金属保护层和化学保护层等。

(4)电化学保护:对被保护的机械设备通以直流电流进行极化,以消除电位差,使之达到某一电位时,被保护金属的腐蚀可以很小,甚至呈无腐蚀状态。这种方法要求介质必须是导电的、连续的。

(5)添加缓蚀剂:在腐蚀性介质中加入少量缓蚀剂(缓蚀剂是指能减小腐蚀速度的物质),可减轻腐蚀。按化学性质的不同,缓蚀剂有无机化合物和有机化合物两类。无机化合物,能在金属表面形成保护,使金属与介质隔开,如重铬酸钾、硝酸钠、亚硫酸钠等;有机化合物,能吸附在金属表面上,使金属溶解和还原反应都受到抑制,减轻金属腐蚀,如胺盐、琼脂、动物胶、生物碱等。

(6)改变环境条件:将环境中的腐蚀介质去除,可减少其腐蚀作用。如采用通风、除湿、去掉二氧化硫气体等。对常用金属材料来说,把相对湿度控制在临界湿度以下,可显著减缓人气腐蚀。

## 任务2.3　机械零件检测

对清洗后的机械零件进行有针对性的检验和测量,鉴别其所处的技术状态,进行分类和决策,从而拟定出合理的修理技术方案及其相应的工艺措施,不仅是机电设备修理前的重要工作,而且是自始至终贯穿在全部修理过程中。

### 2.3.1　机械零件检测的内容和分类

1. 检测的主要内容

(1)零件的几何精度

包括尺寸、形状和表面相互位置精度。经常检测的是尺寸、圆柱度、圆度、平面度、直线度、同轴度、平行度、垂直度、跳动等项目。根据检修特点,有时不是追求单个零件的几何尺寸精度,而是要求相对配合精度。

(2)零件的表面质量

包括表面粗糙度、表面有无擦伤、腐蚀、裂纹、剥落、烧损、拉毛等缺陷。

(3)零件的物理力学性能

除硬度、硬化层深度外,对零件制造和修复过程中形成的性能,如应力状态、平衡状况、弹性、刚度、振动等也需根据情况适当进行检测。

(4)零件的隐蔽缺陷

包括制造过程中的内部夹渣、气孔、疏松、空洞、焊缝等缺陷,还有使用过程中产生的微观裂纹。

(5)零部件的质量和静动平衡

如活塞、连杆组之间的质量;曲轴、风扇、传动轴、车轮等高速转动的零部件进行静动平衡。

(6)零件的材料性质

如零件合金成分、渗碳层含碳量、各部分材料的均匀性、铸铁中石墨的析出、橡胶材料的老化变质程度等。

(7)零件表层材料与基体的结合强度

如电镀层、喷涂层、堆焊层与基体金属的结合强度,机械固定连接件的连接强度,轴承合金和轴承座的结合强度等。

(8)组件的配合情况

如组件的同轴度、平行度、啮合情况与配合的严密性等。

(9)零件的磨损程度

正确识别摩擦磨损零件的可行性,由磨损极限确定是否能继续使用。

(10)密封性

如内燃机缸体、缸盖需进行密封试验,检查有无泄漏。

2.检测后分类

零件通过上述分析、检验和测量,便可将其划分为可用的、不可用的和需修的三大类。可用零件是指其所处技术状态仍能满足各级修理技术标准,它可不经任何修理,便可直接进入装配阶段使用。如果零件所处技术状态已劣于各级修理技术标准或使用规范等,均属于需修零件。不过有些零件通过修理,不仅能达到各级修理技术标准,而且很经济合算,此时应尽量给予修理和重新使用;而有些零件,虽然通过修理能达到各级修理技术标准,但费用很高,极不经济,通常不予修理而换用新零件。当零件所处技术状态(如材料变质、强度不足等)已无法采用修理方法来达到规定的技术要求时,应作报废处理。

### 2.3.2　机械零件的检测方法

目前,常见的检测方法有:检视法、测量法和隐蔽缺陷的无损检测法。一般视生产需要选择其中某些适宜的方法来检测,以便作出全面的技术鉴定。

下面介绍几种常用的检测方法。

1.检视法

它主要是凭人的器官(眼、手和耳等)感觉或借助于简单工具(放大镜、手锤等)、标准块等进行检验、比较和判断零件的技术状态的一种方法。显然,此法简单、易行,且不受条件限制,因而普遍采用;但要求检视人员要有实践经验,而且只能作定性分析和判断,是目前检测中不可缺少的重要方法。

2.测量法

采用各种量具检查零件的配合尺寸、间隙、表面形状和位置偏差等,这是一种比较精确的鉴定方法。常用的量具包括直尺、钢带尺、卡钳、塞规、游标卡尺、百分尺、百分表等。图2.16为测量法常用的量具,图2.17为用测量法测量零件。

3.无损检测法

无损检测的主要任务是确定零件隐蔽缺陷的性质、大小、部位及其取向等,因此,在具体选择无损检测法和操作时,必须结合零件的工作条件,考虑其受力状况、生产工艺、检测要求与效果及其经济性等。

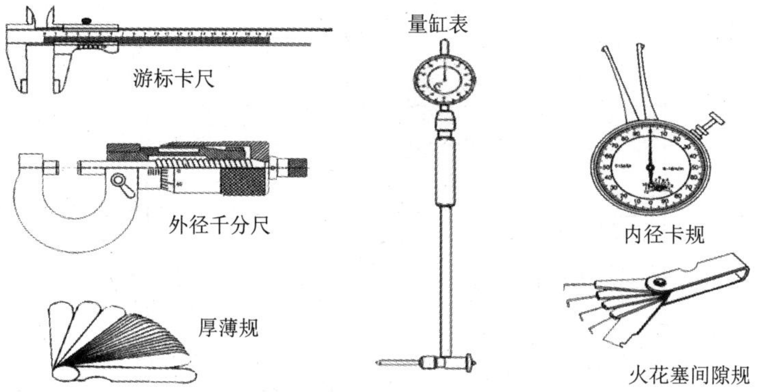


图 2.16　测量法常用的量具

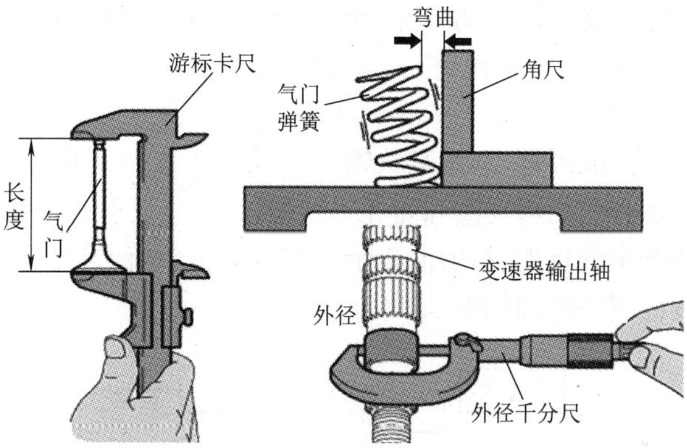


图 2.17　用测量法测量零件

目前，生产中常用的无损检测法主要有：渗透、磁粉、超声波和射线等检测方法。

(1)渗透检测法：其原理是，在清洗后的零件表面上涂上渗透剂，渗透剂通过表面缺陷毛细管作用进入缺陷中，这时可利用缺陷中的渗透剂能以颜色显示缺陷，或在紫外线照射下能够产生荧光将缺陷的位置和形状显示出来。渗透检测法原理及过程如图 2.18 所示。

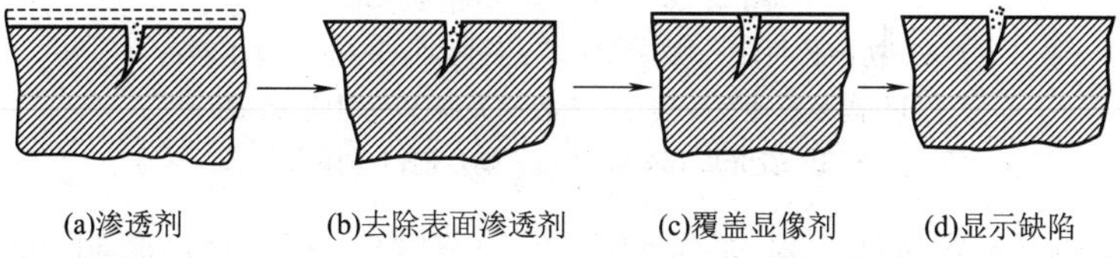


图 2.18　渗透检测法原理及过程

用此法检测方便、简单，能检测出任何材料制作的零件和零件任何结构形状表面上约 1 mm左右宽的微裂纹。

(2)磁粉检测法：其原理是，利用铁磁材料在电磁场作用下能够产生磁化。被测零件在电磁场作用下，由于其表面或近表面(几毫米之内)存在缺陷，磁力线只得绕过缺陷产生磁力线泄漏或聚集形成局部磁化吸附磁粉，从而显示出缺陷的位置、形状和取向。图 2.19 为磁粉检测法的原理。

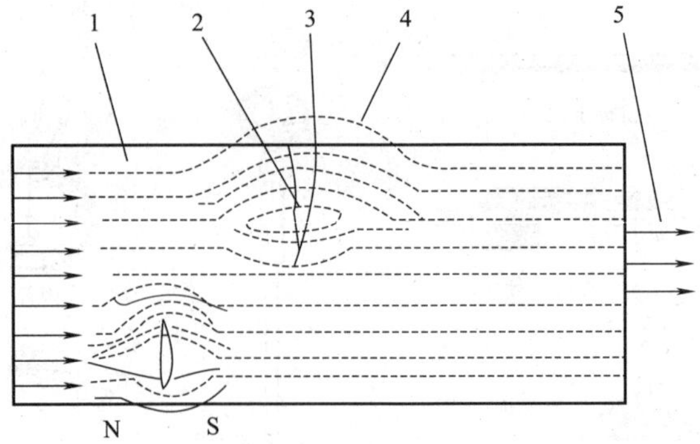


图 2.19　磁粉检测法原理

1—零件；2—缺陷；3—局部缺陷；4—泄漏磁通；5—磁力线

采用磁粉检测时，必须注意磁化方法的选择，使磁力线方向尽可能垂直或以一定角度穿过缺陷的取向，以获得最佳的检测效果；同时需注意检测后的退磁处理，以免影响使用。此法设备简单、检测可靠、操作方便，但是只能适用于铁磁材料零件表面和近表面缺陷的检测。

(3)超声波检测法：其原理是，利用某些物质的压电效应产生的超声波在介质中传播时遇到不同介质间的介面(内部裂纹、夹渣和缩孔等缺陷)会产生反射、折射等特性。通过检测仪器可将超声波在缺陷处产生的反射、折射波显示在荧光屏上，从而确定零件内部缺陷的位置、大小和性质等。超声波检测法原理如图 2.20 所示。

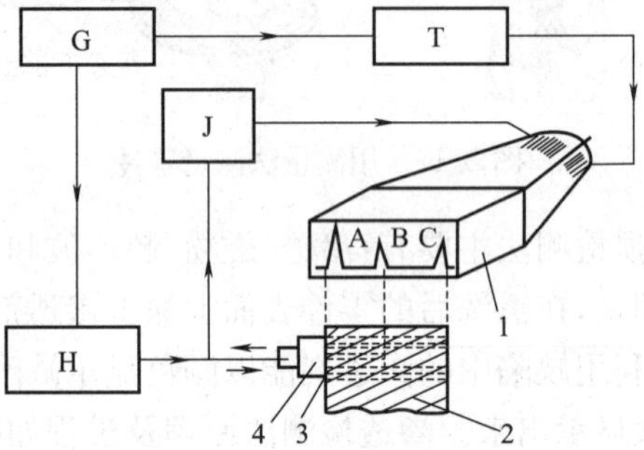


图 2.20　超声波检测法原理

A—初始脉冲；B—缺陷脉冲；C—底脉冲；G—同步发生器；

H—高频脉冲发生器；J—接收放大器；T—时间扫描器；

1—荧光屏；2—零件；3—耦合剂；4—探头

此法的主要特点是穿透能力强、灵敏度高；适用范围广、不受材料限制；设备轻巧、使用方便，可到现场检测，但只适用零件的内部缺陷。

(4)射线检测法：其原理是利用射线(X 射线)照射，使其穿过零件，如果遇到缺陷(裂纹、气孔、疏松或夹渣等)，射线则较容易透过；这样从被测零件缺陷处透过射线的能量较其他地方多。当这些射线照射到软片，经过感光和显影后，形成不同的黑度(反差)，从而分析判断出零件缺陷的形状、大小和位置来。图 2.21 为射线检测法原理。

此法最大的特点是从感光软片上较容易判定此零件缺陷的形状、尺寸和性质，并且软片可长期保存备查。但是检测设备投资及检测费用较高，且需要有相应的防射线的安全措施，只用于对重要零件的检测或者用超声波检测尚不能判定的检测。

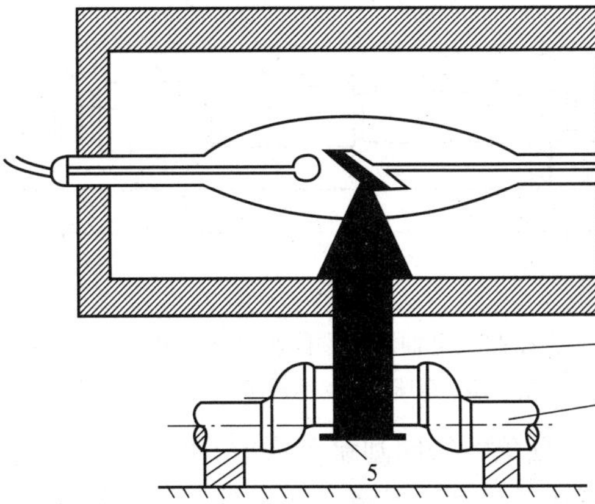


图 2.21　射线检测原理图

1—射线管；2—保护箱；3—射线；4—零件；5—感光胶片

必须指出，零件检测分类时，还必须注意结合件的特殊要求以进行相应的特殊试验，如高速运动的平衡试验、弹性件的弹性试验以及密封件的密封试验等，只有这样才能对零件作出全面的技术鉴定与正确的分类。

### 2.3.3　典型机械零件的检测

零件检测的内容分修前检测、修后检测和装配检测。修前检测在机电设备拆卸后进行，对已确定需要修复的零件，可根据零件损坏情况及生产条件，确定适当的修复工艺，并提出修理技术要求。对报废的零件，要提出需要补充的备件型号、规格和数量，没有备件的需提出零件工作图或测绘草图。修后检测是指检验零件加工或修理后的质量，是否达到了规定的技术标准，以确定是成品、废品还是返修品。装配检验是指检查待装零件(包括修复的和新的)质量是否合格、能否满足装配的技术要求。在装配过程中，对每道工序进行检测，以免装配过程中产生中间工序不合格，从而影响装配质量。组装后，检验累积误差是否超过装配的技术要求。机电设备总装后要进行试运转，检测工作精度、几何精度以及其他性能，以检查修理质量是否合格，同时要进行必要的调整工作。

(1)床身导轨的检查机电设备的床身是基础零件，最起码的要求是保持其形态完整。一般情况下，虽然床身导轨本身断面大，不易断裂，但是由于铸件本身的缺陷(砂眼、气孔、缩松)，加之受力大，切削过程的振动和冲击，床身导轨也可能存在裂纹，这是首先应检查的。检查方法是：用手锤轻轻敲打床身各非工作面，凭发出的声音进行鉴别，当有破哑声发出时，则判断其部位可能有裂纹。微细的裂纹可用煤油渗透法检查。对导轨面上的凸凹、掉块或碰伤，均应查出，标注记号，以备修理。

(2)检查主轴的损坏形式主要是轴颈磨损、外表拉伤，产生圆度误差、同轴度误差和弯曲变形及锥孔碰伤，键槽破裂、螺纹损坏等。常见的主轴同轴度检查方法如图 2.22 所示。

主轴 1 放置于检验平板 6 上的两个 V 形架 5 上，主轴后端装入堵头 2，堵头 2 中心孔顶一钢球 3，紧靠支承板 4，在主轴各轴颈处用百分表触头与轴颈表面接触，转动主轴，百分表指针的摆动差即为同轴度误差。轴肩端面圆跳动误差也可从端面处的百分表读出。一般应将同轴度误差控制在 0.015 mm 之内，端面圆跳动误差应小于 0.01 mm。

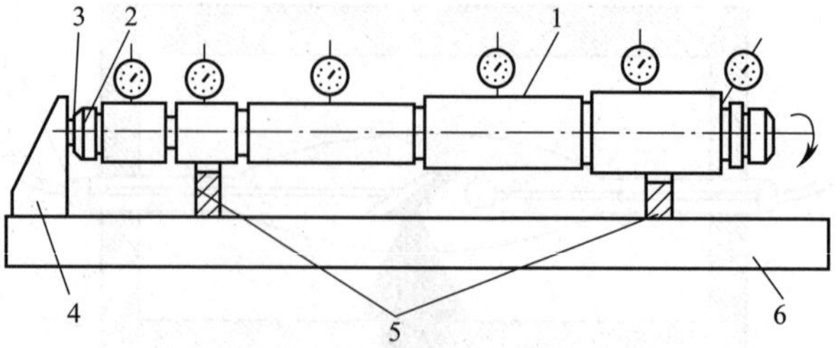


图 2.22　主轴各轴颈同轴度的检查

1—主轴；2—堵头；3—钢球；4—支承板；5—V 形架；6—平板

至于主轴锥孔中心线对支承轴颈的径向圆跳动误差，可在放置好的主轴锥孔内放入锥柄检验棒，然后将百分表触头分别触及锥柄检验棒靠近主轴端及相距 300 mm 处的两点，回转主轴，观察百分表指针，即可测得主轴锥孔中心线对支承轴颈的径向圆跳动误差。

主轴的圆度误差可用千分尺和圆度仪测量；其他损坏、碰伤情况可目测看到。

(3)齿轮的检查：齿轮工作一个时期后，由于齿面磨损，齿形误差增大，将影响齿轮的工作性能。因此，要求齿形完整，不允许有挤压变形、裂纹和断齿现象。齿厚的磨损量应控制在不大于 0.15 倍的模数内。

生产中常用专用齿厚卡尺来检查齿厚偏差，即用齿厚减薄量来控制侧隙。还可用公法线千分尺测量齿轮公法线长度的变动量来控制齿轮的运动准确性，这种方法简单易行，生产中常用。图 2.23 所示为齿轮公法线长度变动量的测量。

测量齿轮公法线长度的变动量，首先要根据被测齿轮的齿数计算跨齿数 $k$($k$ 值也可通过查阅资料确定)：

$$k=z/9+0.5 \tag{2.1}$$

计算值要取整数，然后按比值用公法线千分尺测量一周公法线长度，其中最大值与最小值之差即为公法线长度变动量，当该变动量小于规定的公差值时，则齿轮该项指标合格。齿轮的内孔、键槽、花键及螺纹都必须符合标准要求，不允许有拉伤和破坏现象。

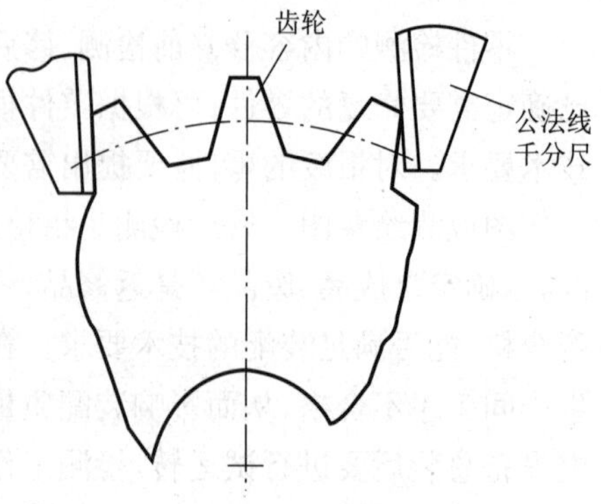


图 2.23　公法线的测量

(4)滚动轴杆的检查对于滚动轴承，应着重检查内圈、外圈滚道。整个工作表面应光滑，不应该有裂纹、微孔、凹痕和脱皮等缺陷。滚动体的表面也应光滑，不应有裂纹、微孔和凹痕等缺陷。此外，保持器应该完整、铆钉应该紧固。如果发现滚动体轴承的内、外有间隙，不要轻易更换，可通过预加载荷调整，消除因磨损而增大的间隙，提高其旋转精度。

根据零件检查的结果，可编制、填写修换零件明细表。明细表一般可分为修理零件明细表、缺损零件明细表、外购外协件明细表、滚动轴承明细表及标准件明细表等。

## 任务 2.4　典型零部件装配

### 2.4.1　机械装配的一般工艺原则和要求

一部庞大复杂的机电设备都是由许多零件和部件所组成。按照规定的技术要求，将若干个零件组合成组件，由若干个组件和零件组合成部件，最后由所有的部件和零件组合成整台机电设备的过程，分别称为组装、部装和总装，统称为装配。

机电设备修理后质量的好坏，与装配质量的高低有密切的关系。机电设备修理后的装配工艺是一个复杂细致的工作，是按技术要求将零部件连接或固定起来，使机电设备的各个零部件保持正确的相对位置和相对关系，以保证机电设备所应具有的各项性能指标。若装配工艺不当，即使有高质量的零件，机电设备的性能也很难达到要求，严重时还可造成机电设备或人身事故。因此，修理后的装配必须根据机电设备的性能指标，严肃认真地按照技术规范进行。做好充分周密的准备工作，正确选择并熟悉和遵从装配工艺是机电设备修理装配的两个基本要求。图2.24为总装配工艺系统图。

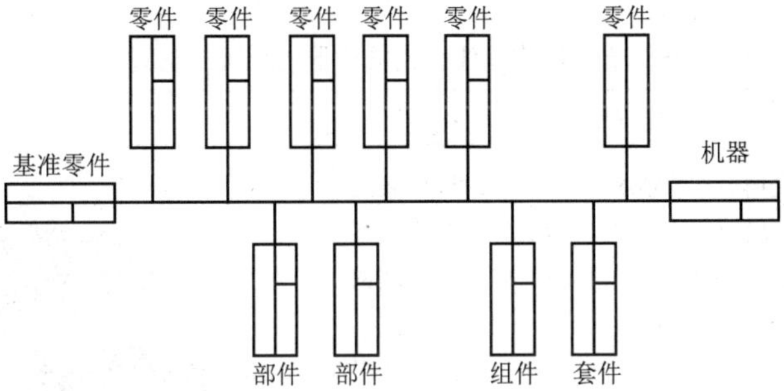


图2.24　总装配工艺系统图

1.装配的技术准备工作

(1)研究和熟悉机电设备及各部件总成装配图和有关技术文件与技术资料。了解机电设备及零部件的结构特点、作用、相互连接关系及其连接方式。对于那些有配合要求、运动精度较高或有其他特殊技术条件的零部件，尤应引起特别的重视。

(2)根据零部件的结构特点和技术要求，确定合适的装配工艺、方法和程序。准备好必备的工、量具及夹具和材料。

(3)按清单清理检测各备装零件的尺寸精度与制造或修复质量，核查技术要求，凡有不合格者一律不得装配。对于螺柱、键及销等标准件稍有损伤者，应予以更换，不得勉强留用。

(4)零件装配前必须进行清洗。对于经过钻孔、铰削、镗削等机械加工的零件，要将金属屑清除干净。润滑油道要用高压空气或高压油吹洗干净；相对运动的配合表面要保持洁净，以免因脏物或尘粒等混杂其间而加速配合件表面的磨损。

2.装配的一般工艺原则

装配时的顺序应与拆卸顺序相反。要根据零部件的结构特点，采用合适的工具或设备，严格仔细按顺序装配，注意零部件之间的方位和配合精度要求。

(1)对于过渡配合和过盈配合零件的装配，如滚动轴承的内、外圈等，必须采用相应的铜棒、铜套等专门工具和工艺措施进行手工装配，或按技术条件借助设备进行加温、加压装配。如遇到装配困难的情况，应先分析原因，排除故障，提出有效的改进方法，再继续装配，千万不可乱敲乱打、鲁莽行事。

(2)对油封件必须使用心棒压入，对配合表面要经过仔细检查和擦净，若有毛刺应经修整后方可装配；螺柱联结按规定的拧紧力矩值分次均匀紧固；螺母紧固后，螺柱的露出螺牙不少于两个且应等高。

(3)凡是摩擦表面，装配前均应涂上适量的润滑油，如轴颈、轴承、轴套、活塞、活塞销和缸壁等。各部件的密封垫(纸板、石棉、钢皮、软木垫等)应统一按规格制作。自行制作时,应细心加工,切勿让密封垫覆盖润滑油、水和空气的通道。机电设备中的各种密封管道和部件,装配后不得有渗漏现象。

(4)过盈配合件装配时,应先涂润滑油脂,以利于装配和减少配合表面的初磨损。另外,装配时应根据零件拆卸下来时所作的各种安装记号进行装配,以防装配出错而影响装配进度。

(5)对某些有装配技术要求的零部件,如装配间隙、过盈量、灵活度、啮合印痕等,应边安装边检查,并随时进行调整,以避免装配后返工。表 2.5 为直齿圆柱齿轮减速器的装配工艺过程。

**表 2.5　直齿圆柱齿轮减速器的装配工艺过程**

| 工序号 | 工序内容 | 减速器分解图 |
|---|---|---|
| 1 | 装配时按先内后外的顺序进行;按合理顺序装配轴,齿轮和滚动轴承,注意方向;滚动轴承装配按其合理装拆方法;挡油环、封油环,按技术要求合理调整轴向游隙 |  |
| 2 | 合上箱盖 | |
| 3 | 安装好定位销钉 | |
| 4 | 装配上、下箱之间的连接螺栓 | |
| 5 | 装配轴承盖、观察孔盖板 | |

(6)在装配前,要对有平衡要求的旋转零件按要求进行静平衡或动平衡试验,合格后才能装配。这是因为某些旋转零件如带轮、飞轮、风扇叶轮、磨床主轴等新配件或修理件,可能会由于金属组织密度不匀、加工误差、本身形状不对称等原因,使零部件的重心与旋转轴线不重合,在高速旋转时,会因此而产生很大的离心力,引起机电设备的振动,加速零件磨损。

(7)每一个部件装配完毕,必须严格仔细地检查和清理,防止有遗漏或错装的零件,特别是对环境要求固定安装的零部件要检查。严防将工具、多余零件及杂物留存在箱体之中,确信无疑之后,再进行手动或低速试运行,以防机电设备运转时引起意外事故。

### 2.4.2　典型零部件的装配工艺

1. 螺纹连接件的装配

(1)螺纹的拧紧

螺纹连接件的装配和拆卸一样,不仅要使用合适的工具、设备,还要按技术文件的规定施加适当的拧紧力矩。表 2.6 列出的是拧紧碳素钢螺纹件的参考力矩。

**表 2.6　拧紧碳素钢螺纹件的标准力矩**(40 号钢)

| 螺纹尺寸/mm | M8 | M10 | M12 | M14 | M16 | M18 | M20 | M22 | M24 |
|---|---|---|---|---|---|---|---|---|---|
| 标准拧紧力矩/(N·m) | 10 | 30 | 35 | 53 | 85 | 120 | 190 | 230 | 270 |

用扳手拧紧螺柱时,应视其直径的大小来确定是否用套管加长扳手,尤其是螺柱直径在 20 mm 以内时要注意用力的大小,以免损坏螺纹。

重要的螺纹连接件都有规定的拧紧力矩,安装时必须用指针式扭力扳手按规定拧紧螺柱。

对成组螺纹连接的装配，施力要均匀，按一定次序轮流拧紧，如图 2.25 所示。如有定位装置，应该先从定位销附近开始拧紧。

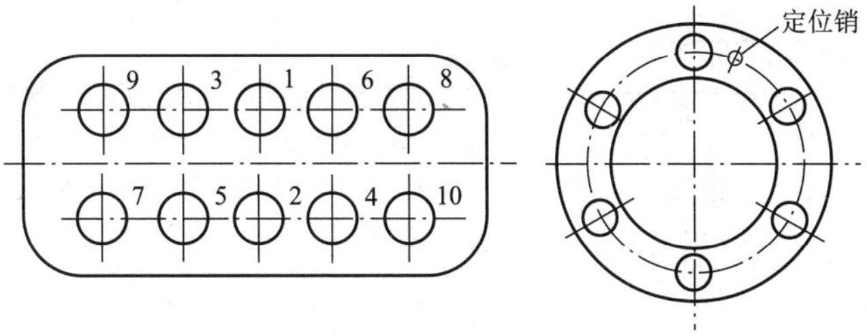


图 2.25　螺纹组拧紧顺序

(2)螺纹的防松

螺纹连接中还应考虑其防松问题。如果螺纹连接一旦出现松脱，轻者会影响机械设备的正常运转，重者会造成严重的事故。因此，装配后采取有效的防松措施，才能防止螺纹连接松脱，保证螺纹连接安全可靠。

螺纹连接的防松方法，按照其工作原理可分为摩擦防松、机械防松、铆冲防松等。粘合防松法近年来得到了发展，它是在旋合的螺纹间涂以液体密封胶，硬化后使螺纹副紧密粘合。这种防松方法，效果良好且具有密封作用。此外，还有一些特殊的防松方法适用于某些专业产品的特殊需要(需要时可参考有关资料)。螺纹连接的常用防松方法见表 2.7。

**表 2.7　螺纹连接常用的防松方法**

| 防松方法 | | 结构类型 | 特点和应用 |
|---|---|---|---|
| 摩擦防松 | 对顶螺母 | 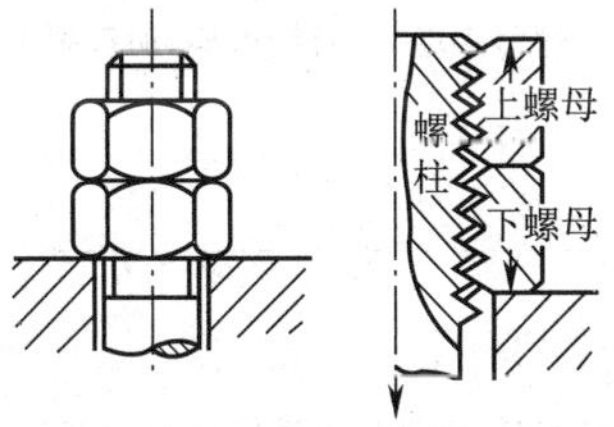  | 两螺母对顶拧紧后，使旋合螺纹间始终受到附和的压力和摩擦力的作用。工作载荷有变动时，该摩擦力仍然存在，旋合螺纹间的接触情况如图所示，下螺母螺纹牙受力较小，其高度可小些，但为了防止装错，两螺母的高度取成相等为宜。<br>结构简单，适用于平稳、低速和重载的连接 |
| | 弹簧垫圈 | 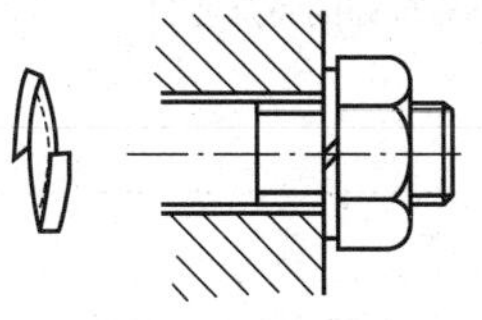 | 螺母拧紧后，靠垫圈压平而产生的弹性反力使旋合螺纹间压紧。同时垫圈斜口的尖端抵住螺母与被动连接件的支承面也有防松作用。<br>结构简单、防松方便，但由于垫圈的弹力不均，在冲击、振动的工作条件下，其防松效果较差。一般用于不是很重要的连接 |
| | 自锁螺母 | 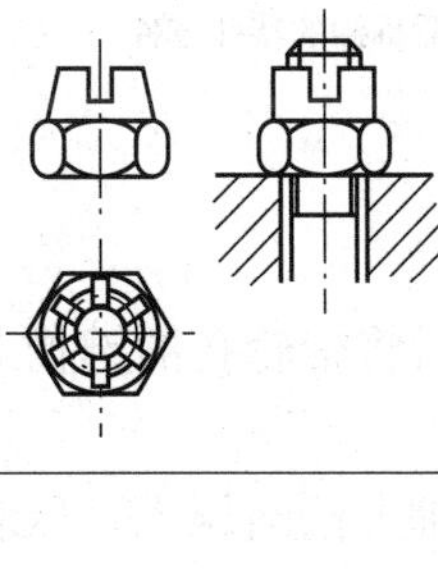 | 螺母一端制成非圆形收口或开缝后径向收口。当螺母拧紧后，收口张开，利用收口的弹力使旋合螺纹间压紧。<br>防松可靠，可多次拆装而不降低防松性能。适用于较重要的连接 |

续上表

| 防松方法 | | 结构类型 | 特点和应用 |
|---|---|---|---|
| 机械防松 | 开口销与槽形螺母 | 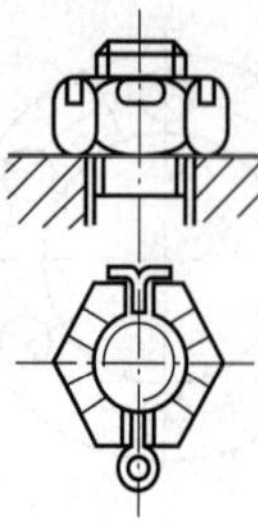 | 槽形螺母拧紧后将开口销穿入螺柱局部小孔和螺母的槽内,并将开口销尾部搬开与螺母侧面贴紧;也可用普通螺母代替槽形螺母,但需拧紧螺母后再配钻孔。<br>适用于较大冲击、振动的高速机械间的连接 |
| 机械防松 | 止动垫圈 | 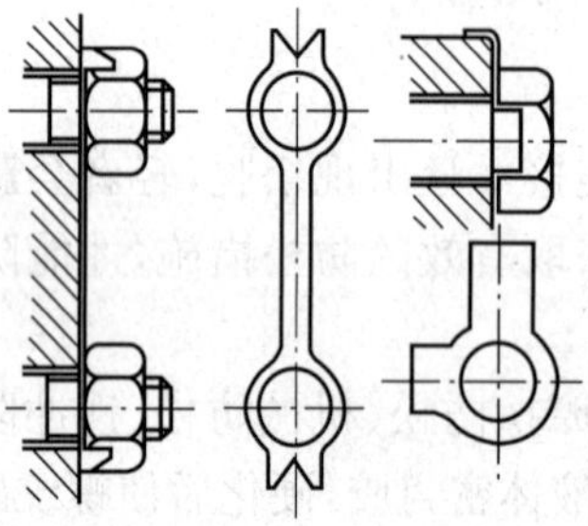 | 螺母拧紧后,将单耳或双耳止动垫圈分别向螺母和被动连接件的侧面折弯贴紧,即可将螺母锁住。如两个螺柱需要双联锁紧时,可采用双联止动垫圈,使两个螺母互相制动。<br>结构简单,使用方便,防松可靠 |
| 机械防松 | 串联钢丝 | 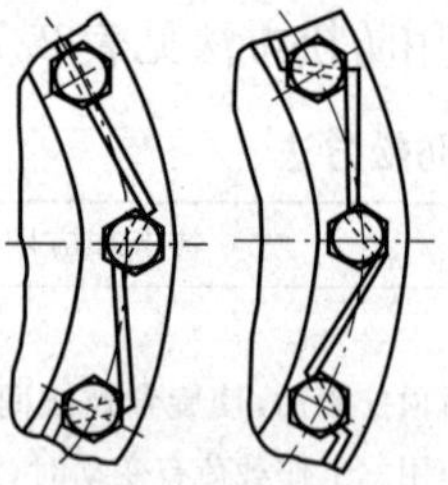<br>(a)不正确　(b)正确 | 用低碳钢丝穿入各螺钉头部的孔内,将各螺钉串联起来,使其互相制动。使用时必须注意钢丝的穿入方向[(b)图正确、(a)图错误]。<br>使用于螺钉组连接,防松可靠,但拆装不便 |
| 铆冲防松 | 端铆 | 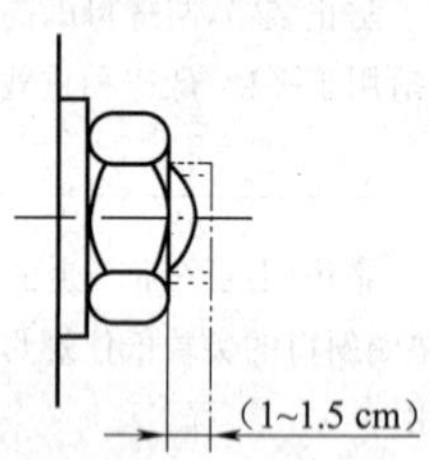 | 螺母拧紧后,把螺柱末端伸出部分铆死。防松可靠,但拆卸后连接件不能重复使用。<br>适用于不需拆卸的特殊零件 |
| 铆冲防松 | 冲点 | 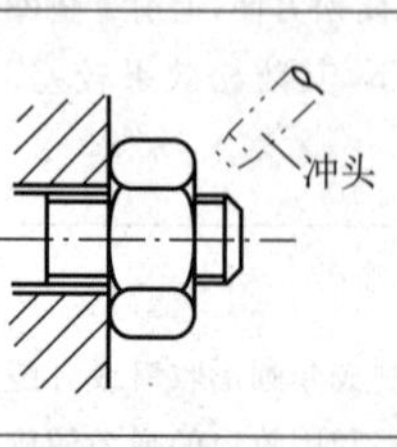 | 螺母拧紧后,利用冲头在螺柱末端与螺母的旋合缝处打冲,利用冲点防松。防松可靠,但拆卸后连接件不能重复使用。<br>适用于不需拆卸的特殊零件 |

2. 带轮的装配

圆锥轴配合的带轮的装配,首先将键装在轴上,然后将带轮孔的键槽对准轴上的键套入,拧紧轴向固定螺钉即可。

对直轴配合的带轮,装配时将键装在轴上,带轮从轴上渐渐压入。压装带轮时,最好用专用工具或用木锤敲打装配。

3. 滚动轴承的装配

滚动轴承在装配前必须经过洗涤，以使新轴承上的防锈油(由制造厂涂在其上)被清除掉，同时也清除掉在储存和拆箱时落在轴承上的灰尘和泥沙。根据轴承尺寸、轴承精度、装配要求和设备条件，可以采用手压床和液压机等装配方法。若无条件，可采用适当的套管，用锤子打入，但不能直接敲打轴承。图 2.26 所示为各中心轴安装滚动轴承的情况。

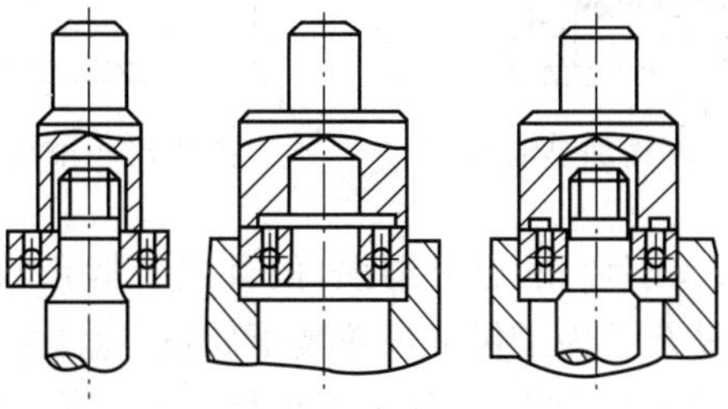

(a) 内圈受力　(b) 外圈受力　(c) 内外圈受力

图 2.26　滚动轴承的安装

根据轴承的不同特点，可以选用常温装配、加热装配和冷却装配等方法。

(1)常温装配如图 2.27 所示，是用齿条手压床把轴承装在轴上的情况。轴承与手压床之间垫以垫套，用手扳动手压床的手把，通过垫套将轴承压在轴上。

图 2.28 所示为用垫棒敲击进行轴承装配(垫棒一般用黄铜制成)。

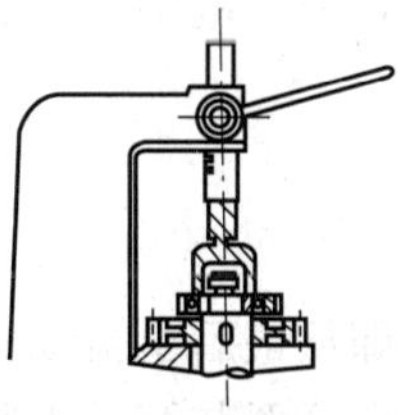

图 2.27　手压床安装轴承

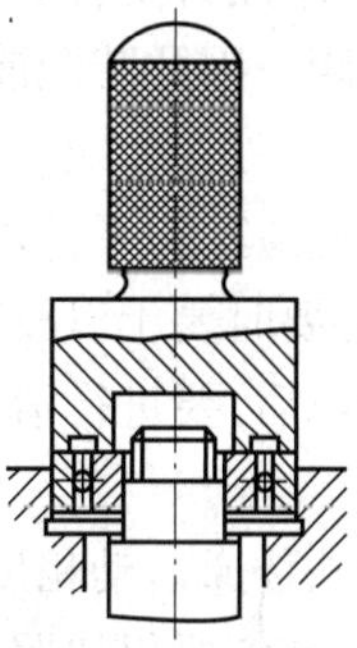

图 2.28　垫棒敲击安装轴承

(2)加热装配安装滚动轴承时，若过盈量较大，可利用热胀冷缩的原理装配。即用油浴加热等方法，把轴承预热至 80～100 ℃，然后进行装配。图 2.29 为用来加热轴承的特制油箱，轴承加热时放在槽内的格子上，格子与箱底有一定距离，以避免轴承接触到比油温高得多的箱底而形成局部过热，且使轴承不接触到箱底沉淀的脏物。

对有些小型轴承可以挂在吊钩上在油中加热，如图 2.30 所示。

(3)冷却装配装在座体内的轴承外环，可以用干冰先行冷却或者将轴承放在－40～－50 ℃的工业冰箱里冷冻 10～15 min，使轴承尺寸缩小，然后装入座孔。

4. 齿轮的装配方法

机床齿轮的修理装配并不是一个简单的机械装配过程，而是将被装配的齿轮、轴及轴承等多种零件，按照一定的工艺要求，通过正确的装配方法装配起来，并要经过必要的调整，从而提高齿轮的传动精度，减少噪声，避免冲击，使齿轮传动装置能长久可靠地工作。

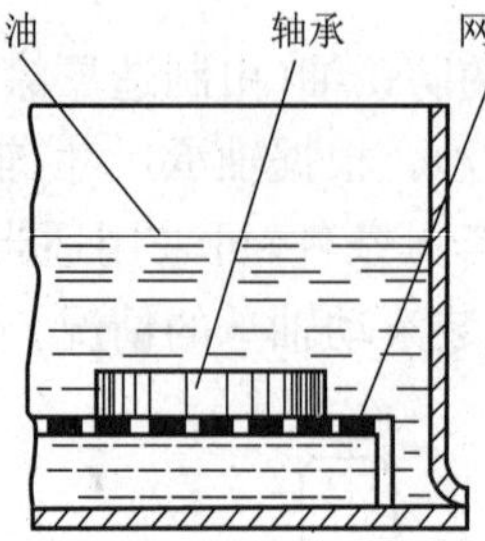


图 2.29 网格加热轴承

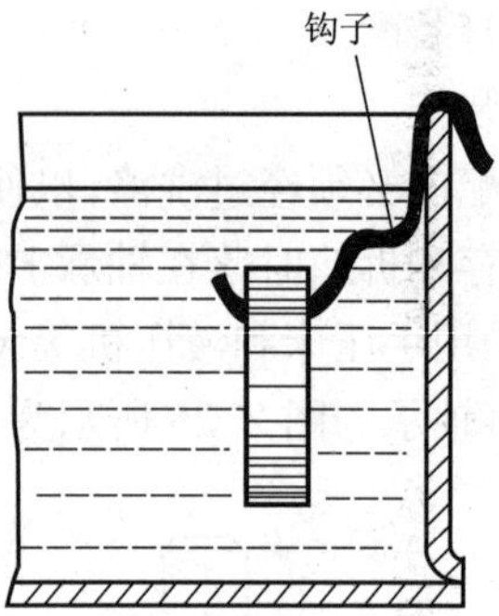


图 2.30 吊钩加热轴承

修理装配中的齿轮多数是旧齿轮，已被磨损，而且两个啮合的齿轮，其磨损程度也不完全一致。这样，齿轮装配就较复杂。为了保证齿轮装配质量，应注意以下一些问题：

(1)对于主要用来传递动力的齿轮，应尽可能维持其原来的吻合状态，以减小噪声。

(2)对用于分度的齿轮传动，装配时不仅要减少噪声，并且还要保证分度均匀。在调整时尽量取齿侧间隙的最小值，同时使节圆半径的跳动量最小。

(3)装配时要使轴承的松紧程度适当。太松，轴承旋转时会产生噪声；太紧，则当轴受热时没有膨胀的余地，使轴弯曲变形，影响齿轮的啮合。

圆柱齿轮的装配方法如下：

(1)零件检查

圆柱齿轮的装配，要求成对吻合的齿轮，轴线必须在同一平面内，并且互相平行，两齿轮轴线应有正常啮合的中心距。因此装配前应检查全部零件，尤其是齿轮箱和轴。检查时应注意以下两点：

①齿轮箱各有关轴孔应互相平行，中心距偏差应在公差范围之内。否则，应进行修复。

②轴不能有弯曲，必要时要予以校正。

待所有零件检查合格后，要进行清洗以待装配。

(2)装配与检查

①装配顺序最好按与传递运动相反的方向进行，即从最后由被动轴开始，以便于调整。

②当安装一对旧齿轮时，要仍按照原来磨合的轴向位置装配。否则将会产生振动，并使噪声增大。

③每装完一对齿轮，应进行检查齿面啮合情况和齿侧间隙。

a. 齿面啮合检查。齿面啮合情况常用涂色法检查。在主动轮齿面上涂一薄层红丹粉，使齿轮啮合旋转，检查另一齿轮齿面上的接触印痕(图 2.31)。正确的啮合应使印痕沿节圆线分布。印痕的啮合精度见表 2.8。

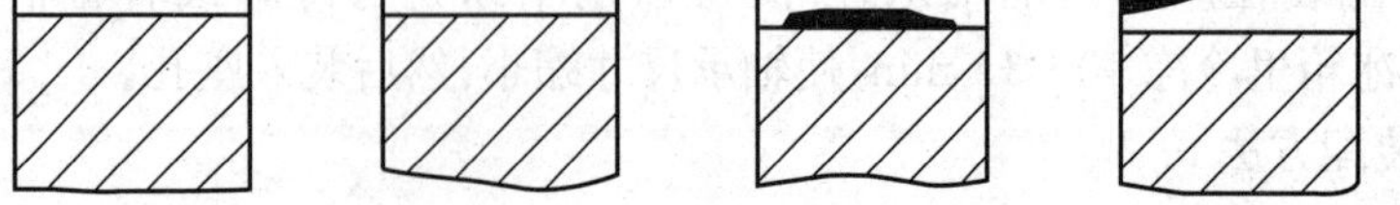

(a) 正确　(b) 中心距太大　(c) 中心距太小　(d) 轴线倾斜

图 2.31 圆柱齿轮啮合印痕

表 2.8　齿轮接触精度

| 精度等级 | | 6 | 7 | 8 | 9 |
|---|---|---|---|---|---|
| 印痕/% | 按齿高度≥ | 50 | 45 | 40 | 30 |
| | 按齿宽度≥ | 70 | 60 | 50 | 40 |

齿轮轴向位置啮合要求是：当啮合齿轮轮线宽度≤20 mm 时，轴向错位不得超过 1 mm；轮缘宽度>20 mm 时，不得大于 5%齿宽，最大不得大于 5 mm（两啮合齿轮轮缘宽度不同时，按其中较窄的计算）。

b. 齿侧间隙检查。齿侧间隙是指互相啮合的一对齿轮在非工作面之间沿法线方向的距离。齿侧间隙的检查，可用塞尺、百分表或压铅丝等方法来实现。

图 2.32 所示为用百分表检查齿侧间隙。将百分表架 1 放在箱体上，把检验杆 2 装在轴上，百分表测头 3 顶住检验杆。然后转动轴齿轮，让另一齿轮固定，记下百分表指针读数，按下式计算间隙：

$$\delta_0 = \delta_1 R/L \tag{2.2}$$

式中　$\delta_0$——齿侧间隙（mm）；

$\delta_1$——百分表读数；

$R$——转动齿轮的节圆半径（mm）；

$L$——检验杆旋转中心到百分表测点的距离（mm）。

齿侧间隙应符合技术要求，否则需查明原因。

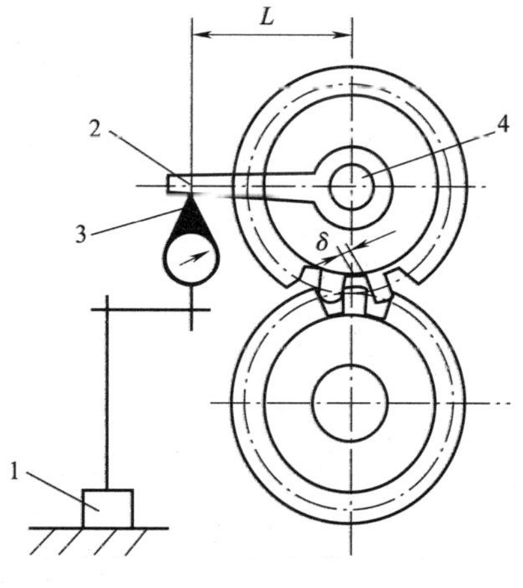


图 2.32　用百分表检测齿侧间隙

1—百分表架；2—检验杆；3—百分表测头；4—表座

5. 蜗轮蜗杆的装配方法

蜗轮蜗杆传动装置根据用途可分为传动蜗轮蜗杆和分度蜗轮蜗杆两种。为了保证蜗轮蜗杆传动的平稳性，要求蜗轮与蜗杆的轴线相互垂直并有准确的中心距和适当的啮合侧隙及正确的啮合接触面。

## 思考题与习题

1. 机电设备拆卸前要做哪些准备工作？拆卸的一般原则是什么？

2. 机电设备拆卸时的注意事项有哪些?

3. 简述常用零部件的拆卸方法。

4. 零件清洗的种类有哪些?其清洗方法主要有哪些?

5. 机械零件的失效形式有哪几大类?

6. 机械零件的磨损的类型有哪些?各有什么特点?

7. 对于机电设备中零件的变形,应从哪些方面进行控制?

8. 机械零件常见的断裂形式有哪几类?实际工作中常采用哪些方法来减少断裂的发生?

9. 机电设备修理的零件检验有哪些内容?在修理过程中的检验有哪些方法?

10. 机械装配的一般工艺原则有哪些?

11. 滚动轴承的装配有哪些方法?

12. 装配方法有哪几种?各有何特点?

# 项目 3　机械零件修复技术

## 学习目标

知识目标：

1. 熟悉机械修复法、焊接修复法、热喷涂修复法的特点及其应用；
2. 熟悉电镀修复法、胶粘修复法的工艺特点、工艺过程；
3. 熟悉刮研修复方法的特点、步骤；
4. 掌握机械零件修复技术的选择方法。

能力目标：

1. 能进行机械修复、焊接、热喷涂等操作；
2. 具有分析、选择和应用机械零件修复技术的基本能力。

机械设备在使用过程中，由于其零部件会逐渐产生磨损、变形、断裂、蚀损等失效形式，设备的精度、性能和生产率就要下降，导致设备发生故障、事故甚至报废，需要及时进行维护和修理。在设备检修中，一切措施都是为了以最短的时间、最少的费用来有效地消除故障，以提高设备的有效利用率，而采用修复工艺措施使失效的机械零件再生，能有效地达到此目的。

修复失效零件主要具有以下一些优点：①减少备件贮备，从而减少资金的占用，取得节约的效果。②减少更换件制造，有利于缩短设备停修时间，提高设备利用率。③减少制造工时，节约原材料，大大降低修理费用。④利用新技术修复失效零件还可提高零件的某些性能，延长零件使用寿命。尤其是对于大型零件、贵重零件和加工周期长、精度要求高的零件，意义就更为重大。

随着新材料、新工艺、新技术的不断发展，零件的修复已不仅仅是恢复原样，很多工艺方法还可以提高零件的性能和延长零件的使用寿命（图 3.1）。如电镀、堆焊或涂敷耐磨材料、等离子喷涂与喷焊、粘接和一些表面强化处理等工艺方法，只将少量的高性能材料覆盖于零件表面，成本并不高，却大大提高了零件的耐磨性。因此，在机械设备修理中充分利用修复技术，选择合理的修复工艺，可以缩短修理时间，节省修理费用，显著提高企业的经济效益。

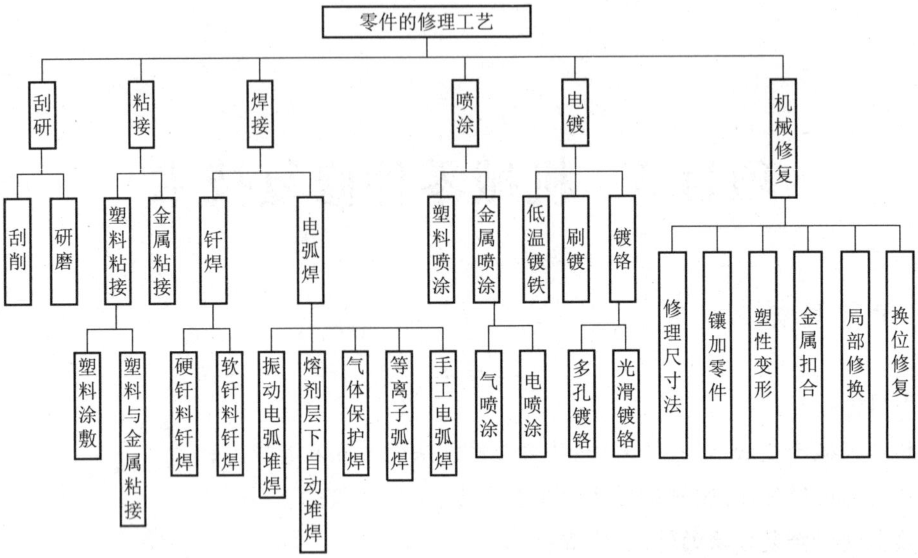


图 3.1 零件的修复工艺

# 任务 3.1 机械修复法

利用钳工和机械加工等各种机械方法，使磨损、断裂、缺损的零件得以修复的方法称为机械修复法。例如镶补、局部修换、金属扣合等，这些方法可利用现有设备和技术，适应多种损坏形式，不受高温影响，受材质和修补层厚度的限制少，工艺易行，质量易于保证，有的还可以为以后的修理创造条件，因此应用很广。缺点是受到零件结构和强度、刚度的限制，工艺较复杂，被修件硬度高时难以加工，精度要求高时难以保证。

## 3.1.1 修理尺寸法

对机械设备的间隙配合副中较复杂的零件修理时可不考虑原来的设计尺寸，而采用切削加工或其他加工方法恢复其磨损部位的形状精度、位置精度、表面粗糙度和其他技术条件，从而得到一个新尺寸(这个新尺寸，对轴来说比原来设计尺寸小；对孔来说则比原来设计尺寸大)，这个尺寸即称为修理尺寸。而与此相配合的零件则按这个修理尺寸制作新件或修复，保证原有的配合关系不变，这种方法称为修理尺寸法。

例如轴、传动螺纹、键槽和滑动导轨等结构都可以采用这种方法修复。但必须注意，修理后零件的强度和刚度仍应符合要求，必要时要进行验算，否则不宜使用该法修理。对于表面热处理的零件，修理后仍应具有足够的硬度，以保证零件修理后的使用寿命。

修理尺寸法的应用极为普遍，为了得到一定的互换性，便于组织备件的生产和供应，大多数修理尺寸均已标准化，各种主要修理零件都规定有它的各级修理尺寸。如内燃机的气缸套的修理尺寸，通常规定了几个标准尺寸，以适应尺寸分级的活塞备件。

零件修复中，机械加工是最基本、最重要的方法。多数失效零件需要经过机械加工来消除缺陷，最终达到配合精度和表面粗糙度等要求。它不仅可以作为一种独立的工艺手段获得修理尺寸，直接修复零件，而且还是其他修理方法的修前工艺准备和最后加工必不可少的手段。修复旧件的机械加工与新制件加工相比有不同的特点：它的加工对象是成品；旧件除工作表面磨损外，往往会有变形；一般加工余量小；原来的加工基准多数已经破坏，给装夹定位带来困难；加工表面性能已定，一般不能用工序来调整，只能以加工方法来适应它；多为单件生产，加工表面多样，组织生产比较困难等。了解这些特点，有利于确保修理质量。

要使修理后的零件符合制造图样规定的技术要求，修理时不能只考虑加工表面本身的形状精度要求，还要保证加工表面与其他未修表面之间的相互位置精度要求，并使加工余量尽可能小。必要时，需要设计专用的夹具。因此要根据具体情况，合理选择零件的修理基准和采用适当的加工方法来加以解决。

加工后零件表面粗糙度对零件的使用性能和寿命均有影响，如对零件工作精度及保持稳定性、疲劳强度、零件之间配合性质、抗腐蚀性等的影响。对承受冲击和交变载荷、重载、高速的零件更要注意表面质量，同时还要注意轴类零件的圆角半径，以免形成应力集中。另外，对高速运转的零件修复时还要保证其应有的静平衡和动平衡要求。

使用机械加工的修理方法，简便易行，修理质量稳定可靠，经济性好，在旧件修复中应用十分广泛。缺点是零件的强度和刚度削弱，需要更换或修复相配件，使零件互换性复杂化。今后应加强修理尺寸的标准化工作。

### 3.1.2　镶加零件修复法

配合零件磨损后，在结构和强度允许的条件下，增加一个零件来补偿由于磨损及修复而去掉的部分，以恢复原有零件精度，这样的方法称为镶加零件修复法。常用的有扩孔镶套、加垫等方法。

图 3.2 所示为在零件裂纹附近局部镶加补强板，一般采用钢板加强，螺栓联结。脆性材料裂纹应钻止裂孔，通常在裂纹末端钻直径为 $\phi3\sim\phi6$ mm 的孔。

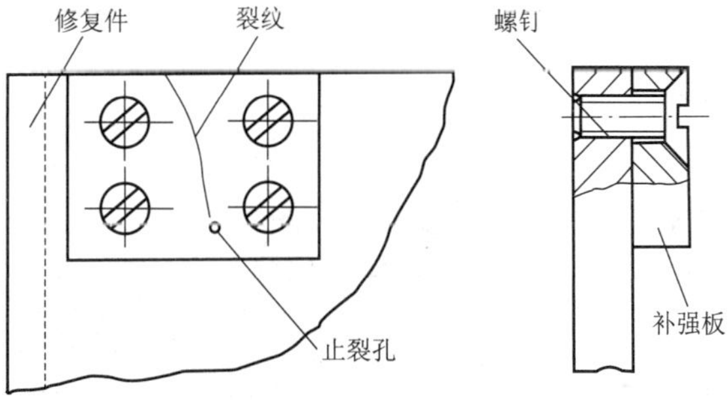


图 3.2　镶加补强板

图 3.3 所示为镶套修复法。对损坏的孔，可镗孔镶套，孔尺寸应镗大，保证套有足够刚度，套的外径应保证与孔有适当过盈量，套的内径可事先按照轴径配合要求加工好，也可留有加工余量，镶入后再加工至要求的尺寸。对损坏的螺纹孔可将旧螺纹扩大，再切削螺纹，然后加工一个内外均有螺纹的螺纹套拧入螺孔中，螺纹套内螺纹即可恢复原尺寸。对损坏的轴颈也可用镶套修复法修复。

镶加零件修复法在检修中应用很广。镶加件磨损后可以更换。有些机械设备的某些结构，在设计和制造时就应用了这一原理。对一些形状复杂或贵重零件，在容易磨损的部位，预先镶装上零件，以便磨损后只需更换镶加件，即可达到修复的目的。

在车床上，丝杠、光杠、操纵杠与支架配合的孔磨损后，可将支架上的孔镗大，然后压入轴套，轴套磨损后可再进行更换。

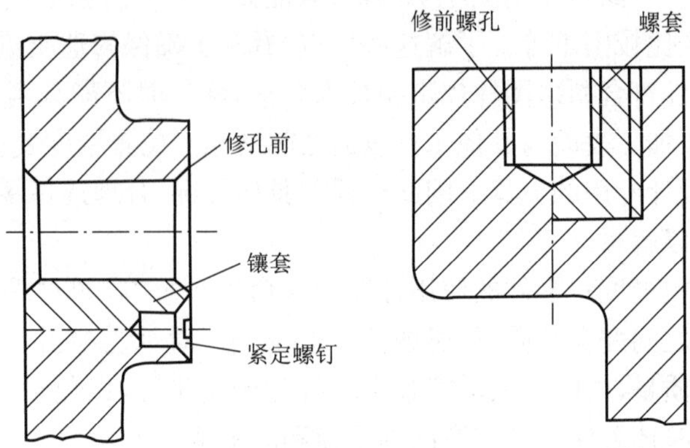


图 3.3　镶加零件修复法

汽车发动机的整体式气缸，磨损到极限尺寸后，一般都采用镶加零件修复法修理。箱体零件的轴承座孔，磨损超过极限尺寸时，也可以将孔镗大，用镶加一个铸铁或低碳钢套的方法进行修理。

图 3.4 所示为机床导轨的凹坑，可采用镶加铸铁塞的方法进行修理。先在凹坑处钻孔、铰孔，然后制作铸铁塞，该塞子应能与铰出的孔过盈配合。将塞子压入孔后，再进行导轨精加工。如果塞子与孔配合良好，则加工后的结合面非常光整平滑。严重磨损的机床导轨，可采用镶加淬火钢导轨镶块的方法进行修复，如图 3.5 所示。

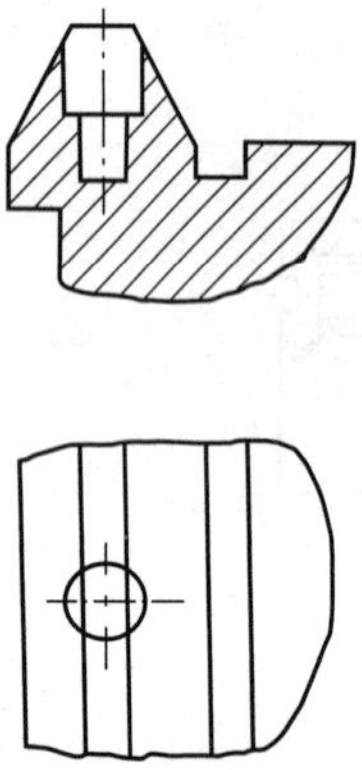

图 3.4　导轨镶铸铁塞

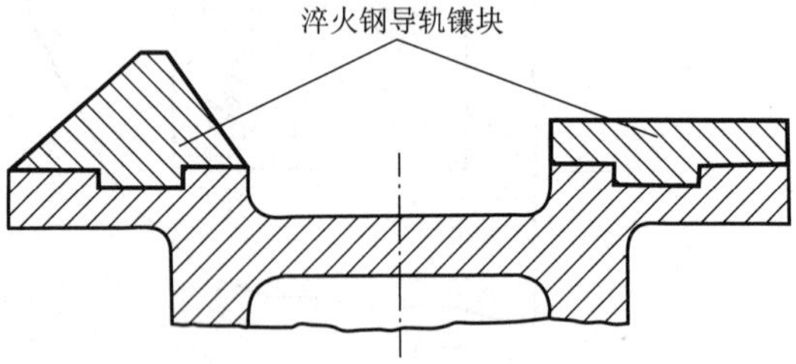


图 3.5　床身镶加淬火钢导轨

应用这种修复方法时应注意：镶加零件的材料和热处理，一般应与基体零件相同，必要时选用比基体性能更好的材料。

为了防止松动，镶加零件与基体零件配合要有适当的过盈量，必要时可采用在端部加胶粘剂、止动销、紧定螺钉、骑缝螺钉或点焊固定等方法定位。

### 3.1.3　局部修换法

有些零件在使用过程中，往往各部位的磨损量不均匀，有时只有某个部位磨损严重，而其余部位尚好或磨损轻微。在这种情况下，如果零件结构允许，可将磨损严重的部位切除，将这部分重制新件，用机械连接、焊接或胶粘的方法固定在原来的零件上，使零件得以修复，这种方法称为局部修换法;该方法应用很广泛。

图 3.6(a)所示为将双联齿轮中磨损严重的小齿轮的轮齿切去,重制一个小齿圈,用键联结,并用骑缝螺钉固定;图 3.6(b)为在保留的轮毂上,铆接重制的齿圈;图 3.6(c)为局部修换牙嵌式离合器以粘接法固定。

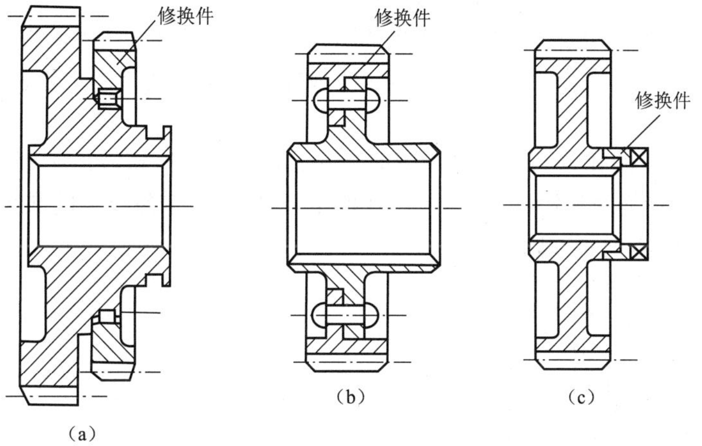


图 3.6　局部修换法

### 3.1.4　塑性变形法

塑性材料零件磨损后,为了恢复零件表面原有的尺寸精度和形状精度,可采用塑性变形法修复;如滚花、镦粗法、挤压法、扩张法、热校直法等。

### 3.1.5　换位修复法

有些零件局部磨损可采用调头转向的方法,如长丝杠局部磨损后可调头使用;单向传力齿轮翻转 180°,可将它换一个方向安装后利用未磨损面继续使用,但必须结构对称或稍微加工即可实现时才能进行调头转向。

图 3.7 所示为轴上键槽重新开制新槽。图 3.8 所示为联结螺孔也可以转过一个角度,在旧孔之间重新钻孔。

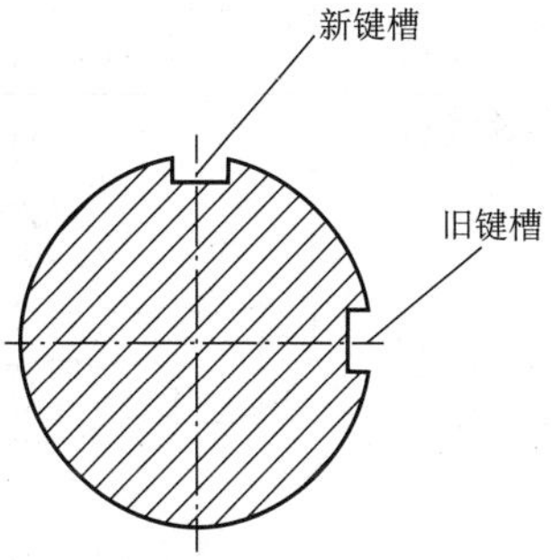


图 3.7　键槽换位修理

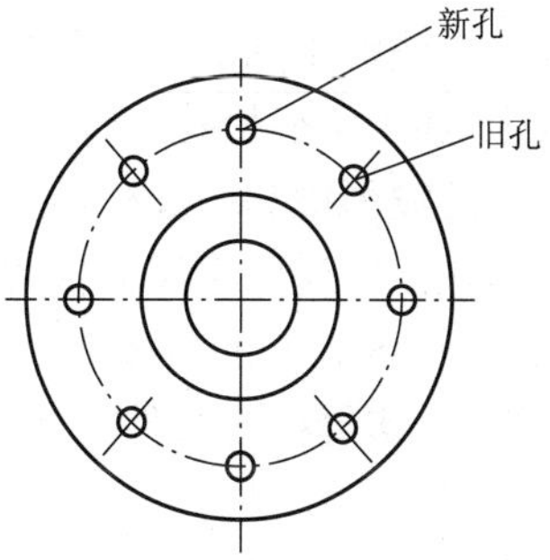


图 3.8　螺孔换位修理

### 3.1.6　金属扣合法

金属扣合法是利用高强度合金材料制成的特殊连接件以机械方式将损坏的机件重新牢固

地连接成一体，达到修复目的的工艺方法。它主要适用于大型铸件裂纹或折断部位的修复。按照扣合的性质及特点，可分为强固扣合、强密扣合、优级扣合和热扣合四种工艺。

1. 强固扣合法

该法适用于修复壁厚为 8～40 mm 的一般强度要求的薄壁机件；其工艺过程是：先在垂直于机件的裂纹或折断面的方向上，加工出具有一定形状和尺寸的波形槽，然后把形状与波形槽相吻合的高强度合金波形键镶入槽中，并在常温下铆击，使波形键产生塑性变形而充满槽腔，这样波形键的凸缘与波形槽的凹部相互扣合，使损坏的两面重新牢固地连接成一体，如图 3.9 所示。

波形键（图 3.10）的扣合与铆击波形槽加工好后，清理干净，将波形键镶入槽中，然后从波形键的两端向中间轮换对称铆击，使波形键在槽中充满，最后铆裂纹上的凸缘。一般以每层波形键比波形槽口（机体表面）铆低 0.5 mm 左右为宜。

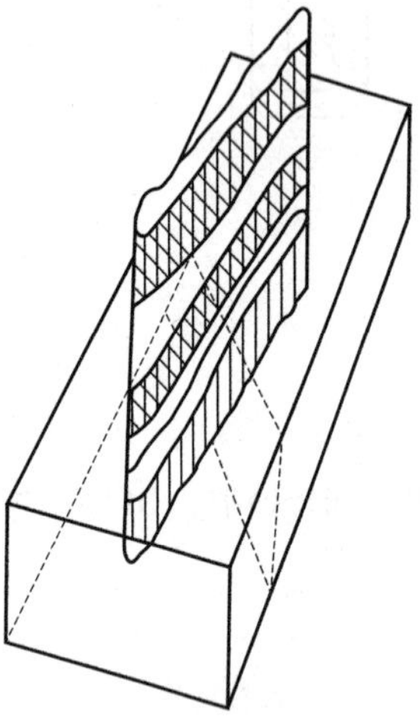

图 3.9　强固扣合法

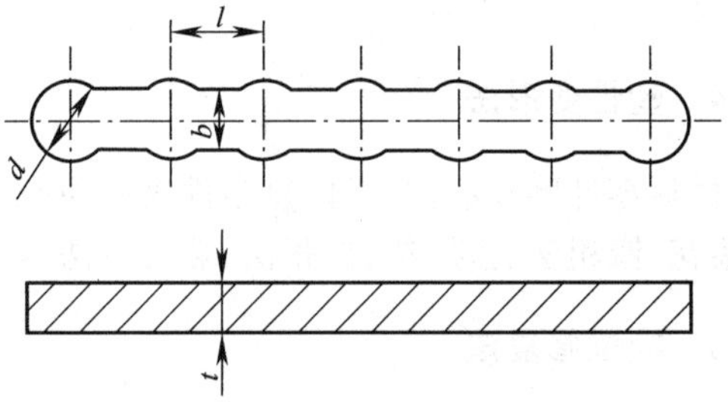


图 3.10　波形键

2. 强密扣合法

在应用了强固扣合法以保证一定强度条件之外，对于有密封要求的机件，如承受高压的气缸、高压容器等防渗漏的零件，应采用强密扣合法，如图 3.11所示。

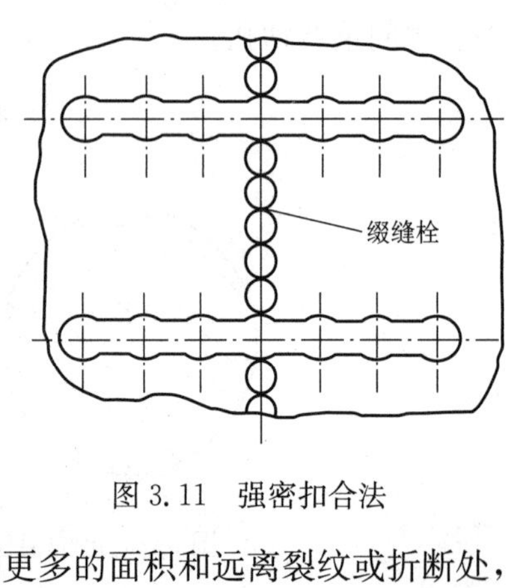


图 3.11　强密扣合法

它是在强固扣合法的基础上，在两波形键之间、裂纹或折断面的结合线上，加工缀缝栓孔，并使第二次钻的缀缝栓孔稍微切入已装好的波形键和缀缝栓，形成一条密封的“金属纽带”，以达到阻止流体受压渗漏的目的。

缀缝栓可用 $\phi5$～$\phi8$ mm 的低碳钢或纯铜等软质材料制造，这样便于铆紧。缀缝栓与机件的连接与波形键相同。

3. 优级扣合法

主要用于修复在工作过程中要求承受高载荷的厚壁机件，如水压机横梁、轧钢机主梁、辊筒等。为了使载荷分布到更多的面积和远离裂纹或折断处，需在垂直于裂纹或折断面的方向上镶入钢制的砖形加强件，用缀缝栓连接，有时还用波形键加强，如图 3.12 所示。

加强件除砖形外还可制成其他形式，如图 3.13 所示。图 3.13(a)用于修复铸钢件；图 3.13(b)用于多方面受力的零件。图 3.12 可将开裂处拉紧；图 3.13 用于受冲击载荷处，靠近裂纹处不加缀缝栓，以保持一定的弹性。

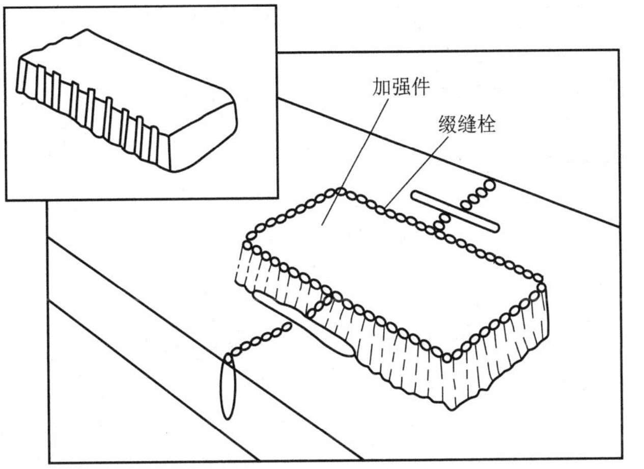


图 3.12　优级扣合法

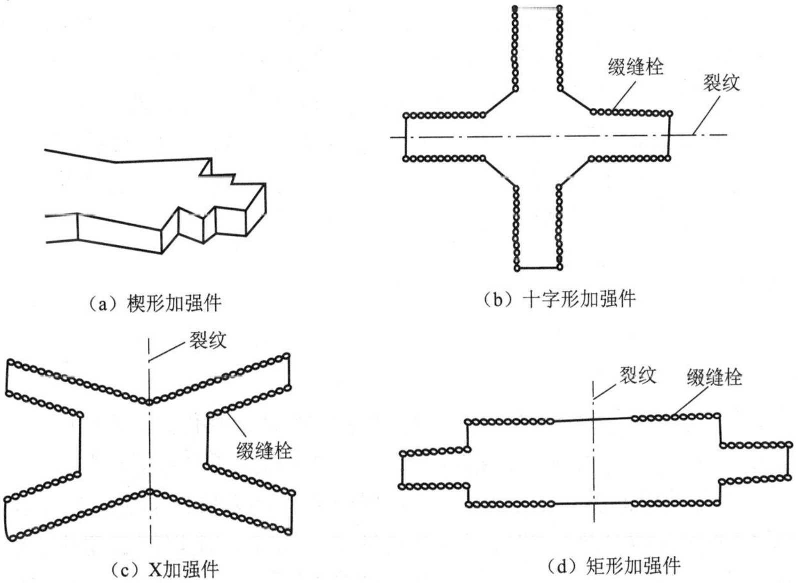


图 3.13　加强件

4. 热扣合法

热扣合法是利用加热的扣合件在冷却过程中产生收缩而将开裂的机件锁紧。该法适用于修复大型飞轮、齿轮和重型设备机身的裂纹及折断面。如图 3.14 所示，圆环状扣合件适用于修复轮廓部分的损坏；工字形扣合件适用于机件壁部的裂纹或断裂。

综上所述，可以看出金属扣合法的优点是：使修复的机件具有足够的强度和良好的密封性；所需设备、工具简单，可现场施工；修理过程中机件不会产生热变形和热应力等。缺点主要是：薄壁铸件(厚度<8 mm)不宜采用；波形键与波形槽的制作加工较麻烦等。

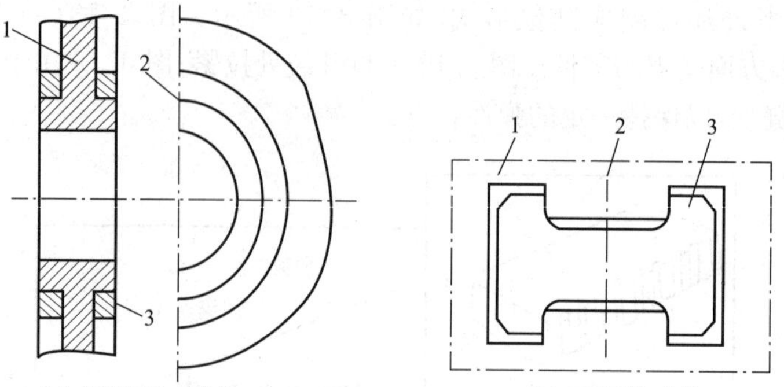

(a) 圆环状热扣合件　　(b) 工字形扣合件

图 3.14　热扣合法

1—机件；2—裂纹；3—扣合件

# 任务 3.2　焊接修复法

利用焊接技术修复失效零件的方法称为焊接修复法。根据机械零件的修复工艺分为补焊、堆焊。根据提供的热源不同分为电弧焊、气焊、电渣焊、电子束焊、激光焊等；根据自动化程度分为手工焊、半自动焊、自动焊等。根据焊接过程中金属所处的状态及工艺的特点，可分为熔化焊、压力焊和钎焊。熔化焊是在焊接过程中将工件接口加热至熔化状态（不加压力）完成焊接的方法；压力焊是在加压条件下，使两个工件在固态下实现原子间结合，又称固态焊接。

焊接在机械零件的修复技术方法中占有重要的地位，其突出的优点是：可修复零件的各种缺陷（磨损、裂纹、断裂、局部损伤等）；焊接结合强度高、修复质量高、效率高；设备成本低、灵活性大、多数工艺简便易行；不受零件尺寸、形状和场地以及修补层厚度的限制，便于现场抢修等特点，应用十分广泛。但由于焊接热影响区大，容易产生变形和应力，以及裂纹、气孔、夹渣等缺陷，所以一般不宜于修复较高精度、细长和薄壳类零件。

## 3.2.1　补焊

焊接技术用于修补零件缺陷时称为补焊。

1. 钢制零件的补焊

机械零件补焊比钢结构焊接困难。由于机械零件多为承载件，除对其材料有物理性能和化学成分要求外，还有尺寸精度和形位精度要求。在焊修时，还要考虑材料的焊接性以及焊后的加工性要求。加之零件损伤多是局部损伤，焊修时要保持未损伤部位的精度和物理、化学性能，焊修后的部位要保持设计规定的精度和材料性能。由于电弧焊能量集中、效率高，能减少对母材组织的影响和零件的热变形，涂药焊条品种多，容易使焊缝性能与母材接近，所以是目前应用最广泛的方法。图 3.15 为补焊对接接头的几种形式。

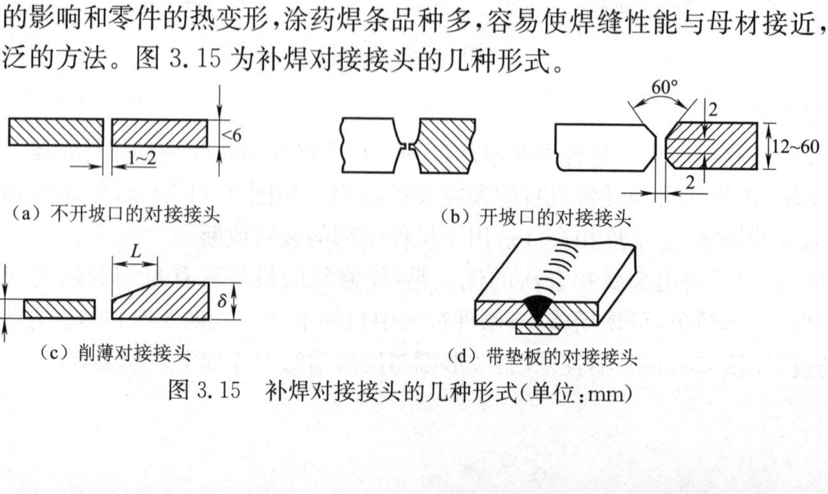

(a) 不开坡口的对接接头　　(b) 开坡口的对接接头

(c) 削薄对接接头　　(d) 带垫板的对接接头

图 3.15　补焊对接接头的几种形式（单位：mm）

为了保证焊修质量，焊接工艺措施要合理，可采取以下措施：

(1)低碳钢零件，由于可焊性良好，补焊时一般不需要采取特殊的工艺措施。

(2)中、高碳钢零件，由于钢中含碳量的增高，焊接接头处容易产生焊缝内的热裂纹、热影响区内由于冷却速度快而产生低塑性淬硬组织引起的冷裂纹，焊缝根部主要由于氢的渗入而引起的氢致裂纹等。

为了防止中、高碳钢零件补焊过程中产生裂纹，可采取以下措施：

(1)焊前预热。焊件的预热温度根据含碳量或碳当量、零件尺寸及结构来确定。中碳钢一般约为 150%～250%，高碳钢为 250～350 ℃。某些在常温下保持奥氏体组织的钢(例如高锰钢)无淬硬情况可不预热。

(2)选用多层焊。多层焊的优点是前层焊缝受后层焊缝热循环作用使晶粒细化，改善性能。

(3)焊后热处理。焊后热处理的作用在于消除焊接部位的残余应力，改善焊接接头的韧性和塑性，同时加强扩散氢的逸出，减少延迟裂纹的产生。一般中、高碳钢焊后先采取缓冷措施，再进行高温回火，推荐温度为 600～650 ℃。

(4)尽可能选用低氢焊条以增强焊缝的抗裂性能。

(5)加强焊接区的清理工作，彻底清除油、水、锈以及可能进入焊缝的任何氢的来源。

(6)设法减少母材溶入焊缝的比例，例如焊接坡口的制备，应保证便于施焊但要尽量减少填充金属。

2. 铸铁件的补焊

铸铁零件在机械设备零件中所占的比例较大，而且多数铸铁零件是重要的基础件。由于它们一般体积大、结构复杂、制造周期长、有较高精度要求，而且不作为备件储备，所以一旦损坏很难更换，只有通过修复才能使用。焊接是铸铁件修复的主要方法之一。

(1)铸铁件补焊的特点铸铁含碳量高、组织不均匀、强度低、脆性大，是一种对焊接温度较为敏感而且焊接性差的材料；其补焊的特点在于：

①焊缝处易产生白口组织(指熔合区呈现白亮的一片或一圈)，它脆而硬，难以切削加工。产生的原因是焊接中母材吸热，使其迅速冷却，石墨来不及析出而形成 $Fe_3C$。

防止白口的措施有调整焊缝的化学成分、焊前预热和焊后缓冷、采用小电流焊接减少母材熔深等。

②由于许多铸铁零件的结构复杂、刚性大、补焊时容易产生大的焊接应力，在零件的薄弱部位就容易产生裂纹。裂纹的部位可能在焊缝上，也可能在热影响区内。

防止产生裂纹的原则是减小焊接应力，可以从减小补焊区和工件整体之间的温度梯度或改善补焊区的膨胀和收缩条件等几方面采取措施。

(2)铸铁件补焊的方法：常用的补焊方法列入表 3.1 中可供选用和参考。

**表 3.1　常用铸铁件补焊方法**

| 补焊方法 | 分　类 | 特　点 |
|---|---|---|
| 气焊 | 热焊法 | 焊前预热至 600 ℃左右，在 400 ℃时施焊，焊后在 650～700 ℃保温缓冷，采用铸铁填充料，焊件内应力小，不易裂、可加工 |
| | 冷焊法 | 也叫作不预热气焊法，焊前不预热，只用焊炬烘烤坡口周围或加热减应区，焊后缓冷，填充料同上。焊后不易裂、可加工，但减应区选择不当时则有开裂危险 |

续上表

| 补焊方法 | 分　类 | 特　点 |
| --- | --- | --- |
| 电弧焊 | 热焊法 | 采用铸铁芯焊条，温度控制同气焊热焊法，焊后不易裂，可加工 |
|  | 半热焊法 | 采用钢芯石墨型焊条，预热至 400 ℃左右，焊后缓冷，强度与母材相近，但加工性不稳定 |
|  | 冷焊法 | 采用非铸铁组织的焊条，焊前不预热，要严格执行冷焊工艺要点 |

### 3.2.2　堆焊

用于恢复零件尺寸、形状，并赋予零件表面以某些特殊性能的熔敷金属时称为堆焊。堆焊是焊接技术的一个重要分支。堆焊修复的目的不是连接零件，而是在零件表面堆敷金属，使其满足零件的尺寸和精度要求，并使其具有一定的性能，以满足零件表面的耐磨或耐热、耐腐蚀等要求。堆焊技术既可用来制造新零件，也可用于修复旧零件。例如，堆焊可融复各种轴类、轴承类、轧辊类零件以及工模具等。堆焊技术应用于修复零件时，不仅可以恢复零件尺寸，而且可以改善零件的表面性能，从而节约了资金，延长了机械设备使用寿命。

1. 堆焊技术特点

堆焊技术的物理本质、工艺原理、冶金过程和热过程的基本规律和一般的焊接技术没有区别；但是它也有其自身的特点，主要有以下几点：

(1)对堆焊技术的要求除满足零件的尺寸要求外，主要是满足零件性能方面的要求。

(2)为了满足性能上的要求，首要的问题是选用合适的堆焊层合金。由于堆焊层的合金元素含量比母材的要高，有时会与母材成分有很大的不同，所以也带来一些新的问题。例如堆焊时由于两种材料性能不同引起的裂纹问题，母材对堆焊层的稀释问题等等。这些都要求能在堆焊技术中妥善解决。

(3)由于堆焊技术是在零件表面进行，使零件不对称受热极为显著，致使堆焊后零件变形明显，也要求在堆焊技术中妥善解决。

2. 堆焊合金

目前，堆焊合金种类繁多，可满足不同工况需要。选择堆焊合金时一般按照以下原则：

(1)满足零件的工作条件零件是在一定的速度、负载、温度和环境条件下工作的，它的修复好的表面(此处指堆焊合金表面)也应满足零件的工作条件。选择堆焊合金时，可结合零件的失效模式有针对性地去选择。

(2)考虑经济性一般来讲，堆焊合金的使用寿命越长，其成本也越高，所以要综合考虑经济性。建议选用单位寿命成本最低的堆焊合金。

(3)考虑焊接性在满足上述两点的原则下，需考虑选用焊接性较好的堆焊合金。

3. 堆焊方法

几乎所有熔化焊方法均可用于堆焊(图 3.16)。常用堆焊方法及其特点见表 3.2。

**表 3.2　常用堆焊方法及其特点**

| 堆焊方法 | 特　点 | 注意事项 |
| --- | --- | --- |
| 氧乙炔堆焊 | 设备简单、成本低、操作较复杂、劳动强度大；火焰温度较低、稀释率小，单层堆焊厚度可小于 1.0 mm，堆焊层表面光滑。常用合金铸铁及镍基、铜基的实芯焊丝。堆焊批量不大的零件 | 堆焊时可采用熔剂。熔深越浅越好。尽量采用小号焊炬和焊嘴 |

续上表

| 堆焊方法 | | 特　　点 | 注意事项 |
|---|---|---|---|
| 电弧堆焊 | | 设备简单，机动灵活、成本低，能堆焊几乎所有实芯和药芯焊条，目前仍是一种主要堆焊方法。常用于小型或复杂形状零件的全位置堆焊修复和现场修复 | 采用小电流、快速焊、窄道焊、摆动小，防止产生裂纹。大件焊前预热，焊后缓冷 |
| 埋弧堆焊 | 单丝埋弧堆焊 | 常用堆焊方法，堆焊层平整，质量稳定，熔敷率高，劳动条件好；但稀释率较大，生产率不够理想 | 应用最广的高效堆焊方法。用于具有大平面和简单圆形表面的零件。可配通用焊剂，也常用专用烧结焊剂进行渗合 |
| | 双丝埋弧堆焊 | 双丝、三丝及多丝并列接在电源的一个极上，同时向堆焊区送进，各焊丝交替堆焊，熔敷率大大增加，稀释率下降 10%～15% | |
| | 带极埋弧堆焊 | 熔深浅，熔敷率高，堆焊层外形美观 | |
| 等离子弧堆焊 | | 稀释率低，熔敷率高，堆焊零件变形小，外形美观，易实现机械化和自动化 | 有填丝法和粉末法两种 |

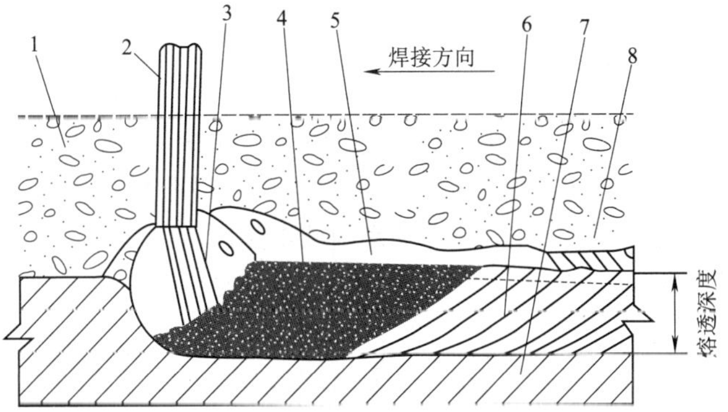


图 3.16　埋弧堆焊的熔池及焊缝纵断面示意图

1—焊剂；2—焊丝；3—电弧；4—熔池金属；5—熔渣；6—焊缝；7—焊件；8—渣壳

### 3.2.3　钎焊

采用比基体金属熔点低的金属材料作钎料，将钎料放在焊件连接处，一同加热到高于钎料熔点、低于基体金属熔点的温度，利用液态钎料润湿基体金属，填充接头间隙并与基体金属相互扩散实现连接焊件的焊接方法称为钎焊。

1. 钎焊种类

(1)硬钎焊：用熔点高于 450 ℃的钎料进行钎焊称为硬钎焊，如铜焊、银焊等。硬钎料还有铝、锰、镍、铝等及其合金。

(2)软钎焊：用熔点低于 450 ℃的钎料进行钎焊称为软钎焊，也称为低温钎焊，如锡焊等。软钎料还有铅、铋、铜、锌等及其合金。

2. 特点及应用

钎焊较少受基体金属可焊性的限制、加热温度较低、热源较容易解决而不需特殊焊接设备，容易操作；但钎焊较其他焊接方法焊缝强度低，适于强度要求不高的零件的裂纹和断裂的修复，尤其适用于低速运动零件的研伤、划伤等局部缺陷的补修。

# 任务3.3　热喷涂修复法

用高温热源将喷涂材料加热至熔化或呈塑性状态，同时用高速气流使其雾化，喷射到经过预处理的工件表面上形成一层覆盖层的过程称为热喷涂。热喷涂技术不仅能够恢复机械零件磨损的尺寸，而且通过选用合适的喷涂材料，还能够改善和提高包括耐磨性和耐腐蚀性等在内的零件表面的性能，用途极为广泛，在零件的修复技术中占有重要的地位。

## 3.3.1　热喷涂技术原理

利用氧乙炔火焰或者电弧等热源，将喷涂材料（呈粉末状或丝材状）加热到熔融状态，在氧乙炔火焰或者压缩空气等高速气流推动下，喷涂材料被雾化并被加速喷射到制备好的工件表面上。喷涂材料呈圆形雾化颗粒喷射到工件表面即受阻变形成为扁平状。最先喷射到工件表面的颗粒与工件表面的凹凸不平处产生机械咬合，随后喷射来的颗粒打在先前到达工件表面的颗粒上，也同样变形并与先前到达的颗粒互相咬合，形成机械结合。这样大量的喷涂材料颗粒在工件表面互相挤嵌堆积，就形成了喷涂层。

## 3.3.2　热喷涂技术种类

按照所用热源不同，热喷涂技术可分为氧乙炔火焰喷涂、电弧喷涂、高频喷涂、等离子喷涂、激光喷涂和电子束喷涂等。其中氧乙炔火焰喷涂以其设备投资少、生产成本低、工艺简单容易掌握、可进行现场检修等优点，在设备检修领域得到广泛的应用。

## 3.3.3　热喷涂技术特点

(1)适用范围广涂层材料可以是金属、非金属（例如聚乙烯、尼龙等工程塑料，金属氧化物、碳化物、硼化物、硅化物等陶瓷材料）以及复合材料，被喷涂工件也可以是金属和非金属材料。正因为如此，表面具有各种涂层材料，使表面具有各种功能，例如耐蚀性、耐磨性、耐高温性等。

(2)工艺灵活施工对象小到10 mm内孔，大到桥梁、铁塔等大型结构。喷涂既可在整体表面上进行，也可在指定区域内进行；既可在真空或控制气氛中喷涂活性材料，也可在现场作业。

(3)喷涂层减磨性能良好：喷涂层的多孔组织具有储油润滑和减磨性能。

(4)工件受热影响小：热喷涂技术对工件受热温度低，故工件热变形较小，材料组织不发生变化。

(5)生产率高：大多数喷涂技术的生产率可达到每小时喷涂数千克喷涂材料，有些工艺方法更高。

热喷涂技术也存在缺点，例如喷涂层与工件基体结合强度较低，不能承受交变载荷和冲击载荷；工件表面粗糙化处理会降低零件的刚性；涂层质量靠严格实施工艺来保证，涂层质量尚无有效的检测方法。

## 3.3.4　氧乙炔火焰喷涂技术

该技术是以氧乙炔焰为热源，借助高速气流将喷涂粉末吸入火焰区，加热到熔融状态后再喷射到制备好的工件表面，形成喷涂层。

氧乙炔火焰喷涂设备主要包括喷枪、氧气和乙炔储存器（或发生器）、喷砂设备、电火花拉毛机、表面粗化用工具及测量工具等。

喷枪是氧乙炔火焰喷涂技术的主要设备。国产喷枪大体上可分为中小型和大型两类。中小型喷枪主要用于中小型和精密零件的喷涂和喷焊，适应性较强。大型喷枪主要用于对大型零件的喷焊，生产效率高。

中小型喷枪的典型结构如图3.17所示。当粉阀不开启时，其作用与普通气焊枪相同，可作喷涂前的预热及喷粉后的重熔。当按下粉阀开关阀柄，粉阀开启时，喷涂粉末从粉斗流进枪体，随氧乙炔混合流被熔融、喷射到工件上。

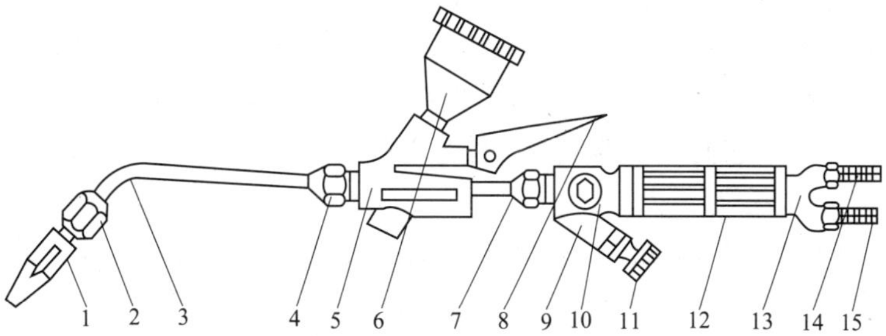


图3.17　中小型喷枪的典型结构图

1—喷嘴；2—喷嘴接头；3—混合气管；4—混合气管接头；5—粉阀体；6—粉斗；
7—气接头螺母；8—粉阀开关阀柄；9—中部主体；10—乙炔开关阀；11—氧气开关阀；
12—手柄；13—后部接体；14—乙炔接头；15—氧气接头

各种喷枪都配有2～3个不同孔径的喷嘴，以适应对火焰功率和生产率的不同要求。

对于氧气和乙炔气的供给，热喷涂时要求火焰功率和性质在调好后稳定不变。安全阀和减压器必须配备齐全并灵敏可靠。

喷砂设备一般采用压送式喷砂机。电火花拉毛机主要用于热处理过的淬硬工件表面粗化处理。其他表面粗化处理和表面清理用的工具有钢丝刷、手持砂轮机、砂纸等。测量工具及仪器有钢直尺、卡尺、卡钳、温度计等。工件夹持可根据需要选用卧式车床等。

氧乙炔火焰喷涂技术包括喷涂前的准备、喷涂表面预处理、喷涂及喷涂后处理等过程。

(1)喷涂前的准备

①确定喷涂层的厚度。由于喷涂后必须机械加工，因此涂层厚度中应包括加工余量，同时还要考虑喷涂时的热胀冷缩。

②确定喷涂层材料。选择涂层材料的依据是涂层材料的性能应满足被喷涂工件的材料、配合要求、技术要求以及工作条件等，据此，分别选择结合层和工作层用材料。

③确定喷涂参数。根据涂层的厚度、喷涂材料性能、粒度来确定热喷涂的参数，包括乙炔气、氧气的压力、喷涂距离、喷枪与工件的相对运动速度等。

(2)喷涂表面预处理

喷涂表面预处理为了提高涂层与基体表面的结合强度，在喷涂前对基体表面进行清洗、脱脂和表面粗糙化、预热等预处理，它是喷涂技术的一个重要环节。

①基体表面的清洗、脱脂。清洗的主要对象是基体待喷区域及其附近表面的油污、水、锈和氧化皮层。可采用碱洗法、有机溶剂洗涤法、蒸气清洗法等。对于铸铁材料的清洗、脱脂比较困难。由于在喷涂时基体表面的温度升高，疏松孔中的油脂就会渗透到基体表面，对涂层与基体的结合极为不利。所以，对铸铁件这样疏松的基体表面，经过清洗、脱脂后，还需要将其表

面加热到 250 ℃左右，尽量将油脂渗透到表面，然后再加以清洗。

②基体表面氧化膜的处理。一般采用机械方法，如切削加工方法和人工除锈法，也可用硫酸或盐酸进行酸洗。

③基体表面的粗糙化处理。基体表面的粗糙化处理是提高涂层与基体表面机械结合强度的一个重要措施。喷涂前 1～8 h 内必须对工件表面进行粗糙化处理。常用的表面粗糙化处理方法有喷砂法、机械加工法、化学腐蚀法、电火花拉毛法等。对轴、套类零件表面的粗糙化处理，可采用车削粗浅螺纹、开槽、滚花等简易机械加工方法。

④基体表面的预热处理。由于涂层与基体表面有温度差会使涂层产生收缩应力，引起涂层开裂和剥落，通过对基体表面预热可降低和防止上述情况。一般基体表面的预热温度在 200～300 ℃之间。预热可直接用喷枪进行，如用中性氧乙炔焰对工件直接加热；预热也可在电炉、高频炉等中进行。它们可根据生产条件来选择。

(3)喷涂

对预处理后的工件应立即喷涂结合层，喷涂结合层可提高工作层与工件之间的结合强度。在工件较薄、喷砂处理易变形的情况下，尤为适用。

结合层喷完后，用钢丝刷去除灰粉和氧化膜，然后更换粉斗喷工作层。使用铁基粉末时采用弱碳化焰，使用铜基粉末时采用中性焰，使用镍基粉末时介于两者之间。喷涂距离一般也掌握在 180～200 mm 为宜，距离太近会使粉末加热时间不足和工件温升过高，距离太远又会使粉末到达工件表面时的速度和温度下降，这些都将影响涂层质量。喷涂时喷枪与工件相对移动速度最好在 70～150 mm/s。喷涂过程中，应经常测量基体温度，超过 250 ℃时宜暂停喷涂。

圆柱形工件喷涂可装夹在车床上进行，工件表面线速度控制在 15～25 m/min，以使喷涂层熔融均匀。

(4)喷涂后处理

喷涂后处理包括封孔、机械加工等工序。

对于承受液压的零件、腐蚀条件下工作的零件，其涂层都需用封孔剂填充孔隙，这一工序称为封孔。常用的封孔剂有石蜡、环氧、聚氨酯、酚醛等合成树脂。当喷涂层的尺寸精度和表面粗糙度不能满足要求时，需对其进行机械加工，可采用车削或磨削加工。

### 3.3.5　电弧喷涂技术

电弧喷涂技术由于生产率较高，涂层厚度也较大(可达 1～3 mm)，目前在热喷涂技术中应用也非常广泛。

电弧喷涂是以电弧为热源，将金属丝熔化并用高速气流使其雾化，使熔融金属粒子高速喷到工件表面而形成喷涂层的一种工艺方法。电弧喷涂系统一般是由喷涂专用电源、控制装置、电弧喷枪、送丝机及压缩空气供给系统等组成。

## 任务 3.4　电镀修复法

电镀是利用电解的方法，使金属或合金沉积在零件表面上形成金属镀层的工艺方法。电镀修复法不仅可以用于修复失效零件的尺寸，而且可以提高零件表面的耐磨性、硬度和耐腐蚀性，以及其他用途等。因此，电镀是修复机械零件的最有效方法之一，在机械设备检修领域中应用非常广泛。目前常用的电镀修复法有镀铬、镀铁和电刷镀技术等。

### 3.4.1　镀铬

1.镀铬层的特点

镀铬层的特点是:硬度高(800～1 000 HV,高于渗碳钢、渗氮钢),摩擦因数小(为钢和铸铁的 50%),耐磨性高(高于无镀铬层的 2～50 倍),导热率比钢和铸铁约高 40%;具有较高的化学稳定性,能长时间保持光泽,抗腐蚀性强;镀铬层与基体金属有很高的结合强度。镀铬层的主要缺点是性脆,它只能承受均匀分布的载荷受冲击易破裂。而且随着镀层厚度增加,镀层强度、疲劳强度也随之降低。镀铬层可分为平滑镀铬层和多孔性镀铬层两类。平滑镀铬层具有很高的密实性和较高的反射能力,但其表面不易贮存润滑油,一般用于修复无相对运动的配合零件尺寸,如锻模、冲压模、测量工具等。而多孔性镀铬层的表面形成无数网状沟纹和点状孔隙,能储存足够的润滑油以改善摩擦条件,可修复具有相对运动的各种零件尺寸,如比压大、温度高、滑动速度大和润滑不充分的零件、切削机床的主轴、镗杆等。

2.镀铬层的应用范围

镀铬层应用广泛。可用来修复零件尺寸和强化零件表面,如补偿零件磨损失去的尺寸。

补偿尺寸不宜过大,通常镀铬层厚度控制在 0.3 mm 以内为宜。镀铬层还可用来装饰和防护表面。许多钢制品表面镀铬,既可装饰又可防腐蚀。此时镀铬层的厚度通常很小(几微米)。但是,在镀防腐装饰性铬层之前应先镀铜或镍做底层。

此外,镀铬层还有其他用途。例如在塑料和橡胶制品的压模上镀铬,改善模具的脱模性能等。但是必须注意,由于镀铝电解液是强酸,其蒸气毒性大,污染环境,劳动条件差,因此需采取有效措施加以防范。

3. 镀铬工艺

镀铬的一般工艺过程如下:

(1)镀前表面处理

①机械准备加工:为了得到正确的几何形状和消除表面缺陷并达到表面粗糙度要求,工件要进行准备加工和消除锈蚀,以获得均匀的镀层。如对机床主轴,镀前一般要加以磨削。

②绝缘处理:不需镀覆的表面要作绝缘处理。通常先刷绝缘性清漆,再包扎乙烯塑胶带,工件的孔眼则用铅堵牢。

③除去油脂和氧化膜:可用有机溶剂、碱溶液等将工件表面清洗干净,然后进行弱酸蚀,以清除工件表面上的氧化膜,使表面显露出金属的结晶组织,增强镀层与基体金属的结合强度。

(2)施镀

装上挂具吊入镀槽进行电镀,根据镀铬层种类和要求选定电镀规范,按时间控制镀层厚度。设备修理中常用的电解液成分是 $CrO_3$ 150～250 g/L、$H_2SO_4$ 0.75～2.5 g/L,工作温度(温差±1 ℃)为 55～60 ℃。

(3)镀后检查和处理

镀后检查镀层质量,观察镀层表面是否镀满及色泽,测量镀层的厚度和均匀性。如果镀层厚度不合要求,可重新补镀。如果镀层有起泡、剥落、色泽不符合要求等缺陷时,可用 10%盐酸化学溶解或用阳极腐蚀法退除原镀铬层,重新镀铬。

对镀铬厚度超过 0.1 mm 的较重要零件应进行热处理,以提高镀层的韧性和结合强度。一般温度采用 180～250 ℃,时间是 2～3 h,在热的矿物油或空气中进行。最后根据零件技术要求进行磨削加工,必要时进行抛光。镀层薄时,可直接镀到尺寸要求。

### 3.4.2 镀铁

按照电解液的温度不同分为高温镀铁和低温镀铁。当电解液的温度在 90 ℃以上的镀铁工艺,称之为高温镀铁。所获得的镀层硬度不高,且与基体结合不可靠。在 50 ℃以下至室温的电解液中镀铁的工艺,称之为低温镀铁。

目前一般均采用低温镀铁。它具有可控制镀层硬度 (30～65 HRC),提高耐磨性,沉积速度快(每小时 0.60～1 mm),镀铁层厚度可达 2 mm,成本低,污染小等优点,因而是一种很有发展前途的修复工艺。

镀铁层可用于修复在有润滑的一般机械磨损条件下工作的动配合副的磨损表面、以及静配合副的磨损表面,以恢复尺寸。但是,镀铁层不宜用于修复在高温或腐蚀环境、承受较大冲击载荷、干摩擦或磨料磨损条件下工作的零件。镀铁层还可用于补救零件加工尺寸的超差。当磨损量较大,又需耐腐蚀时,可用镀铁层做底层或中间层补偿磨损的尺寸,然后再镀耐腐蚀性好的镀层。

### 3.4.3 电刷镀

电刷镀是在镀槽电镀基础上发展起来的新技术,在 20 世纪 80 年代初获得了迅速发展。过去用过很多名称,如涂镀、快速笔涂、电镀、无槽电镀等,现按国家标准称之为电刷镀。电刷镀是依靠一个与阳极接触的垫或刷提供电镀需要的电解液的电镀方法。电镀时,垫或刷在被镀的工件(阴极)上移动而得到需要的镀层。

1. 电刷镀的工作原理

如图 3.18 所示,为电刷镀的工作原理示意图。电刷镀时工件与专用直流电源的负极连接,刷镀笔与电源正极连接。刷镀笔上的阳极包裹着棉花和棉纱布,蘸上刷镀专用的电解液,与工件待镀表面接触并作相对运动。接通电源后,电解液中的金属离子在电场作用下向工件表面迁移,从工件表面获得电子后还原成金属离子,结晶沉积在工件表面上形成金属镀层。随着时间延长,镀层逐渐增厚,直至达到所需要的厚度。镀液可不断地蘸用,也可用注射管、液压泵不断地滴入。

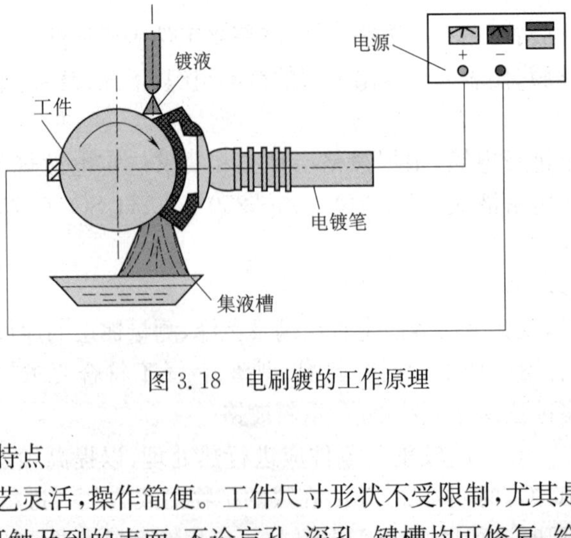


图 3.18　电刷镀的工作原理

2. 电刷镀技术的特点

(1)设备简单,工艺灵活,操作简便。工件尺寸形状不受限制,尤其是可以在现场不解体即可进行修复,凡镀笔可触及到的表面,不论盲孔、深孔、键槽均可修复,给设备检修或机加工超差件的修旧利废带来极大的方便。

(2)结合强度高,比槽镀高,比喷涂更高。

(3)沉积速度快,一般为槽镀的 5～50 倍,辅助时间少,生产效率高。

(4)工件加热温度低,通常小于 70 ℃,不会引起变形和金相组织变化。

(5)镀层厚度可精确控制,镀后一般不需机械加工,可直接使用。

(6)操作安全,对环境污染小,不含毒品,储运无防火要求。

(7)适应材料广,常用金属材料基本上都可用电刷镀修复。

焊接层、喷涂层、镀铬层等的返修也可应用电刷镀技术。淬火层、氮化层不必进行软化处理,不用破坏原工件表面便可进行电刷镀。

3.电刷镀的应用范围

电刷镀技术近年来推广很快,在设备检修领域其应用范围主要有以下几个方面:

(1)恢复磨损或超差零件的名义尺寸和几何形状。尤其适用于精密结构或一般结构的精密部分及大型零件,贵重零件不慎超差,引进设备的特殊零件等的修复。常用于滚动轴承、滑动轴承及其配合面、键槽及花键、各种密封配合表面、主轴、曲轴、油缸、各种机体、模具等。

(2)修复零件的局部损伤。如划伤、凹坑、腐蚀等,修补槽镀缺陷。

(3)改善零件表面的性能。如提高耐磨性、做新件防护层、氧化处理、改善钎焊性、防渗碳、防氮化,做其他工艺的过渡层(如喷涂、高合金钢槽镀等)。

(4)修复电气元件。如印刷电路板、触点、接头、开关及微电子元件等。

(5)用于去除零件表面部分金属层。如刻字、去毛刺、动平衡去重等。

(6)通常槽镀难以完成的项目。如盲孔、超大件、难拆难运件等。

(7)对文物和装饰品进行检修或装饰。

4.电刷镀设备

电刷镀的主要设备是专用直流电源和刷镀笔,此外还有一些辅助器具和材料。目前已研制成功的 SD 型刷镀电源应用广泛,它具有使用可靠、操作方便、精度高等特点。电源的主电路供给无级调节的直流电压和电流。控制线路中具有快速过电流保护装置、安培小时计及各种开关仪表等。

刷镀笔由导电手柄和阳极组成。刷镀笔上阳极的材料最好选用高纯细结构的石墨。为适应各种表面的刷镀,石墨阳极可做成圆柱、半圆、月牙、平板和方条等各种形状。

不论采用何种结构形状的阳极,都必须用适当材料包裹,形成包套以储存镀液,并防止阳极与镀件直接接触短路。同时,又对阳极表面腐蚀下来的石墨微粒和其他杂质起过滤作用。常用的阳极包裹材料主要是医用脱脂棉、涤棉套管。包裹要紧密均匀、可靠,使用时不松脱。

5.电刷镀工艺过程

(1)镀前准备。

(2)电净处理。

(3)活化处理。

(4)镀过渡层。

(5)镀工作层。

(6)镀后检查和处理。

### 3.4.4 电镀法与堆焊法、热喷涂法的比较

| 项　目 | 电镀法 | 堆焊法 | 热喷涂法 |
|---|---|---|---|
| 工件尺寸 | 受镀槽限制 | 无限制 | 无限制 |
| 工件形状 | 范围较广 | 不能用于小孔、薄壁零件 | 不能用于小孔 |
| 结合强度 | 较好 | 好 | 一般较低 |
| 零件基体 | 导电体 | 金属 | 一般固体物品 |
| 涂覆材料 | 金属、合金、某些复合材料，非金属材料经化学镀后即可 | 金属 | 一般固体物品 |
| 涂覆厚度/mm | 0.001～1 | 3～30 | 0.1～3 |
| 热输入 | 无 | 很高 | 较低 |
| 表面预处理要求 | 高 | 低 | 高 |
| 基体变形 | 无 | 大 | 小 |
| 表面粗糙度 | 很小 | 极大 | 较小 |
| 沉积速率/($kg \cdot h^{-1}$) | 0.25～0.5 | 1～70 | 1～70 |

## 任务 3.5　粘接修复法

采用胶粘剂等对失效零件进行修补或联结，以恢复零件使用功能的方法称为粘接修复法。近年来胶粘技术发展很快，在机电设备检修中已得到越来越广泛的应用。例如，用粘接法修复断裂的零件；以粘接代替螺钉连接镶装导轨板；用胶粘剂涂在零件的磨损部位（如轴或孔）表面，经机械加工修复其尺寸与形位精度；用胶粘剂密封箱体与箱盖的接合面、管路接头，密封和锁固螺纹连接；用胶粘剂填充铸件的砂眼、气孔、疏松等缺陷，防止渗漏等。

### 3.5.1 粘接的工艺的特点

(1)粘接力较强。

(2)粘接的工艺温度不高，不会引起基体金属金相组织的变化和热变形，不会产生裂纹等缺陷。

(3)粘接时不破坏原件强度，不易产生局部应力集中。

(4)工艺简便，成本低，工期短，便于现场修复。

(5)胶缝有密封、耐磨、耐腐蚀和绝缘等性能，有的还具有隔热、防潮、防振减振性能。

缺点：不耐高温（一般只有 150 ℃，最高 300 ℃，无机胶除外）；抗冲击、抗剥离、抗老化的性能差；胶粘强度不高（与焊接、铆接比）；胶粘质量的检查较为困难。

### 3.5.2 胶粘剂的选用

设备检修用胶粘剂主要有，有机合成胶和无机胶两大类。前者如环氧树脂胶、酚醛树脂胶、聚氨酯胶、氯丁胶等；后者如氧化铜无机胶。采用粘接与粘补检修技术时，首先应根据需修复零件的使用条件和缺损状态选用胶粘剂。

一般，选用胶粘剂的原则如下：

(1)根据需粘接、粘补零件的材料和接头形式，选择胶粘剂的类别。

(2)根据粘接、粘补层需要的性能，如承受的载荷、密封、填充、耐磨、耐腐蚀、耐温、耐老化等，以满足主要性能为主并兼顾次要性能，选择胶的牌号。

工业修补剂是近年来开发的设备检修新材料。它除具有胶粘剂的特点外，在一定条件下可以代替焊修、电镀和金属喷焊，且无需专用设备，操作简便高效，因而受到设备工程界的广泛重视，国内外已有一些公司生产经营工业修补剂系列产品，从若干种常用品种看，各公司的产品技术性能接近，有些指标各有所长。如北京天工表面材料技术有限公司、北京天山新材料技术有限公司、上海天山新材料技术研究所、北京犟力高分子材料研究所、北京祝邦新技术研究所、美国贝尔佐纳公司、德国 Multi · metall 公司、美国 Devcon 公司等生产的修补剂系列产品，包括铁质、钢质、铝质、铜质修补剂，弹性修补剂，耐磨、减摩修补剂，耐腐蚀修补剂，高温修补剂，快速修补剂，湿面修补剂，导电修补剂，高强度结构胶等。除了可粘接零件的断裂外，主要适用于粘补零件的磨损和拉伤部位，铸件气孔、砂眼的填补等。固化后可机械加工达到要求的尺寸和形位精度。表 3.3 为胶粘剂的分类。

**表 3.3　胶粘剂的分类**

<table>
<tr><td colspan="16">胶粘剂的分类</td></tr>
<tr><td rowspan="5">分类</td><td colspan="15">胶　粘　剂</td></tr>
<tr><td colspan="11">有机胶粘剂</td><td colspan="4">无机胶粘剂</td></tr>
<tr><td colspan="7">合成胶粘剂</td><td colspan="4">天然胶粘剂</td><td rowspan="3">磷酸盐</td><td rowspan="3">硅酸盐</td><td rowspan="3">硫酸盐</td><td rowspan="3">硼酸盐</td></tr>
<tr><td colspan="2">树脂型</td><td colspan="2">橡胶型</td><td colspan="3">混合型</td><td rowspan="2">动物胶粘剂</td><td rowspan="2">植物胶粘剂</td><td rowspan="2">矿物胶粘剂</td><td rowspan="2">天然橡胶胶粘剂</td></tr>
<tr><td>热固性胶粘剂</td><td>热塑性胶粘剂</td><td>单一橡胶</td><td>树脂改性</td><td>橡胶与橡胶</td><td>树脂与橡胶</td><td>热固性树脂与热塑性树脂</td></tr>
</table>

### 3.5.3　粘接工艺

粘接工艺的一般过程是：施工前的准备→胶粘剂的选用→基材表面处理→配胶→涂胶与晾置→对合→加压→静置固化(或加热固化)→清理检查。

1. 施工前的准备

(1)分析零件断裂部位粘接后是否具有足够的强度，必要时采取加强措施，如采用粘接加强件，采取粘接与金属扣合法并用等。

(2)对基材表面粗化处理。可以用机械加工、手工加工或喷砂达到表面粗化。期望达到的表面粗糙度视基体材料及选用的胶种而定。

2. 胶粘剂的选用

(1)熟悉胶粘剂的性能。

(2)清楚被粘物的性质。

(3)明确粘接的用途和目的。

(4)注意胶粘剂使用时工作条件。

(5)考虑工艺实施的可能。

(6)尽量兼顾经济性。

3. 基材表面处理

(1)表面净化处理，目的是除去表面污物及油脂。常用丙酮、汽油、四氯化碳作净化剂。

(2)表面活化处理。目的是获得新鲜的活性表面,以提高粘接强度,对塑料、橡胶类材料进行表面活化处理尤其必要。胶粘剂有双组分、多组分成品胶,加填料或稀释剂的胶,均需按规定的配方、比例、环境条件(如温度),在清洁的器皿中调配均匀。

4.配胶

常用填料多为粉状,应筛选和干燥。对双组分胶,应先把填料填入粘料(甲组分)中拌匀,再与固化剂调配均匀。对单组分胶加入填料后也应搅拌均匀。

5.涂胶与晾置

基材表面处理完毕后,一般开始涂胶时基材温度应不低于室温,对液态胶用刷胶法最为普遍。刷胶时要顺着一个方向,不要往返刷胶,速度要缓慢,以免起气泡。涂层要均匀,中间可略厚些,平均厚度约 0.2 mm,不得有缺胶处。无溶剂胶涂一遍即可。有溶剂胶一般应涂 2～3 遍,前一遍涂完后,应晾置短时间,待溶剂基本挥发后再涂下一遍。

按胶粘剂说明书规定,涂胶完毕后应晾置一定时间再对合。

粘接不能直接看见的表面(如内部间隙充填)时,要采用注胶法。根据实际情况,开注胶孔和出气孔。用一般润滑脂枪装胶压注。

6.对合与加压

涂胶晾置后,将两基体面对合并基本找正位置。适当施压使两接合面来回错动几次,以排出空气并使胶层均匀,同时测量胶层的厚度,使多余的胶从边缘挤出,最后精确找正定位。

对合定位后,视零件形状施加适当且均匀的正压力,以加速表面浸润,促进胶对基材表面的填充、渗透和扩散界面,从而提高粘接质量。

7.固化

固化是胶粘剂由液体转变为固体并达到与基材形成具有一定结合强度的全过程。固化的条件主要是温度、压力和时间。在一定压力下,温度高则固化快,但固化速度过快,会使胶层硬脆。一般有机胶常温固化 24 h 以上可达到预定强度,加热至 50～60 ℃保温,固化效果比常温好,保温时间见用胶说明书的规定。

8.检查

对外露的粘补胶层表面,观察有无裂纹、气孔、缺胶和错位。对有密封要求的零件应进行密封试验,对有尺寸要求的零件应进行尺寸检验。对重要的粘接件可进行超声探伤。

# 任务 3.6　刮研修复法

刮研是利用刮刀、拖研工具、检测器具和显示剂,以手工操作的方式(图 3.19),边刮研加工,边研点测量,使工件达到规定的尺寸精度、几何精度和表面粗糙度等要求的一种精加工工艺。刮研包括刮削和研磨,刮削是指用刮刀在加工过的工件表面上刮去微量金属,以提高表面形状精度;研磨是在精加工基础上用研具和磨料从工件表面磨去一层极薄金属的一种磨料精密加工方法。

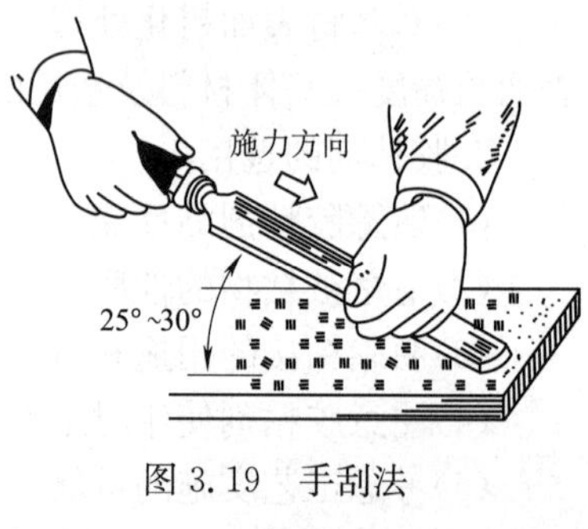


图 3.19 手刮法

## 3.6.1 刮研技术的特点

刮研技术具有以下一些优点:

(1)可以按照实际使用要求将导轨或工件平面的几何形状刮成中凹或中凸等各种特殊形

状，以解决机械加工不易解决的问题，消除由一般机械加工所遗留的误差。

（2）刮研是手工作业，不受工件形状、尺寸和位置的限制。

（3）刮研中切削力小，产生热量小，不易引起工件受力变形和热变形。

（4）刮研表面接触点分布均匀，接触精度高，如采用宽刮法还可以形成油楔，润滑性好、耐磨性高。

（5）手工刮研掉的金属层可以小到几微米以下，能够达到很高的精度要求。

刮研法的明显缺点是工效低，劳动强度大。但尽管如此，在机械设备修理中，刮研法仍占有重要地位。如导轨和相对滑行面之间，轴和滑动轴承之间，导轨和导轨之间，部件与部件的固定配合面，两相配零件的密封表面等，都可以通过刮研而获得良好的接触率，增加运动副的承载能力和耐磨性，提高导轨和导轨之间的位置精度；增加连接部件间的连接刚性；使密封表面的密封性提高。因此，刮研法广泛地应用在机械制造及修理中。对于尚未具备有导轨磨床的中小型企业，需要对机床导轨进行修理时，仍然采用刮研修复法。

### 3.6.2　刮研工具和检测器具

刮研工作中常用的工具和检测器具有刮刀、平尺、角尺、平板、角度垫铁、检验手尺、检验平板、水平仪、光学平直仪（自准直仪）、塞尺和各种量具等。

1. 刮刀

刮刀是刮研的主要工具。为适应不同形状的刮研表面，刮刀分为平面刮刀和内孔刮刀两种。平面刮刀主要用来刮研平面，内孔刮刀主要用来刮研内孔，如刮研滑动轴承、剖分式轴承或轮套等。

刮刀一般采用碳素工具钢或轴承钢制作。在刮研表面较硬的工件时，也可采用硬质合金刀片镶在 45 号钢的刀杆上的刮刀。刮刀经过锻造、焊接，在砂轮上进行粗磨刀坯，然后进行热处理。刮刀淬火时，温度不能过高。淬硬后的刮刀，再在砂轮上进行刃磨。但砂轮上磨出的刃口还不很平整，需要时可在油石上进行精磨。刮研过程中，为了保持锋利的刃口，要经常进行刃磨。

2. 基准工具

基准件是用以检查刮研面的准确性、研点数量的工具。各种导轨面、轴承相对滑动表面都要用基准件来检验。常用于检查研点的基准件有以下几种：

（1）检验平板

由耐磨性较好、变形较小的铸铁经铸造、粗刨、时效处理、精刨、粗刮、精刮制作而成。一般用于检验较宽的平面。

（2）检验手尺

用来检验狭长的平面。桥形平尺和平行平尺均属检验手尺，其中平行平尺的截面有工字形和矩形两种。由于平行平尺的上下两个工作面都经过刮研且互相平行，因此还可用于检验狭长平面的相互位置精度。

角形平尺也属于检验平尺，它的形成相交角度的两个面经过精刮后符合所需的标准角度，如 55°、60°等。用于检验两个组成角度的刮研面，如用于机床燕尾导轨的检验等。

各种检验平尺用完后，应清洗干净，涂油防锈，妥善放置和保管好。可垂直吊挂起来，以防止变形。内孔刮研质量的检验工具一般是与之相配的轴，或定制的一根基准轴，如检验心轴等。

3. 显示剂

显示剂是用来反映工件待刮表面与基准工具互研后，保留在其上面的高点或接触面积的一种涂料。

常用的显示剂有红丹粉、普鲁士蓝油、松节油等。

(1)红丹粉有铁丹(氧化铁呈红色)和铅丹(氧化铅呈橘黄色)两种，用全损耗系统用油调和而成，多用于黑色金属刮研。

(2)普鲁士蓝油是由普鲁士蓝粉和全损耗系统用油调合而成，用于刮研铜、铝工件。

(3)烟墨油是由烟墨和全损耗系统用油调合而成，用于刮研有色金属。

(4)松节油用于平板刮研，接触研点白色发光。

(5)酒精用于校对平板，涂于超级平板上，研出的点精细、发亮。

(6)油墨于普鲁士蓝油用法相同，用于精密轴承的刮研。

显示剂使用正确与否，直接影响刮研表面质量。使用显示剂时，应注意避免砂粒、切屑和其他杂质混入而拉伤工件表面。显示剂容器必须有盖，且涂抹用品必须保持干净，这样才能保证涂布效果。

粗刮时，显示剂可调得稀些，均匀地涂在研具表面上，涂层可稍厚些。这样显示的点较大，便于刮研。精刮时，显示剂应调得干些，涂在研件表面上要薄而均匀，研出的点细小，便于提高刮研精度。

4. 刮研精度的检查

(1)用贴合面的研点数表示

刮研精的度检查一般以工件表面上的显点数来表示。无论是平面刮研还是内孔刮研，工件经过刮研后，表面上研点的数量和均匀程度直接反映了平面的直线度和平面度，以及内孔面的形状精度。一般规定用边长为 25 mm×25 mm 的方框罩在被检测面上，根据方框内显示的研点数的多少来表示刮研质量。在整个平面内任何位置上进行抽检，都应达到规定的点数。各类机械中的各种配合面的刮研质量标准大多数不相同，对于固定结合面或设备床身、机座的结合面，为了增加刚度，减少振动，一般在每刮方(即 25 mm×25 mm 面积)内有2～10 个点；对于设备工作台表面、机床的导轨及导向面、密封结合面等，一般在每刮方内有 10～16 个点；对于高精度平面，如精密机床导轨，测量平尺，1 级平板等，每刮方内应有 16～25 个点；而 0 级平板、高精度机床导轨及精密量具等超精密平面，其研点数在每刮方内应有 25 个点以上。

(2)用框式水平仪检查精度

工件平面大范围内的平面度误差和机床导轨面的直线度误差等，一般用框式水平仪进行检查；也有用百分表和其他测量工具配合来检查刮研平面的中凸、中凹或直线度等。

有些工件除了用框式水平仪检查研点数以外，还要用塞尺检查配合面之间的间隙大小。

### 3.6.3 平面刮研

1. 刮研前的准备工作

刮研前，工件应平稳放置，防止刮研时工件移动或变形。刮研小工件时，可用虎钳或辅助夹具夹持。待刮研工件应先去除毛刺和表面油污，锐边倒角，去掉铸件上的残砂，防止刮研过程中伤手和拖研时拉毛工件表面。

2. 刮研的工艺过程

平面刮研的常用方法有两种，一种是手推式刮研，另一种是挺刮式刮研。工件的刮研过程如下：

(1)粗刮

用粗刮刀进行刮，并使刀迹连成一片。第一遍粗刮时，可按着刨刀刀纹或导轨纵向的 45°方向进行，第二遍刮研则按上一遍的垂直方向进行(即 90°交叉刮)，连续推刮工件表面。在整个刮研面上刮研深度应均匀，不允许出现中间高，四周低的现象。当粗刮到每刮方内的研点数有 2～3 点时，就可进行细刮。

(2)细刮

用细刮刀进行，在粗刮的基础上进一步增加接触点。刮研时，刀迹宽度应在 6～8 mm，长 10～25 mm，刮深 0.01～0.02 mm。按一定方向依次刮研。刀迹按点分布且可连刀刮。刮第二遍时应与上一遍交叉 45°～60°的方向进行。在刮研中，应将高点的周围部分也刮去，以使周围的次高点容易显示出来，可节省刮研时间。同时要防止刮刀倾斜，在回程时将刮研面拉出深痕。细刮后的点数一般在每刮方内有 12～15 个点即可。

3. 精刮

在细刮后，为进一步提高工件的表面质量，需要进行精刮。刮研时，要用小型刮刀或将刀口磨成弧形，刀迹宽度约 3～5 mm，长在 3～6 mm 左右，每刀均应落在点上。研点可分为三种类型刮研，刮去最大最亮的点，挑开中等点，小点则留下不刮。这样连续刮几遍，点会越来越多。在刮到最后两三遍时，交叉刀迹大小要一致，排列应整齐，以增加刮研面美观。精刮后的表面要求在每刮方内的研点应有 20～25 个点以上。

4. 刮花

刮花可增加刮研面的美观，或能使滑动表面之间形成良好的润滑条件，并且还可以根据花纹的消失来判断平面的磨损程度。一般常见的花纹有斜花纹、鱼鳞花纹和半月形花纹等。

在平面刮研时工件的研点方法应随工件的形状不同和面积大小而异。对中小型工件，一般是基准平板固定，工件待刮面在平板上拖研。当工件面积等于或略超过平板时，则拖研时工件超出平板的部分不得大于工件长度的 1/4，否则容易出现假点；对大型工件，一般是将平板或平尺在工件被刮研面上拖研；对重量不对称的工件，拖研时应单边配重或采取支托的办法解决，才能反映出正确的研点。

### 3.6.4　内孔刮研

内孔刮研的原理和平面刮研一样；但内孔刮研时，刮刀在内孔面上作螺旋运动，且以配合轴或检验心轴作研点工具。将显示剂薄而均匀地涂布在轴的表面上，然后将轴在轴孔中来回转动显示研点。

1. 内孔刮研的方法

如图 3.20(a)所示，为一种内孔刮研方法。右手握刀柄，左手用四指横握刀身。刮研时右手作半圆转动，左手顺着内孔方向作后拉或前推刀杆的螺旋运动。另一种刮研内孔的方法如图 3.20(b)所示。刮刀柄搁在右手臂上，双手握住刀身。刮研时左右手的动作与前一种方法一样。

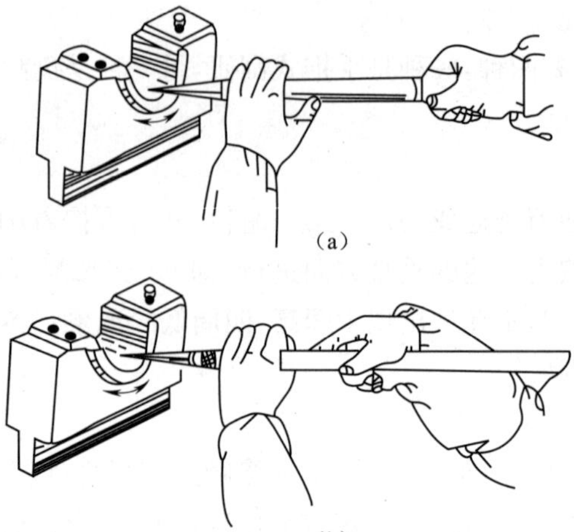

(a)

(b)

图 3.20 内孔刮研的方法

2. 刮研时刮刀的位置与刮研的关系

当用三角刮刀或匙形刮刀刮内孔时，要及时改变刮刀与刮研面所成的夹角。内孔刮研时，研点应根据轴在轴承内的工作情况合理分布，以取得良好的效果。一般轴承两端的研点应硬而密些，中间的研点可软而稀些，这样容易建立油楔，使轴工作稳定；轴承承载面上的研点应适当密些，以增加其耐磨性，使轴承在负荷情况下保持其几何精度。

# 任务 3.7 机械零件修复技术的选择

## 3.7.1 修复技术的选择

1. 修复工艺对零件材质的适应性

任何一种修复工艺都不能完全适应各种材料，表 3.4 可供选择时参考。

**表 3.4 各种修复工艺对常用材料的适应性**

| 序号 | 修理工艺 | 低碳钢 | 中碳钢 | 高碳钢 | 合金结构钢 | 不锈钢 | 灰铸铁 | 铜合金 | 铝 |
|---|---|---|---|---|---|---|---|---|---|
| 1 | 镀铬 | + | + | + | + | + | + | | |
| 2 | 镀铁 | + | + | + | + | + | + | | |
| 3 | 气焊 | + | + | | + | | — | | |
| 4 | 手工电弧堆焊 | + | + | — | + | + | — | | |
| 5 | 焊剂层下电弧堆焊 | + | + | | | | | | |
| 6 | 振动电弧堆焊 | + | + | + | + | + | — | | |
| 7 | 钎焊 | + | + | + | + | + | + | + | — |
| 8 | 金属喷涂 | + | + | + | + | + | + | + | + |
| 9 | 塑料粘补 | + | + | + | + | + | + | + | + |
| 10 | 塑性变形 | + | + | | | | | + | + |
| 11 | 金属扣合 | | | | | | + | | |

注："+"为修理效果良好；"—"为修理效果不好。

2. 各种修复工艺能达到的修补层厚度

厚度不同的零件所需要的修复层厚度不一样。因此，必须了解各种修复工艺所能达到的修补层厚度。图 3.21 是几种主要修复工艺能达到的修补层厚度。

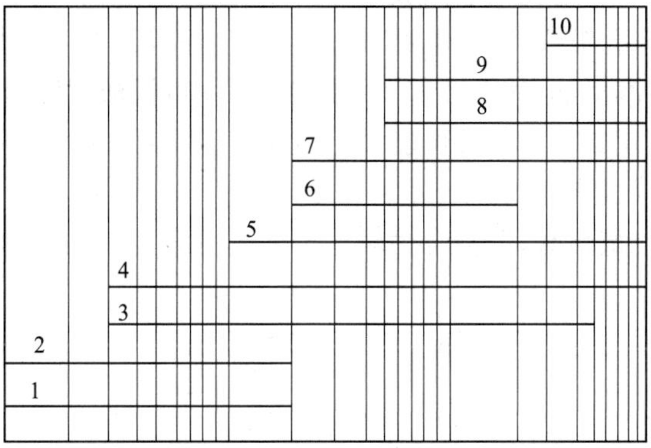


图 3.21　几种主要修复工艺能达到的修补层厚度

1—镀铬；2—滚花；3—钎焊；4—振动电弧堆焊；5—手工电弧堆焊；6—镀铁；7—粘补；8—熔剂层下电弧堆焊；9—金属喷涂；10—镶加零件

3. 被修零件构造对工艺选择的影响

如轴上螺纹损坏时可车成直径小一级的螺纹，但要考虑拧入螺母是否受到临近轴径尺寸较大的限制。又如镶螺纹套法修理螺纹孔、扩孔镇套法修理孔径时，孔壁厚度与临近螺纹孔的距离尺寸是主要限制因素。

4. 零件修理后的强度

修补层的强度、修补层与零件的结合强度以及零件修理后的强度，是修理质量的重要指标。表 3.5 可供选择零件修复工艺时参考。

**表 3.5　各种修补层的力学性能**

| 序　号 | 修理工艺 | 修补层本身抗拉强度/(N·mm$^{-2}$) | 修补层与 45 号钢的结合强度/(N·mm$^{-2}$) | 零件修理后疲劳强度降低的百分数/% | 硬　　度 |
|---|---|---|---|---|---|
| 1 | 镀铬 | 400～600 | 300 | 25～30 | 600～1 000 HV |
| 2 | 低温镀铁 | | 450 | 25～30 | 45～65 HRC |
| 3 | 手工电弧堆焊 | 300～450 | 300～450 | 36～40 | 210～420 HBS |
| 4 | 焊剂层下电弧堆焊 | 350～500 | 350～500 | 36～40 | 170～200 HBS |
| 5 | 振动电弧堆焊 | 620 | 560 | 与 45 钢相近 | 25～60 HRC |
| 6 | 银焊 | 400 | 400 | | |
| 7 | 铜焊 | 287 | 287 | | |
| 8 | 锰青铜钎焊 | 350～450 | 350～450 | | 217 HBS |
| 9 | 金属喷涂 | 80～110 | 40～95 | 45～50 | 200～240 HBS |
| 10 | 环氧(树脂粘补) | | 热粘 20～40 | | 80～120 HBS |
| | | | 冷粘 10～20 | | 80～120 HBS |

5. 修复工艺过程对零件物理性能的影响

修补层物理性能如硬度、加工性、耐磨性及密实性等，在选择修复工艺时必须考虑。如硬度高，则加工困难；硬度低，一般磨损较快；硬度不均，加工表面不光滑。耐磨性不仅与表面硬度有关，还与金相组织、磨合情况及表面吸附润滑油的能力有关。

如采用多孔镀铬、多孔镀铁、振动电弧堆焊、金属喷涂等修复工艺均能获得多孔隙的覆盖层。这些孔隙中能存储润滑油，从而改善了润滑条件，使得机械零件即使在短时间缺油的情况下也不会发生表面研伤现象。对修补可能发生液体、气体渗漏的零件则要求修补的密实性，不允许出现砂眼、气孔、裂纹等缺陷。

镀铬层硬度最高，也最耐磨，但磨合性较差。金属喷涂、振动电弧堆焊、镀铁等耐磨性与磨合性都很好。

修补层不同，疲劳强度也不同。如 45 号钢的疲劳强度为 100%，各种修补层的疲劳强度如下：

热喷涂——86%。

电弧焊——79%。

镀铬——75%。

镀铁——71%。

振动电弧堆焊——62%。

6. 修复工艺对零件精度的影响

对精度有一定要求的零件，主要考虑修复中的受热变形。修复时大部分零件温度都比常温高。电镀、金属喷涂、电火花镀敷及振动电弧堆焊等，零件温度低于 100 ℃时，热变形很小，对金相组织几乎没有影响；软焊料钎焊温度约在－250～＋400 ℃之间，对零件的热影响也较小；硬焊料钎焊时，零件要预热或加热到较高温度，如达到 800 ℃以上时就会使零件退火，热变形增大。其次还应考虑修复后的刚度，如镶加、粘接、机械加工等修复法会改变零件的刚度，从而影响修理后的精度。

7. 经济性影响

如一些简单零件，修复还不如更换经济。由此可见，选择零件修复工艺时，不能只从一个方面，而要从几个方面综合考虑。一方面要参考修理零件的技术要求，另一方面考虑修复工艺的特点，还要结合本企业现有的修复条件和技术水平等，力求做到工艺合理、经济性好、生产可行，这样才能获得最佳的修复工艺方案。

### 3.7.2 典型零件修复技术的选择

1. 轴的修复技术选择见表 3.6。

**表 3.6 轴的修复技术选择**

| 序号 | 零件磨损部分 | 修理方法 | |
|---|---|---|---|
| | | 达到设计尺寸 | 达到修配尺寸 |
| 1 | 滑动轴承的轴颈及外圆柱面 | 镀铬、镀铁、金属喷涂堆焊并加工至设计尺寸 | 车削或磨削提高几何形状 |
| 2 | 装滚动轴承的轴颈及静配合面 | 镀铬、镀铁、堆焊、滚花、化学镀铜(0.05 mm 以下) | |

续上表

| 序　号 | 零件磨损部分 | 修理方法 | |
|---|---|---|---|
| | | 达到设计尺寸 | 达到修配尺寸 |
| 3 | 轴上键槽 | 堆焊修理键槽，转位铣键槽 | 键槽加宽，不大于原宽度的1/7，重新配键 |
| 4 | 花键 | 堆焊重铣或镀铁后磨<br>（最好用振动堆焊） | |
| 5 | 轴上螺纹 | 堆焊，重车螺纹 | 车成小一级螺纹 |
| 6 | 外圆锥面 | | 磨到较小尺寸 |
| 7 | 圆锥孔 | | 磨到较大尺寸 |
| 8 | 轴上销孔 | | 较大一些 |
| 9 | 扁头、方头及球面 | 堆焊 | 加工修整几何形状 |
| 10 | 一端损坏 | 切削损坏的一段，焊接一段，<br>加工至设计尺寸 | |
| 11 | 弯曲 | 校正并进行低温稳化处理 | |

2.孔的修复技术选择见表3.7。

**表3.7　孔的修复技术选择**

| 序　号 | 零件磨损部分 | 修理方法 | |
|---|---|---|---|
| | | 达到基本尺寸 | 达到修配尺寸 |
| 1 | 孔径 | 镶套、堆焊、电镀、粘补 | 镗孔 |
| 2 | 键槽 | 堆焊处理或转位另插键槽 | 加宽键槽 |
| 3 | 螺纹孔 | 镶螺纹套或改变零件位置，转位重钻孔 | 加大螺纹孔至大一级的螺纹 |
| 4 | 圆锥孔 | 镗孔后镶套 | 刮研或磨削修整形状 |
| 5 | 销孔 | 移位重钻，铰销孔 | 铰孔 |
| 6 | 凹坑、球面窝及小槽 | 铣掉重镶 | 扩大修整形状 |
| 7 | 平面组成的导槽 | 镶垫板、堆焊、粘补 | 加大槽形 |

3.齿轮的修复技术选择见表3.8。

**表3.8　齿轮的修复技术选择**

| 序　号 | 零件磨损部分 | 修理方法 | |
|---|---|---|---|
| | | 达到基本尺寸 | 达到修配尺寸 |
| 1 | 轮齿 | （1）利用花键孔，镶新轮圈插齿<br>（2）齿轮局部断裂，堆焊加工成形<br>（3）内孔镀铁后磨 | 大齿轮加工成负变位齿轮（硬度低，可加工者） |
| 2 | 齿角 | （1）对称形状的齿轮调头倒角使用<br>（2）堆焊齿角后加工 | 锉磨齿角 |
| 3 | 孔径 | 镶套、镀铬、镀镍、镀铁、堆焊 | 磨孔配轴 |
| 4 | 键槽 | 堆焊加工或转位另开键槽 | 加宽键槽、另配键 |
| 5 | 离合器爪 | 堆焊后加工 | |

4.其他典型零件的修复技术选择见表3.9。

**表3.9　其他典型零件的修复技术选择**

| 序号 | 零件名称 | 磨损部分 | 修理方法 | |
|---|---|---|---|---|
| | | | 达到基本尺寸 | 达到修配尺寸 |
| 1 | 导轨、滑板 | 滑动面研伤 | 粘或镶板后加工 | 电弧冷焊补、钎焊、粘补、刮、磨削 |
| 2 | 丝杠 | 螺纹磨损<br>轴颈磨损 | (1)调头使用<br>(2)切除损坏的非螺纹部分，焊接一段后重车<br>(3)堆焊轴颈后加工 | (1)校直后车削螺纹进行稳化处理、另配螺母<br>(2)轴颈部分车削或磨削 |
| 3 | 滑移拨叉 | 拨叉侧面磨损 | 铜焊、堆焊后加工 | |
| 4 | 楔铁 | 滑动面磨损 | | 铜焊接长、粘接及钎焊巴氏合金、镀铁 |
| 5 | 活塞 | 外径磨损镗缸后与气缸的间隙增大、活塞环槽磨宽 | 移位、车活塞环槽 | 喷涂金属，着力部分浇铸巴氏合金，按分级修理尺寸车宽活塞环槽 |
| 6 | 阀座 | 结合面磨损 | | 车削及研磨结合面 |
| 7 | 制动轮 | 轮面磨损 | 堆焊后加工 | 车削至较小尺寸 |
| 8 | 杠杆及连杆 | 孔磨损 | 镶套、堆焊、焊堵后重加工孔 | 扩孔 |

## 思考题与习题

1.什么是修理尺寸法？应用这种方法修复失效零件时，应注意什么？

2.简述用金属扣合法修复铸件裂纹的工作过程。

3.简述用焊接法修复铸件裂纹的工作过程。

4.在铸件上的裂纹看不清楚时，用什么办法可以方便地找出全部裂纹？

5.为了保证焊修质量，碳钢零件补焊时应采取哪些技术措施？

6.铸铁零件补焊的特点是什么？

7.用堆焊技术修复的目的是什么？

8.试比较电镀法、堆焊法、热喷涂法三种修复技术各有什么特点。

9.堆焊合金的选择原则有哪些？

10.简述氧乙炔火焰喷涂技术的原理、特点、所用装置和过程。

11.对磨损的曲轴曲颈拟采用氧乙炔火焰喷涂技术修复，试说明其修复过程。

12.举例说明选择零件修复技术应遵守的基本原则。

# 项目 4　典型机械结构部件检修

## 学习目标

知识目标：

1. 掌握轴类、齿轮常见的失效形式及其修复；
2. 熟悉蜗轮蜗杆副常见的故障及其维修方法；
3. 掌握壳体零件的修复工艺；
4. 熟悉液压系统常见故障原因及其维修方法；
5. 熟悉液压元件的常见故障与排除方法。

能力目标：

1. 能对轴、齿轮进行修复；
2. 能对壳体零件进行修复；
3. 初步具有液压系统、液压元件常见故障的分析和排除能力。

## 任务 4.1　典型机械零件检修

### 4.1.1　轴类零件修理

轴类零件是组成各类机械设备的重要零件。它的主要作用是支承其他零件、承受载荷和传递转矩。轴是最容易磨损或损坏的零件，具体修复内容主要有以下几个方面。

1. 轴颈磨损的修复

轴颈因磨损而失去原有的尺寸和形状精度，变成椭圆形或圆锥形等，此时常用以下方法修复。

(1)按规定尺寸修复。当轴颈磨损量小于 0.5 mm 时，可用机械加工方法使轴颈恢复正确的几何形状，然后按轴颈的实际尺寸选配新轴衬。这种用镶套进行修复的方法可避免轴颈的变形，在实践中经常使用。

(2)堆焊法修复。几乎所有的堆焊工艺都能用于轴颈的修复。堆焊后不进行机械加工的，堆焊层厚度应保持在 1.5～2.0 mm；若堆焊后仍需进行机械加工，堆焊层的厚度应使轴颈比其名义尺寸大 2～3 mm，堆焊后应进行退火处理。

(3)电镀或喷涂修复。当轴颈磨损量在 0.4 mm 以下时，可镀铬修复，但成本较高，只适于重要的轴。为降低成本，对于不重要的轴应采用低温镀铁修复，此方法效果很好，原材料便宜，成本低，污染小，镀层厚度可达 1.5 mm，有较高的硬度，磨损量不大的也可采用喷涂修复。

(4)粘接修复。把磨损的轴颈车小 1 mm，然后用玻璃纤维蘸上环氧树脂胶，逐层地缠在轴颈上，待固化后加工到规定的尺寸。

2. 中心孔损坏的修复

修复前，首先除去孔内的油污和铁锈，检查损坏情况，如果损坏不严重，用三角刮刀或油石等进行修整；当损坏严重时，应将轴装在车床上用中心钻加工修复，直至完全符合规定的技术要求。

3. 圆角的修复

圆角对轴的使用性能影响很大，特别是在交变载荷作用下，常因轴颈直径突变部位的圆角被破坏或圆角半径减小导致轴折断。因此，圆角的修复不可忽视。

圆角的磨伤可用细锉或车削、磨削加工修复。当圆角磨损很大时，需要进行堆焊，退火后车削至原尺寸。圆角修复后，不可有划痕、擦伤或刀迹，圆角半径也不能减小，否则会减弱轴的性能并导致轴的损坏。

4. 螺纹的修复

当轴表面上的螺纹碰伤、螺母不能拧入时，可用圆板牙或车削加工修整。若螺纹滑牙或掉牙，可先把螺纹全部车削掉，然后进行堆焊，再车削加工修复。

5. 键槽的修复

当键槽只有小凹痕、毛刺或轻微磨损时，可用细锉、油石或刮刀等进行修整。若键槽磨损较大，可扩大键槽或重新开槽，并配大尺寸的键或阶梯键；也可在原槽位置上旋转 90°或 180°重新按标准开槽，开槽前需先把旧键槽用气焊或电焊填满，图 4.1 为键槽的修复。

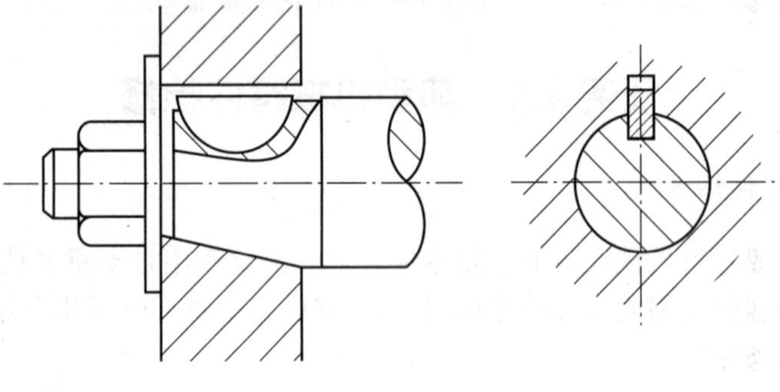

图 4.1 键槽的修复

6. 花键轴的修复

①当键齿磨损不大时，先将花键部分退火，进行局部加热，然后用钝錾子对准键齿中间，手锤敲击，并沿键长移动，使键宽增加 0.5～1.0 mm。花键被挤压后，劈成的槽可用电焊焊补，最后进行机械加工和热处理。

②采用纵向或横向施焊的自动堆焊方法。纵向堆焊时，把清洗好的花键轴装到堆焊机床上，机床不转动，将振动堆焊机头旋转 90°，并将焊嘴调整到与轴中心线成 45°角的键齿侧面。焊丝伸出端与工件表面的接触点应在键齿的节径上，由床头向尾架方向施焊。横向施焊与一般轴类零件修复时的自动堆焊相同。为保证堆焊质量，焊前应将工件预热，堆焊结束时，应在焊丝离开工件后断电，以免产生端面弧坑。堆焊后要重新进行铣削或磨削加工，以达到规定的技术要求。

③按照规定的工艺规程进行低温镀铁，镀铁后再进行磨削加工，使其符合规定的技术要求。

7. 裂纹和折断的修复

轴出现裂纹后若不及时修复，就有折断的危险。对于轻微裂纹还可采用粘接修复：先在裂纹处开槽，然后用环氧树脂填补和粘接，待固化后进行机械加工。

对于承受载荷不大或不重要的轴，其裂纹深度不超过轴直径的 10%时，可采用焊补修复。焊补前，必须认真做好清洁工作，并在裂纹处开好坡口。焊补时，先在坡口周围加热，然后再进行焊补。为消除内应力，焊补后需进行回火处理，最后通过机械加工达到规定的技术要求。

对于承受载荷很大或重要的轴，其裂纹深度超过轴直径的 10%或存在角度超过 10°的扭转变形，应予以调换。

当载荷大或重要的轴出现折断时，应及时调换。一般受力不大或不重要的轴折断时，可用图 4.2 所示的方法进行修复。其中图 4.2(a)所示为用焊接法把断轴两端对接起来。焊接前，先将两轴端面钻好圆柱销孔、插入圆柱销，然后开坡口进行对接。圆柱销直径一般为(0.3～0.4)$d$，$d$ 为断轴外径。图 4.2(b)所示为用双头螺柱代替圆柱销。若轴的过渡部分折断，可另加工一段新轴代替折断部分，新轴一端车出带有螺纹的尾部，旋入轴端已加工好的螺孔内，然后进行焊接。有时折断的轴其断面经过修整后，使轴的长度缩短了，此时需要采用接段修理法进行修复，即在轴的断口部位再接上一段轴颈。

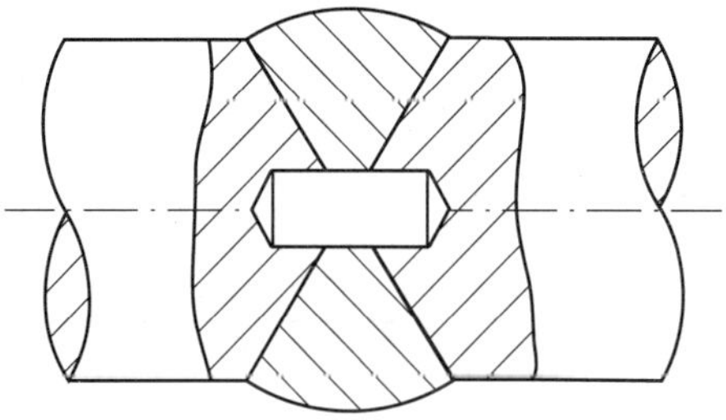
(a)

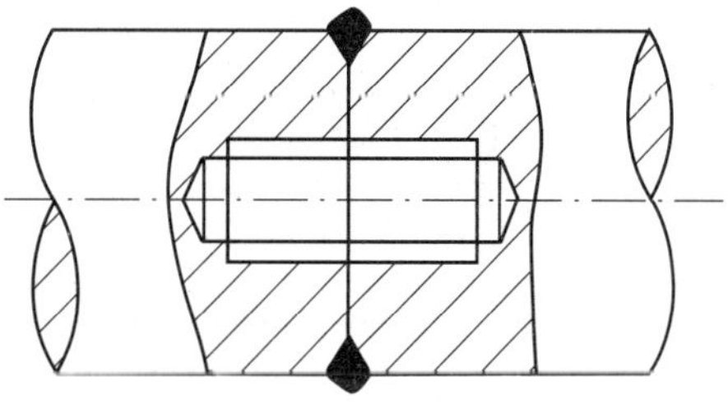
(b)

图 4.2 断轴修复

8. 弯曲变形的修复

对弯曲量较小的轴(一般小于长度的 8/1 000)，可用冷校法进行校正。通常普通的轴可在车床上校正，也可用千斤顶或螺旋压力机进行校正。这些方法的弯曲量能达到 1 m 长 0.05～0.15 mm，可满足一般低速运行的机械设备要求。对要求较高、需精确校正的轴或弯曲量较大的轴，则用热校法进行校正。通过加热使轴的温度达到 500～550 ℃，待冷却后进行校正。加热时间根据轴的直径大小、弯曲量及具体的加热设备确定。热校后应使轴的加热处退火，恢复到原来的力学性能和技术要求。

9. 其他失效形式的修复

外圆锥面或圆锥孔磨损，均可用车削或磨削方法加工到较小或较大尺寸，达到修配要求，再另外配相应的零件；轴上销孔磨损时，也可将尺寸较大一些，另配销子；轴上的扁头、方头及球头磨损可采用堆焊或加工、修整几何形状的方法修复；当轴的一端损坏时，可采用局部修换法进行修理，即切削损坏的一段，再焊上一段新的后，加工到要求的尺寸。

### 4.1.2 齿轮的修理

对因磨损或其他故障而失效的齿轮进行修复，在机械设备检修中甚为多见。齿轮的类型很多，用途各异。齿轮常见的失效形式、损伤特征、产生原因和检修方法见表 4.1。

**表 4.1　齿轮常见的失效形式、损伤特征、产生原因及检修方法**

| 失效形式 | 损伤特征 | 产生原因 | 维修方法 |
|---|---|---|---|
| 轮齿折断 | 整体折断一般发生在齿根、局部折断一般发生在轮齿一端 | 齿根处弯曲应力最大且集中，载荷过分集中、多次重复作用、短期过载 | 堆焊、局部更换、栽齿、镶齿 |
| 疲劳点蚀 | 在节线附近的下齿面上出现疲劳点蚀坑并扩展，呈贝壳状，可遍及整个齿面、噪声、磨损、动载加大，在闭式齿轮中经常发生 | 长期受交变接触应力作用、齿面接触强度和硬度不高、表面粗糙度大一些、润滑不良 | 堆焊、更换齿轮、变位切削 |
| 齿面剥落 | 脆性材料、硬齿面齿轮在表层或次表层内产生裂纹，然后扩展，材料呈片状剥离齿面，形成剥落坑 | 齿面受高的交变接触应力，局部过载、材料缺陷、热处理不当、黏度过低、轮齿表面质量差 | 堆焊、更换齿轮、变位切削 |
| 齿面胶合 | 齿面金属在一定压力下直接接触发生黏着，并随相对运动从齿面上撕落，按形成条件分为热胶合和冷胶合 | 热胶合产生高速重载，引起局部瞬时高温、导致油膜破裂、使齿面局部黏焊；冷胶合发生于低速重载、局部压力过高、油膜压溃、产生胶合 | 更换齿轮、变位切削、加强润滑 |
| 齿面磨损 | 轮齿接触表面沿滑动方向有均匀重叠条痕、多见于开式齿轮，导致失去齿形，齿厚减薄而断齿 | 铁屑、尘粒等进入轮齿的啮合部位引起磨损 | 堆焊、调整换位、更换齿轮、换向、塑性变形、变位切削、加强润滑 |
| 塑性变形 | 齿面产生塑性流动、破坏了正确的齿形曲线 | 齿轮材料较软、承受载荷较大、齿面间摩擦力较大 | 更换齿轮、变位切削、加强润滑 |

1. 调整换位法

对于单向运转受力的齿轮，轮齿常为单面损坏，只要结构允许，可直接用调整换位法修复。所谓调整换位就是将已磨损的齿轮变换一个方位，利用齿轮未磨损或磨损轻的部位继续工作。

对于结构对称的齿轮，当单面磨损后可直接翻转 180°，重新安装使用，这是齿轮修复的通用办法。但是，对圆锥齿轮或具有正反转的齿轮不能采用这种方法。

若齿轮精度不高，而且是由齿圈和轮毂组合的结构（铆合或压合），其轮齿单面磨损时，可先除去铆钉，拉出齿圈，翻转 180°换位后再进行铆合或压合。

结构左右不对称的齿轮，可将影响安装的不对称部分去掉，并在另一端用焊、铆或其他方法添加相应结构后，再翻转 180°安装使用；也可在另一端加调整垫片，把齿轮调整到正确位置，而无需添加结构。对于单面进入啮合位置的变速齿轮，若发生齿端碰缺，可将原有的换挡拨叉槽车削去掉，然后把新制的拨叉槽用铆或焊的方法装到齿轮的反面。

2. 栽齿修复法

对于低速、平稳载荷且要求不高的较大齿轮，单个齿折断后可将断齿根部锉平，根据齿根高度及齿宽情况，在其上面栽上一排与齿轮材质相似的螺钉，包括钻孔、攻螺纹、拧螺钉，并以堆焊联结各螺钉，然后再按齿形样板加工出齿形。

3. 镶齿修复法

对于受载不大但要求较高的齿轮，单个齿折断后可用镶单个齿的方法修复。如果齿轮有几个齿连续损坏，可用镶齿轮块的方法修复。若多联齿轮、塔形齿轮中有个别齿轮损坏，用齿圈替代法修复。重型机械的齿轮通常把齿圈以过盈配合的方式装在轮芯上，成为组合式结构。

当这种齿轮的轮齿磨损超限时，可把坏齿圈拆下，换上新的齿圈。

4.堆焊修复法

当齿轮的轮齿崩坏，齿端、齿面磨损超限，或存在严重表层剥落时，可以使用堆焊法进行修复。齿轮堆焊的一般工艺为：焊前退火、焊前清洗、施焊、焊缝检查、焊后机械加工与热处理、精加工、最终检查及修整。

(1)轮齿局部堆焊。当齿轮的个别齿断齿、崩牙，遭到严重损坏时，可以用电弧堆焊法进行局部堆焊。为防止齿轮过热、避免热影响，可把齿轮浸入水中，只将被焊齿露出水面，在水中进行堆焊。轮齿端面磨损超限，可采用熔剂层下粉末焊丝自动堆焊。

(2)齿面多层堆焊。当齿轮少数齿面磨损严重时，可用齿面多层堆焊。施焊时，从齿根逐步焊到齿顶，每层重叠量为 2/5～1/2，焊一层经稍冷后再焊下一层。如果有几个齿面需堆焊，应间隔进行。

对于堆焊后的齿轮，要经过加工处理以后才能使用。最常用的加工方法有如下两种。

①磨合法。按应有的齿形进行堆焊，以齿形样板随时检验堆焊层厚度，基本上不堆焊出加工余量，然后通过手工修磨处理，除去大的凸出点，最后在运转中依靠磨合磨出光洁表面。这种方法工艺简单、检修成本低，但配对齿轮磨损较大、精度低。它适用于转速很低的开式齿轮修复。

②切削加工法。齿轮在堆焊时留有一定的加工余量，然后在机床上进行切削加工。此种方法能获得较高的精度，生产效率也较高。

5.塑性变形法

塑性变形法是用一定的模具和装置并以挤压或滚压的方法将齿轮轮缘部分的金属向齿的方向挤压，使磨损的齿加厚，如图 4.3 所示。

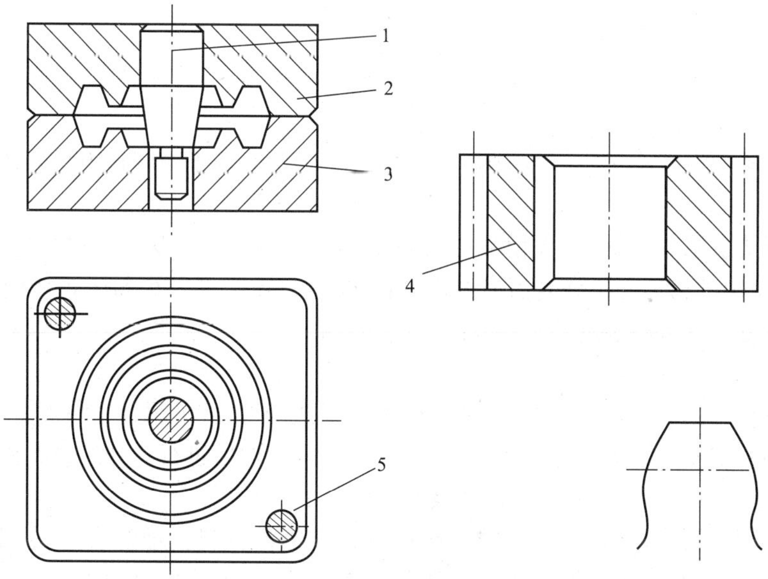


图 4.3　用塑性变形法修复齿轮

1—销子；2—上模；3—下模；4—被修复的齿轮；5—导向杆

将齿轮加热到 800～900 ℃放入在图 4.3 中的下模 3 中，然后将上模 2 沿导向杆 5 装入，用手锤在上模四周均匀敲打，使上下模具互相靠紧。将销子 1 对准齿轮中心以防止轮缘金属经挤压后进入齿轮轴孔的内部。在上模 2 上施加压力，齿轮轮缘金属即被挤压流向齿的部分，使齿厚增大。齿轮经过模压后，再通过机械加工铣齿，最后按规定进行热处理。图 4.3 中 4 为被修复的齿轮，尺寸线以上的数字为修复后的尺寸，尺寸线以下的数字为修复前的尺寸。

塑性变形法只适用于修复模数较小的齿轮。由于受模具尺寸的限制，齿轮的直径也不宜过大。需修复的齿轮不应有损伤、缺口、剥蚀、裂纹以及用此法修复不了的其他缺陷；材料要有足够的塑性，并能成形；结构要有一定的金属储备量，使磨损区的齿轮得到扩大，且磨损量应在齿轮和结构的允许范围内。

6. 变位切削法

齿轮磨损后可利用变位切削，将大齿轮的磨损部分切去，另外配换一个新的小齿轮与大齿轮相配，齿轮传动即可恢复。大齿轮经过负变位切削后，它的齿根强度虽有所降低，但仍比小齿轮高，只要验算出轮齿的弯曲强度在允许的范围内便可使用。

若两齿轮的中心距不能改变时，与经过负变位切削后的大齿轮相啮合的新小齿轮必须采用正变位切削。它们的变位系数大小相等，符号相反，形成高度变位，使中心距与变位前的中心距相等。

如果两传动轴的位置可调整，新的小齿轮不用变位，仍采用原来的标准齿轮。若小齿轮装在电动机轴上，可移动电动机来调整中心距。

采用变位切削法修复齿轮，必须进行有关方面的验算，包括如下几点。

①根据大齿轮的磨损程度，确定切削位置，即大齿轮切削最小的径向深度。

②当大齿轮齿数小于 40 时，需验算是否会有根切现象，若大于 40，一般不会发生根切，可不验算。

③当小齿轮齿数小于 25 时，需验算齿顶是否变尖，若大于 25，一般很少会使齿顶变尖，不需验算。

④必须验算轮齿齿形有无干涉现象。

⑤对闭式传动的大齿轮经负变位切削后，应验算轮齿表面的接触疲劳强度，开式传动可不验算。

⑥当大齿轮的齿数小于 40 时，需验算弯曲强度，大于或等于 40 时，因强度减少不大，可不验算。

变位切削法适用于传动比、大模数的齿轮传动因齿面磨损而失效，成对更换不合算的情况，采取对大齿轮进行负变位修复而使齿轮得到保留，只需配换一个新的正变位小齿轮，即可使传动得到恢复。它可减少材料消耗，缩短修复时间。

7. 金属涂敷法

对于模数较小的齿轮齿面磨损，不便于用堆焊工艺修复，可采用金属涂敷法。

这种方法的实质是在齿面上涂以金属粉或合金粉层，然后进行热处理或者机械加工，从而使零件的原有尺寸得到恢复，并获得耐磨及其他特性的覆盖层。

涂敷时所用的粉末材料主要有铁粉、铜粉、钴粉、钼粉、镍粉、堆焊合金粉、镍—硼合金粉等，修复时根据齿轮的工作条件及性能要求选择确定。涂敷的方法主要有喷涂、压制、沉积和复合等。

此外，铸铁齿轮的轮缘或轮辐产生裂纹或断裂时，常用气焊、铸铁焊条或焊粉将裂纹处焊好，用补夹板的方法加强轮缘或轮辐，用加热的扣合件在冷却过程中产生冷缩将损坏的轮缘或轮辐锁紧。

齿轮键槽损坏后，可用插、刨或钳工把原来的键槽尺寸扩大 10%～15%，同时配制相应尺寸修复。如果损坏的键槽不能用上述方法修复，可转位在与旧键槽成 90°的表面上重新开一个键槽，同时将旧键槽堆焊补平；若待修复齿轮的轮毂较厚，也可将轮毂孔以齿顶圆定心进行镗大，然后在镗好的孔中镶套，再切制标准键槽。齿轮孔径磨损后，可用镶套、镀铬、镀镍、镀铁、电刷镀、堆焊等工艺方法修复。

### 4.1.3　蜗轮蜗杆副的检修

1. 更换新的蜗杆副

如图 4.4 所示，机床的分度蜗杆副装配在工作台 1 上，除蜗杆副本身的精度必须达到要求外，分度蜗轮 2 与上回转工作台 1 的环行导轨还需满足同轴度要求。蜗轮齿坯应首先在工作台导轨的几何精度修复以前装配好，待几何精度修复后，再以下环行导轨为基准对蜗轮进行加工。

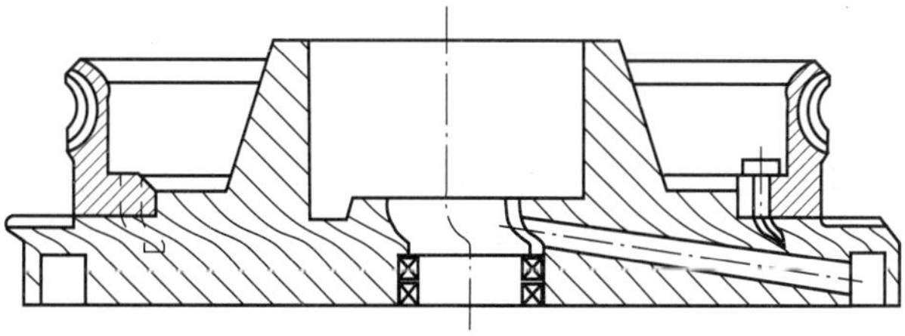

图 4.4　回转工作台及分度蜗轮

2. 采用珩磨法修复蜗轮

珩磨法是将与原来尺寸完全相同的珩磨蜗杆装配在原蜗杆的位置上，利用机床传动使珩磨蜗杆转动，对机床工作台分度涡轮进行珩磨。珩磨蜗杆是将 120 号金刚砂用环氧树脂胶合在珩磨蜗杆坯件上，待粘接结实后再加工成形。珩磨蜗杆的安装精度应保证蜗杆回转中心线对蜗轮啮合的中间平面平行及与啮合中心平面重合。啮合中心平面的检查可用着色检验接触痕迹的方法。

### 4.1.4　壳体零件的修理

壳体零件是机械设备的基础件之一。由它将一些轴、套、齿轮等零件组装在一起，使其保持正确的相对位置，彼此能按一定的传动关系协调地运动，构成机械设备的一个重要部件。因此壳体零件的修复对机械设备的精度、性能和寿命都有直接的影响。壳体零件的结构形状一般都比较复杂，壁薄且不均匀，内部呈腔形，在壁上既有许多精度较高的孔和平面需要加工，又有许多精度较低的坚固孔需要加工。下面简要介绍几种壳体零件的修复工艺要点。

1. 气缸体

(1)气缸体裂纹的修复

①产生裂纹的部位和原因

气缸体裂纹一般发生在 7K 套膜壁、进排气门垫座之间、燃烧室与气门座之间、两气缸之间、水道孔及缸盖螺钉固定孔等部位。产生裂纹的原因主要有如下几个。

a. 急剧的冷热变化形成内应力。

b. 冬季忘记放水而冻裂。

c. 气门座附近局部高温产生热裂纹。

d. 装配时因过盈量过大引起裂纹。

②常用修复方法

常用的修复方法主要有焊补、粘补、栽铜螺钉填满裂纹、用螺钉把补板固定在气缸体上等。

(2)气缸体和气缸盖变形的修复

①变形的危害和原因

变形不仅破坏了几何形状，而且使配合表面的相对位置偏差增大，例如：破坏了加工基准面的精度，破坏了主轴承座孔的同轴度、主轴承座孔与凸轮轴承孔中心线的平行度、气缸中心线与主轴承孔的垂直度等。另外还引起密封不良、漏水、漏气，甚至冲坏气缸衬垫。变形产生的原因主要有：制造过程中产生的内应力和负荷外力相互作用、使用过程中缸体过热、拆装过程中未按规定操作等。

②变形的修复

如果气缸体和气缸盖的变形超过技术规定范围，则应根据具体情况进行修复，主要方法如下。

a. 气缸体平面螺孔附近凸起，用油石或细锉修平。

b. 气缸体和气缸盖平面不平，可用铣、刨、磨等加工修复，也可刮削、研磨。

c. 气缸盖翘曲，可进行加温，然后在压力机上校正或敲击校正，最好不用铣、刨、磨等加工修复。

(3)气缸的磨损

①磨损的原因和危害

磨损通常是由腐蚀、高温和与活塞环的摩擦造成的，主要发生在活塞环运动的区域内。磨损后会出现压缩不良、起动困难、功率下降和机油消耗量增加等现象，甚至发生缸套与活塞的非正常撞击。

②磨损的修复

气缸磨损后可采用修理尺寸法，即用镗削和磨削的方法，将缸径扩大到某一尺寸，然后选配与气缸相符合的活塞和活塞环，恢复正确的几何形状和配合间隙。当缸径超过标准直径直至最大限度尺寸时，可用镶套法修复，也可用镀铬法修复。

(4)其他

主轴承座孔同轴度偏差较大时，需进行镗削修整，其尺寸应根据轴瓦瓦背镀层厚度确定；当同轴度偏差较小时，可用加厚的合金轴瓦进行一次镗削，弥补座孔的偏差；对于单个磨损严重的主轴承座孔，可将座孔镗大，配上钢制半圆环，用沉头螺钉固定，镗削到规定尺寸；座孔轻度磨损时，可使用刷镀方法修复，但要保证镀层与基体的结合强度和镀层厚度均匀一致，并不得超出规定的圆柱度要求。

2. 变速箱体

变速箱体所可能产生的主要缺陷有：箱体变形、裂纹、轴承孔磨损等。造成这些缺陷的原因有：箱体在制造加工中出现的内应力和外载荷、切削热和夹紧力；装配不好，间隙调整没按规定执行；使用过程中的超载、超速；润滑不良等。

当箱体上平面翘曲较小时，可将箱体倒置于研磨平台上进行研磨修平；若翘曲较大，应采用磨削或铣削加工来修平，此时应以孔的轴心线为基准找平，保证加工后的平面与轴心线的平行度。

当孔的中心距之间的平行度误差超差时，可用镗孔镶套的方法修复，以恢复各轴孔之间的相互位置精度。

若箱体有裂纹，应进行焊补，但要尽量减少箱体的变形和产生的白口组织。若箱体的轴承孔磨损，可用修理尺寸法和镶套法修复。当套筒壁厚为 7～8 mm 时，压入镶套之后应再次镗孔，直至符合规定的技术要求。此外，也可采用局部电镀、喷涂或刷镀等方法进行修复。

# 任务 4.2　液压系统检修

## 4.2.1　液压系统的组成和特点

1. 液压系统的组成

(1)动力装置：液压泵，将原动机供给的机械能转换为净化流体的压力能。

(2)执行机构：液压缸(图 4.5)、液压马达，将流体的压力能转化为机械能。

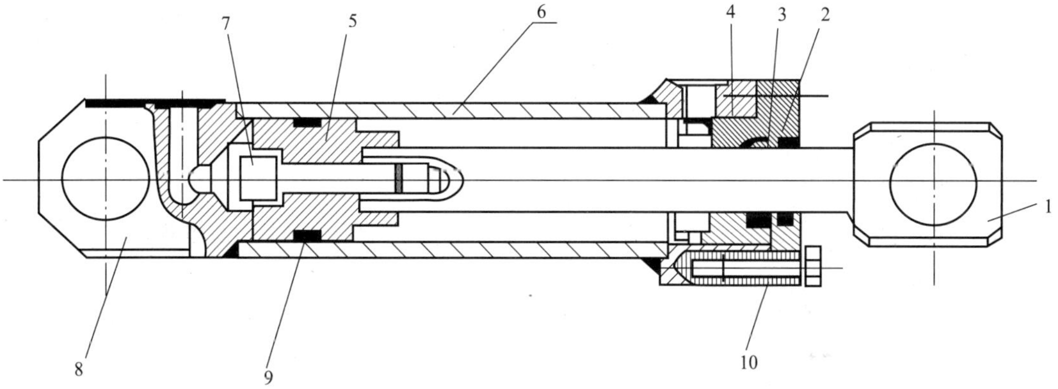


图 4.5　液压缸结构图

1—活塞杆；2—防尘圈；3—Y 形密封圈；4、9—O 形密封圈；5—活塞；6—缸体，7—螺栓；9—缸底；10—端盖

(3)控制元件：压力阀、流量阀、方向阀等，通用性以控制和调节流体的压力、流量、流动方向及系统执行机构的动作程序。

(4)辅助元件：除上述三类机构和元件之外的把系统连接起来的其他元件，管件、压力表、滤油器、油箱等。

(5)工作介质：液压油，用以传递能量或信息。图 4.6 为啮合齿轮泵工作原理。

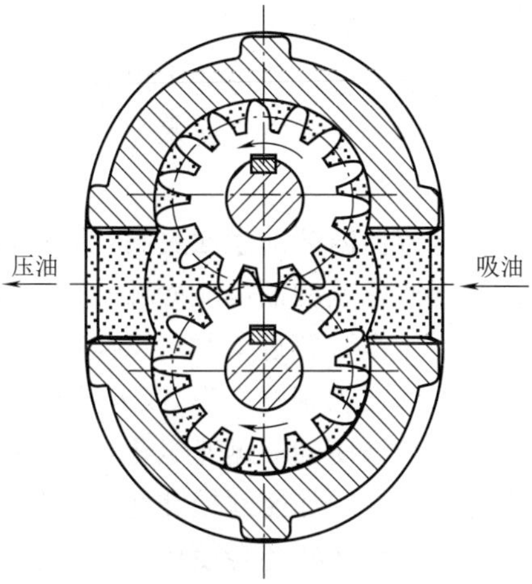


图 4.6　啮合齿轮泵工作原理

2. 优点

(1)在功率相同情况下，比电传动体积小、重量轻。

(2)运动平稳，反应快。

(3)操纵控制方便，可实现大范围的无级调速。

(4)能传递较大的力或力矩。

(5)易实现功率放大。

(6)元件布置方便、灵活，易实现自动化。

(7)可实现过载保护。

(8)已实现系列化、标准化和通用化，便于系统设计、制造。

3. 缺点

(1)由于泄漏和流体的可压缩性,无定传动比。

(2)有油液污染;能量损失大,不能远程输送;对温度变化敏感。

(3)元件制造精度高,系统故障不易排除。

(4)油液流动损失的能量转换成热能。

(5)系统传动效率不高。

### 4.2.2 液压系统常见故障原因分析及其维护

1. 液压系统常见故障原因分析

在液压传动系统中,都是一些比较精密的零件。人们对机械的液压传动虽然觉得省力方便,但同时又感到它易于损坏。究其原因,主要是不太清楚其工作原理和构造特性,从而也不大了解其预防保养的方法。

液压系统有 3 个基本的"致病"因素:污染、过热和进入空气。这 3 个不利因素有着密切的内在联系,出现其中任何一个问题,就会连带产生另外一个或多个问题。由实践证明,液压系统 75%"致病"的原因,均是这三者造成的。

(1)工作油液因进入污物而变质

进入油液中的污物(如灰、砂、土等)的来源有:

①系统外部不清洁。不清洁物在加油或检查油量时被带入系统,或通过损坏的油封或密封环而进入系统。

②内部清洗不彻底。在油箱或部件内仍留有微量的污物残渣。

③加油容器或用具不洁。

④制造时因热弯油管而在管内产生锈皮。

⑤油液储存不当,在加入系统前就不洁或已变质。

⑥已逐渐变质的油会腐蚀零件。被腐蚀金属可能成为游离分子悬浮在油中。

污物会造成零件的磨损与腐蚀,尤其是对于精加工的零件,它们会擦伤胶皮管的内壁、油封环和填料,而这些东西损伤后又会导致更多的污物进入系统中,这样就形成恶性循环的损坏。图 4.7 为手动换向阀。

(2)过热

造成系统过热可能由以下一种或多种原因造成:

①油中进入空气或水分,当液压泵把油液转变为压力油时,空气和水分就会助长热的增加而引起过热。

②容器内的油平面过高,油液被强烈搅动,从而引起过热。

③质量差的油可能变稀,使外来物质悬浮着,或与水有亲和力,这也会引起生热。

④工作时超过了额定工作能力,因而产生热。

⑤回油阀调整不当,或未及时更换已损零件,有时也会产生热。

过热将使油液迅速氧化,氧化又会释放出难溶的树脂、污泥与酸类等,而这些物质聚积油中造成零件的加速磨损和腐蚀,且它们粘附在精加工零件表面上还会使零件失去原有功能。油液因过热变稀还会使传动工作变迟缓。

上述过热的结果,常反映在操纵时传动动作迟缓和回油阀被卡死。

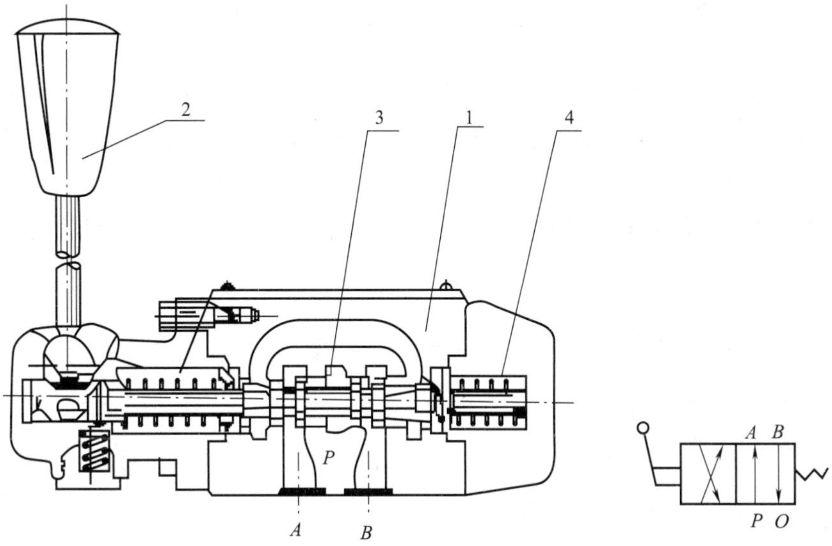


图 4.7　手动换向阀

1—阀体;2—手柄;3—阀心;4—弹簧

(3)进入空气

油液中进入空气的原因有下列几种:

①加油时不适当地向下倾倒,致使有气泡混入油内而带入管路中;

②接头松了或油封损坏了,空气被吸入;

③吸油管路被磨穿、擦破或腐蚀,因而空气进入。

空气进入油中除引起过热外,也会有相当数量空气在压力下被溶于油内。如果被压缩的体积大约有 10%是属于被溶的空气,则压力下降时便会形成泡沫。而工作液压缸在减压回油时,带泡沫的油液就会形成“海绵”的性质。此外,油中含有许多泡沫会增加总体积,将造成油箱或储油器的溢油现象。

含有空气的工作油,在传递动力时会产生急跳的痉挛现象,使动力传递不均匀,由此产生的压力波动和应力,将会使零部件损坏,严重时会导致整个系统损坏。有空气的工作油,还会造成液压泵发生气穴的危险,由此而产生更大的吸力,会把更多的空气连同其他杂质都吸入系统内。因油中进入空气而产生过热,空气进入的同时也会带进灰尘,这些情况会使油很快变质。

2.液压系统预防与维护

如果液压系统的制造质量没有问题,则造成故障的原因大多是预防保养不当,操作不当的因素一般较少。之所以如此,主要是由于对它的工作条件认识不足。如果懂得一些基本原理,弄明白导致故障的上述 3 个有害因素,就能长期地保证系统处于良好的工作状况。为此,要对液压系统建立专门的预防保养制度,其首要任务是严格检查工作油的状况。在换油时,保养服务人员要参加,并帮助对系统进行全面检查,检查项目计有:

(1)检查全部管路系统有无压扁、弯折与破损,软管有无扭结、擦伤或过度弯曲;

(2)为防止内部零件粘上任何微小灰尘与污物,可能时对全系统用蒸气清洗;

(3)检查油箱或储油器,检查其中的油平面是否足够,还要注意加油过程是否引起泡沫、激荡或涡流现象,这些现象是进入空气征兆,在通气口出现泡沫现象证明已进入空气;

(4)查看管路和其他元件是否因过热而脱漆,是否有烧焦味,油液是否变黑和变稠。用温度计测量油温;

(5)用肥皂沫涂在接头处来检查渗漏。有渗漏的地方可能有油污,因油会吸附污物,但是有油污之处不一定就有渗漏。此外,过热也常暗示有渗漏的现象,查出有渗漏的接头要随时拧紧;

(6)倾听有无不正常的响声,液压泵有"卡嗒"声暗示可能是进入空气而产生气穴,或者是已被污物所磨损;

(7)定期检查液压泵的工作能力。

对上述项目的检查,每次都要记录下来,积累成档案,以便帮助以后对易于发生的问题进行预先防止或及时排除。

3.液压系统故障排除步骤

(1)放去旧油;

(2)清洗或重换过滤器芯子及滤油网;

(3)清洗储油器和通气口,擦洗时要用布类,不要用棉纱;

(4)拆开所有的主要组合件,用柴油(不要用汽油,因汽油洗过的精密件表面会发干)清洗各零件;不能拆开时,可用轻滑油或机油与煤油各半掺合的调合油去清洗;禁止用化学清洗剂去清洗,因它们可能会损坏油封和填料,而且它们粘附在零件表面上的残渣可能会腐蚀金属和弄脏工作油;

(5)将洗好了的零件重新装配,装配时要按规定的扭力矩拧紧每个螺栓和螺钉;

(6)使液压系统空运行,并使之循环3、4次,以便放去空气;

(7)排出第1次加入的油,此油在新装好后的系统内循环工作是为了冲洗系统内部可能存在的污物,故应排出,排油后,再次清洗过滤器和滤网;

(8)以工厂推荐牌号的新油按规定量重新加入系统内;必要时在工作了头48 h后,再清洗一次过滤器,对系统中一些主要精密件的清洗和装配,均应在十分清洁的室内进行,室内应有干净的地板和密闭的门窗,温度最好保持在200 ℃左右,在冬季,要注意桶内勿因空气冷凝成水分而混入油中,勿将桶皮生锈的锈片落入桶内,在冬季和较坏的工况下,要对液压系统勤检查、勤保养,常换工作油液。

### 4.2.3 液压元件的检修

1.液压泵常见故障与排除方法(表4.2)

**表4.2 液压泵常见故障与排除方法**

| 故障现象 | 产生原因 | 排除方法 |
|---|---|---|
| 泵不排油或排量与压力不足 | 1.电动机转向接反<br>2.滤油器或吸油管道堵塞<br>3.液压泵吸油侧及吸油管段处密封不良有空气吸入,其表现为压力表显示很低,液压缸无力,油箱起泡等<br>4.油液黏度太大造成吸油困难,或温升过高导致油液黏度降低造成内泄漏过大<br>5.零件磨损,间隙增大,泄漏较大<br>6.泵的转速太低<br>7.油箱中油面太低 | 1.调换接头,改变电机转向<br>2.拆洗滤油及管道或更换油液<br>3.检查,并紧固有关螺纹连接件或更换密封件<br>4.选择合适黏度的油液,检查诊断温升过高故障,防止油液油黏度有过大变化<br>5.检察有关磨损零件,进行修磨达到规定间隙<br>6.检察电机功率及有无打滑现象<br>7.检察油面高度,并使吸油管插入液面以下 |

续上表

| 故障现象 | 产生原因 | 排除方法 |
| --- | --- | --- |
| 噪声及压力脉动较大 | 1. 液压泵吸油侧及轴油封和吸油管段处密封不良,有空气吸入<br>2. 吸油管及滤油器堵塞或阻力太大造成液压泵吸油不足<br>3. 吸油管外露或伸入油箱较浅或吸油高度过大(>500 mm)<br>4. 泵与电动机轴不同心或松动 | 1. 拧紧接头或更换密封<br>2. 检查滤油器的容量及堵塞情况,及时处理<br>3. 吸油管应伸入油面以下的2/3,防止吸油管口露出液面,吸油高度应不大于500 mm<br>4. 按技术要求进行调整,检察直线性,保持同轴度在0.1 mm内 |
| 温升过高 | 1. 液压泵磨损严重,间隙过大泄漏增加<br>2. 油液黏度不当(过高或过低)<br>3. 油液污染变质,吸油阻力过大<br>4. 液压泵连续吸气,特别是高压泵,由于气体在泵内受绝热压缩,产生高温,表现为液压泵温度瞬时急骤升高 | 1. 修磨磨损件,使其达到合适的间隙<br>2. 改用黏度合适的油液<br>3. 更换新油<br>4. 停车检查液压泵进气部位,及时处理 |
| 液压泵旋转不灵活或咬死 | 1. 轴向间隙或径向间隙过小<br>2. 油液中杂质吸入泵内卡死运动 | 1. 修复或更换泵的机件<br>2. 加强滤油,或更换新油 |

2. 液压缸常见故障与排除方法(表4.3)

**表4.3 液压缸常见故障与排除方法**

| 故障现象 | 产生原因 | 排除方法 |
| --- | --- | --- |
| 爬行 | 1. 液压缸两端爬行并伴有噪声,压力表显示值正常或稍偏低。<br>原因:缸内及管道存有空气<br>2. 液压缸爬行逐渐加重,压力表显示值偏低,油箱无气泡或少许气泡。<br>原因:液压缸某处形成负压吸气<br>3. 液压缸两端爬行现象逐渐加重,压力表显示值偏高<br>原因:活塞与活塞杆不同心 | 1. 设置排气装置。<br>2. 找出形成负压处加以密封并排气<br>3. 将活塞组件装在V形块上校正,同轴度误差应小于0.04 mm,如需要则更换新活塞 |
| 推力不足,速度下降,工作不稳定 | 1. 液压缸内泄漏严重<br>2. 液压缸工作段磨损不均匀,造成局部形状误差过大,致使局部区域高低压腔密封性变差而内泄<br>3. 活塞杆密封圈压得太紧或活塞杆弯曲<br>4. 油液污染严重,污物进入滑动部位<br>5. 油温过高,黏度降低,致使泄漏增加 | 1. 更换密封圈。如果活塞与缸内孔的间隙由于磨损而变大,可加装密封圈或更换活塞<br>2. 镗磨修复缸内孔,新配活塞<br>3. 调整活塞杆密封圈压紧度,以不漏油为准;校直活塞杆<br>4. 更换油液<br>5. 检查油温升高的原因,采取散热和冷却措施 |
| 泄漏 | 1. 密封圈密封不严<br>2. 由于排气不良,使气体绝热压缩造成局部高温而损坏密封圈<br>3. 活塞与缸筒安装不同心或承受偏心载荷,使活塞倾斜或偏磨造成内泄<br>4. 缸内孔加工或磨损造成形状精度差 | 1. 检查密封圈及接触面有无伤痕,加以更换或修复<br>2. 增设排气装置,及时排气<br>3. 检查缸筒与活塞的同轴度并修整对中<br>4. 镗缸孔,重配活塞 |
| 噪声 | 1. 滑动面的油膜破坏或压力过高,造成润滑不良,导致滑动金属表面的摩擦声响<br>2. 滑动面的油膜破坏或密封圈的刮削过大,导致密封圈处现异常声响<br>3. 活塞运行到液压缸端头时,特别是立式液压缸,发生抖动和很大的噪声,是活塞下部空气绝热压缩所致 | 1. 停车检查,防止滑动面的烧结,加强润滑<br>2. 加强润滑,若密封圈刮削过大,用砂纸或纱布轻轻打磨唇边,或调整密封圈压紧度,以消除异常声响<br>3. 将活塞慢慢运动,往复数次,每次均到顶端,以排除缸内气体。即可消除严重噪声并可防止密封圈烧伤 |

3. 换向阀的常见故障及排除方法(表 4.4)

**表 4.4　换向阀的常见故障及排除方法**

| 故障现象 | 产生原因 | 排除方法 |
|---|---|---|
| 不能动作或不到位 | 阀芯通道被堵塞 | 拆开冲洗 |
| | 阀体变形 | 重新安装阀体螺钉,使压力均匀 |
| | 对中弹簧折断 | 更换弹簧 |
| | 操纵压力不够 | 调整油压 |
| 工作程序错乱 | 阀芯拉毛、油液较脏或热膨胀使阀芯移动不灵 | 拆卸清洗,配研阀芯 |
| | 电磁铁损坏力量不足或漏磁 | 更换或修复电磁铁 |
| | 弹簧过软或过硬使阀通油不畅 | 更换弹簧 |
| | 阀芯与阀孔配合太紧或间隙过大 | 检查配合间隙,重新配合 |
| 工作时响声过大 | 滑阀卡住或摩擦力过大 | 修研或更换滑阀 |
| | 电磁铁不能压到底 | 校正电磁铁高度 |
| | 电磁铁接触面不平或接触不良 | 清除污物,修整电磁铁 |
| | 电磁铁的磁力过大 | 选用磁力适当的电磁铁 |
| 电磁铁过热或烧坏 | 电磁铁线圈绝缘不良 | 更换电磁铁 |
| | 电磁铁铁心与滑阀轴线同轴度太差 | 重新装配 |
| | 电磁铁铁心吸不紧 | 修理电磁铁 |
| | 电压不对 | 修正电压 |
| | 电极焊接不好 | 重新焊接 |
| | 换向频繁 | 减少换向次数或采用高频换向阀 |

## 思考题与习题

1. 轴类零件修复内容主要有哪些?
2. 齿轮常见的失效形式有哪些? 各有哪些检修方法?
3. 壳体零件的修复有哪些工艺要点?
4. 试分析液压系统常见故障原因并简述维护要点。
5. 液压泵常见故障有哪些? 分析原因并简述排除方法?
6. 液压缸常见故障有哪些? 分析原因并简述排除方法?
7. 液压换向阀常见故障有哪些? 分析原因并简述排除方法?

# 项目 5　电气系统检修

## 学习目标

知识目标：

1. 了解低压断路器、主令电器的常见故障与排除方法；
2. 掌握熔断器、接触器、继电器的常见故障与排除方法；
3. 掌握电气控制线路故障排查和处理的基本方法；
4. 掌握诊断机床电气故障的方法和解决措施。

能力目标：

1. 能对熔断器、接触器、继电器进行维修；
2. 初步具有分析和排除机电设备常见电气故障的能力。

机电设备主要由机械和电气两大部分构成，其中电气系统是指挥每台机电设备工作机构的控制系统，因此做好电气系统的维护和修理工作，是保证机电设备工作可靠和提高其使用寿命的重要途径。

## 任务 5.1　常见电器元件检修

机电设备中的电器元件多属低压电器。按照低压电器在控制电路中的作用，可以将其分为低压配电电器和低压控制电器。低压配电电器用于低压配电系统或动力设备中，用来对电能进行输送、分配和保护，主要有刀开关、低压断路器、熔断器、转换开关等。低压控制电器用于拖动及其他控制电路中，用来对命令、现场信号进行分析判断并驱动电器设备进行工作，主要有接触器、继电器、起动器、控制器、主令电器、电磁铁等。下面就常见部分电器元件的检修作简要说明。

### 5.1.1　低压断路器的常见故障与检修

低压断路器，原名空气开关或自动开关，现与 IEC 等同，国家统一命名为低压断路器系列产品。低压断路器按其结构和性能可分为框架式、塑料外壳式和漏电保护式三类。它是一种既能作开关用，又具有电路自动保护功能的低压电器，用于电动机或其他用电设备作不频繁通断操作的线路转换。当电路发生过载、短路、欠电压等非正常情况时，能自动切断与它串联的电路，有效地保护故障电路中的用电设备。漏电保护断路器除具备一般断路器的功能外，还可以在电路出现漏电（如人触电）时自动切断电路进行保护。由于低压断路器具有操作安全、动作电流可调整、分断能力较强等优点，因而在各种电气控制系统中得到了广泛的应用。

1. 低压断路器的结构和工作原理

低压断路器主要由触头系统、灭弧装置、操作机构、保护装置（各种脱扣器）及外壳等几部分组成。图 5.1 所示为常用的塑壳式 DZ47-63 系列低压断路器的外形与结构图。该结构图为立体布置,操作机构居中,有红色分闸按钮和绿色合闸按钮伸出壳外:主触头系统在后部,其辅助触头为一对动合触头和一对动断触头。

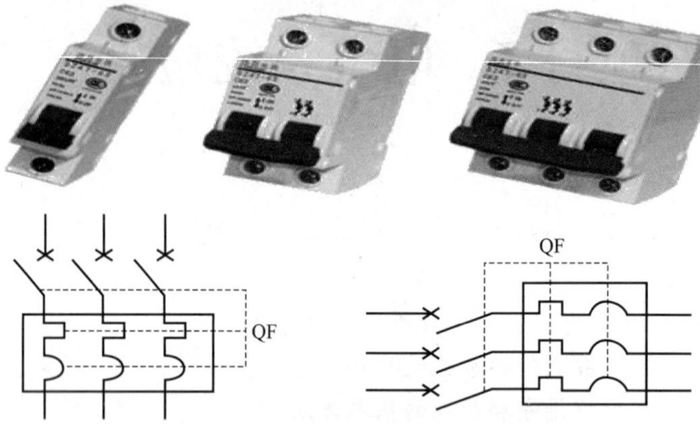

图 5.1　DZ47-63 系列低压断路器

图 5.2 所示为自动空气断路器的工作原理及图形符号。其中,图 5.2(a)中自动空气断路器 2 的三对主触头,与被保护的三相主电路相串联,当手动闭合电路后,其主触头由锁链 3 钩住搭钩 4,克服弹簧 1 的拉力,保持闭合状态。搭钩 4 可绕轴 5 转动。当被保护的主电路正常工作时,电磁脱扣器 6 中线圈所产生的电磁吸合力不足以将衔铁 8 吸合;而当被保护的主电路发生短路或产生较大电流时,电磁脱扣器 6 中线圈所产生电磁吸合力随之增大,直至将衔铁 8 吸合,并推动杠杆 7,把搭钩 4 顶离。在弹簧 1 的作用下主触头断开,切断主电路,起到保护作用。又当电路电压严重下降或消失时,欠电压脱扣器 11 中的吸力减少或失去吸力,衔铁 10 被弹簧 9 拉开,推动杠杆 7,将搭钩 4 顶开,断开了主触头。当电路发生过载时,过载电流流过发热元件 13,使双金属片 12 向上弯曲,将杠杆 7 推动,断开主触头,从而起到保护作用。

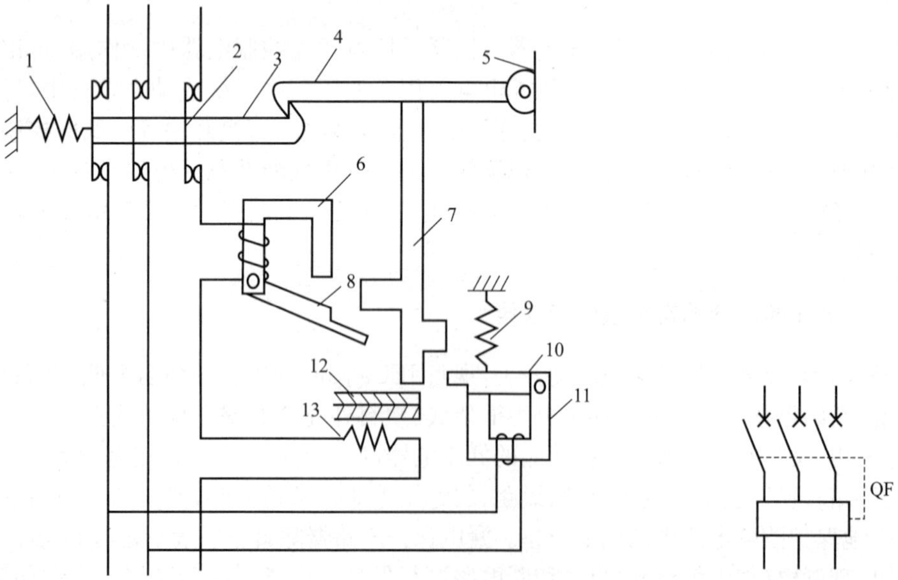

(a) 工作原理　　(b) 图形符号

图 5.2　自动空气断路器

1、9—弹簧;2—自动空气断路器;3—锁链;4—搭钩;5—轴;6—电磁脱扣器;
7—杠杆;8、10—衔铁;11—欠电压脱扣器;12—双金属片;13—发热元件

2. 低压断路器的常见故障与处理

低压断路器正常工作时，应定期清洁，必要时需上润滑油。因为空气断路器结构比较复杂，所以故障种类较多，见表5.1。

**表5.1　空气断路器常见故障分析与处理**

| 序　号 | 故障现象 | 原因分析 | 处理方法 |
|---|---|---|---|
| 1 | 电动操作断路器不能闭合 | (1)操作电源电压不符<br>(2)电源容量不够<br>(3)电磁铁拉杆行程不够<br>(4)电动机操作定位开关变位<br>(5)控制器中整流管或电容器损坏 | (1)调换电源<br>(2)增大操作电源容量<br>(3)重新调整或更换拉杆<br>(4)重新调整<br>(5)更换损坏元器件 |
| 2 | 手动操作断路器不能闭合 | (1)欠电压脱扣器无电压或线圈损坏<br>(2)储能弹簧变形导致闭合力减小<br>(3)反作用弹簧力过大<br>(4)机构不能复位再扣 | (1)检查线路，施加电压或更换线圈<br>(2)更换储能弹簧<br>(3)重新调整弹簧反力<br>(4)重新再扣接触面至规定值 |
| 3 | 分励脱扣器不能使断路器分断 | (1)线圈短路<br>(2)电源电压太低<br>(3)再扣接触面太大<br>(4)螺钉松动 | (1)更换线圈<br>(2)调换电源电压<br>(3)重新调整<br>(4)拧紧 |
| 4 | 起动电动机时断路器立即分断 | (1)过电流脱扣器瞬动整定值太小<br>(2)脱扣器某些零件损坏，如半导体器件、橡皮膜等损坏<br>(3)脱扣器反力弹簧断裂或脱落 | (1)调整瞬动整定值<br>(2)更换脱扣器或更换损坏零部件<br>(3)更换弹簧或重新装上 |
| 5 | 欠电压脱扣器不能使断路器分断 | (1)反力弹簧变小<br>(2)如为储能释放，则储能弹簧变小或断裂<br>(3)机构卡死 | (1)调整弹簧<br>(2)调整或更换储能弹簧<br>(3)消除卡死原因(如生锈) |
| 6 | 断路器温升过高 | (1)触头压力过低<br>(2)触头表面过分磨损或接触不良<br>(3)两导电零件连接螺钉松动<br>(4)触头表面油污氧化 | (1)调整触头压力或更换弹簧<br>(2)更换触头或清理接触，更换断路器<br>(3)拧紧<br>(4)清除油污或氧化层 |
| 7 | 带半导体脱扣器的断路器误动作 | (1)半导体脱扣器元器件损坏<br>(2)外界电磁干扰 | (1)更换损坏的元器件<br>(2)消除外界干扰，借以隔离或更换线路 |
| 8 | 漏电断路器经常自行分断 | (1)漏电动作电流变化<br>(2)线路漏电 | (1)送回厂家重新校正<br>(2)找出原因，如是导线绝缘损坏，则更换 |
| 9 | 漏电断路器不能闭合 | (1)操作机构损坏<br>(2)线路某处漏电或接地 | (1)送回厂家修理<br>(2)消除漏电处或接地处故障 |

### 5.1.2 熔断器的常见故障与检修

熔断器是用来进行短路保护的器件。当通过的电流大于一定值时,熔断器能依靠自身产生的热量使特制的低熔点金属(熔丝、熔体)熔化而自动切断电路。

1. 常用熔断器的分类

熔断器大致可以分为以下几类:瓷插式熔断器、螺旋式熔断器、封闭式熔断器、快速式熔断器、管式熔断器、自复式熔断器和限流线。

瓷插式熔断器由装有熔丝的瓷盖和用来连接导线的瓷座组成,适用于电压为 380 V 及以下电压等级的线路末端,作为配电支线或电气设备的短路保护用。

螺旋式熔断器由瓷帽、瓷座和熔体组成,瓷帽沿螺纹拧入瓷座中。熔体内填有石英砂,故分断电流较大,可用于电压等级 500 V 及其以下、电流等级 200 A 以下的电路中,作为短路保护用。

封闭式熔断器分有填料熔断器和无填料熔断器两种。有填料熔断器一般用方形瓷管,内装石英砂及熔体,分断能力强,用于电压等级 500 V 以下、电流等级 1 kA 以下的电路中;而无填料熔断器将熔体装入密闭式圆筒中,分断能力稍差,用于电压等级 500 V 以下,电流等级 600 A 以下的电路中。

快速式熔断器多用作硅半导体器件的过载保护,分断能力强,分断速度快;而自复式熔断器则是用低熔点金属制成,短路时依靠自身产生的热量使金属汽化,从而大大增加导通时的电阻,阻塞导通回路;限流线与自复式熔断器类似,也可反复使用,但不能完全切断电路,故需与断路器配合使用。

管式熔断器为装有熔体的玻璃管,两端封以金属帽,外加底座构成。这类熔断器体积较小,常用于电子线路及二次回路中。

2. 熔断器的常见故障及处理

熔断器由于结构简单,因而故障种类也较少。但因为其内部具有一定的电阻,工作时有发热现象,加之串接在每条回路中,所以故障频率较多。熔断器的常见故障有:

(1)熔断器熔丝熔断频繁,尤其在电动机刚起动瞬间为多。产生这一故障的原因可能是熔断器,也可能是负荷。如果负载变大,则熔断器动作即为正常;如果负载正常,则可能是熔丝选择太小,或熔丝安装时受损等。要判断是熔断器的问题还是负载的问题,可测量负载电流,根据负载电流的大小,即可很容易地判断出来,随后进行相应的处理。

(2)熔丝未熔断,但电路不通,产生这一故障的原因除了熔丝两端未接好外,也有熔断器本身的原因。如螺母未拧紧、端线引出不良等,可逐项检查排除。

### 5.1.3 接触器的常见故障与检修

接触器是用来频繁接通和分断电动机或其他负载主电路的一种自动切换电器。它主要由触点系统、电磁机构及灭弧装置组成。

1. 接触器的分类

接触器分为交流接触器和直流接触器两大类。常用的交流接触器有 CJ20、CJXI、CJ12 和 CJ10 等系列;直流接触器有 CZ18、CZ21、CZ10 和 CZ2 等系列。

图 5.3 所示为 CJ20 系列交流接触器,其主要适用于交流 50 Hz、电压 660 V 以下(其中部分等级可用于 1 140 V)、电流 630 A 以下设备的电气控制系统及电力线路中。

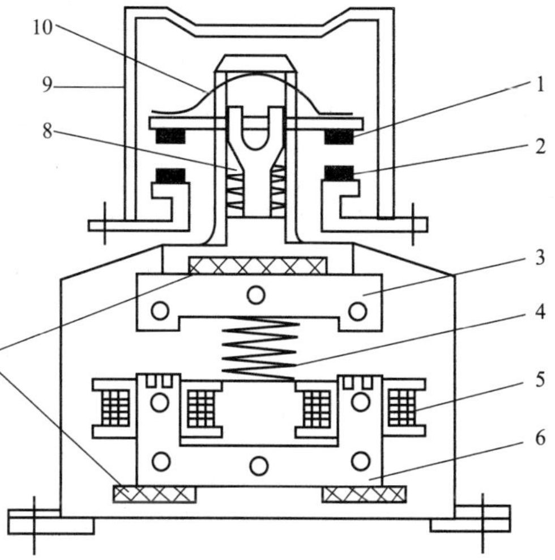


图 5.3　CJ20-63 型交流接触器的结构示意图

1—动触点；2—静触点；3—衔接；4—缓冲弹簧；5—电磁线圈；6—铁芯；7—垫毡；8—触点弹簧；9—灭弧室；10—触点压力弹簧

直流接触器主要用于额定电压 440 V、额定电流 600 A 的直流控制电路中，用作远距离接通和分断电路，控制直流电动机的起动、停止及反向等。它多用于起重、冶金和运输等设备中，分为单极和双极、常开和常闭主触点等多种形式。主要特点是在其静触点下方均装有串联的磁吹式灭弧装置。使用时应注意磁吹线圈在轻载时灭弧能力较差，其电流越大、灭弧能力越强。

2. 接触器的常见故障及检修

接触器的常见故障主要表现在触点装置和电磁机构两个方面。

(1)触头的故障及检修。触点系统的故障一般有触点过热、磨损、熔焊等。触点磨损包括机械磨损和电磨损。引起触点过热的主要原因是容量不够，触点压力不够，表面氧化或不清洁等；引起磨损加剧的主要原因是触点容量太小，电弧温度过高使触点金属氧化等；引起触点熔焊的主要原因是电弧温度过高，或触点严重跳动等。

①触点的表面修理。触点因表面氧化、积垢造成接触不良时，可用小刀或细锉清除表面，但应保持原来的形状。银或银合金触点在分断电弧时，生成的黑色氧化膜接触电阻很低，不会造成接触不良现象，因此不必锉修，否则将会大大缩短触点寿命。触点的积垢可用汽油或四氯化碳清洗。

②触点的整形。当触点被电弧灼伤引起毛刺时，会使触点表面形成凸凹不平的斑痕或飞溅的金属溶渣，造成接触不良。修理时，可将触点拆下来，用细锉先清理一下凸出的小点或金属熔渣，然后用小锤将凸凹不平处轻轻敲平，再用细锉细心地将触头表面锉平并整形，使触点表面的形状和原来一样，切勿锉得太多，否则经过几次修理就不能用了。

③触点的更换。镀银的触点若银层被磨损而露出铜或触点严重磨损超过厚度的 1/2 时，应更换新触点。更换新触点以后要重新检查触点的开距、超程、压力，使之保持在规定的范围内。

④触点开距、超程、压力的检查与调整。接触器检修后，应根据技术要求进行开距、超程、压力的检查与调整。这是保证接触器可靠运行的重要条件。图 5.4 和图 5.5 分别为指形触点

和桥形触点开距与超程的检查方法。触点的开距主要考虑电弧熄灭可靠、闭合与断开的时间、断开时触点的绝缘间隙等因素。超程的作用是保证触点磨损后仍能可靠的接触。超程的大小与触点寿命有关，对于单断点的铜触点一般取动、静触点厚度之和的(1/3～1/2)；对于银或银基触点一般取动、静触点厚度之和的(1/2～1)。更换触点后还应检查一下弹簧及触点的压力。对于交流接触器，更换触点后，应保证三相同时接触，其先后误差不应超过 0.5 mm。

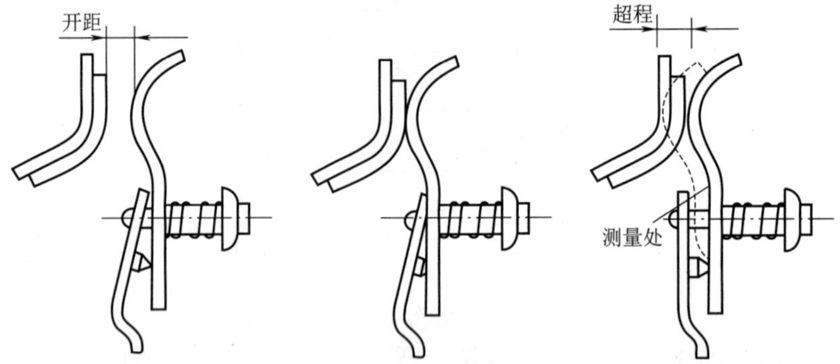

(a) 完全分开位置　(b) 刚接触位置　(c) 完全闭合位置

图 5.4　指形触点的开距与超程

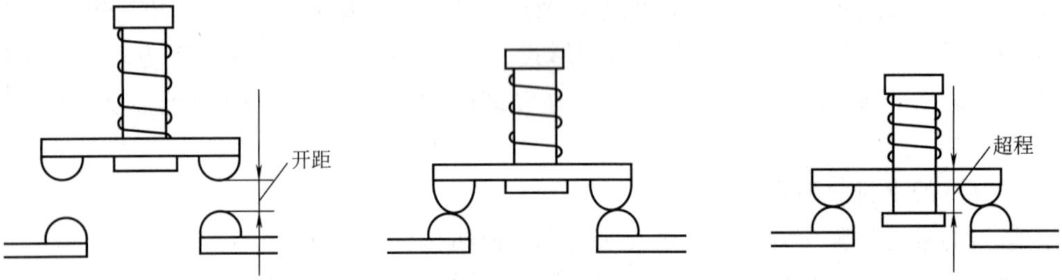

(a) 完全分开位置　(b) 刚接触位置　(c) 完全闭合位置

图 5.5　桥形触点的开距与超程

(2)电磁机构的主要故障及检修。电磁机构的故障主要有吸合噪声大、线圈过热、烧毁等。吸合噪声大主要由铁心与衔铁的接触面接触不良，接触面积有锈蚀、油污、尘垢，活动部件受卡而使衔铁不能完全吸合，分磁环损坏等引起。针对这些故障，检修时，应拆下线圈，若线圈烧毁应更换新线圈；检查动、静铁心的接触面是否平整、干净，如不平或有锈蚀应用细锉锉平或磨平；校正衔铁的歪斜现象，紧固松动的铁心；更换断裂的分磁环；用手检查接触器运动系统是否灵活，当发现运动系统有卡住等不灵活现象时，应加以调整，使其运动灵活；对于直流接触器，还应检查非磁性垫片是否损坏，若损坏应更换新垫片。

### 5.1.4　继电器的常见故障与检修

继电器是根据某一输入量来控制电路通断的自动切换电器。在电路中，继电器主要用来反映各种控制信号，从而改变电路的工作状态，实现既定的控制程序，达到预定的控制目的，同时也提供一定的保护。目前，继电器被广泛用于各种控制领域中。

1. 继电器的分类

继电器按反映的信号不同可分为电压继电器、电流继电器、时间继电器、热继电器、速度继电器和压力继电器等。

2. 热继电器的常见故障及检修

热断电器是对电动机过载进行保护的器件。电动机在运行过程中，经常出现过负荷的现象或在低电压下运转。此时电动机绕组中会流过较大的电流，而过大的电流会产生较多的热量。如果热量不能及时释放出去，就有可能损坏电动机。

另一方面，如果电动机过载的时间并不很长，电动机没有达到允许温升，此时电动机并不应立即停机。仅采用过电流保护，是实现不了这一功能的，这时就必须采用热继电器。

热继电器的常见故障主要有热元件损坏、热继电器误动作和热继电器不动作三种情况。

(1)热元件损坏：当热继电器动作频率太高，或负载侧发生短路时，因电流过大而使热元件烧断。这时应先切断电源，检查电路，排除短路故障，再重新选择合适的继电器。更换热继电器后应重新调整整定电流值。

(2)热继电器误动作这种故障原因一般有以下几种：

①整定值偏小，以致未过载就动作。

②电动机起动时间过长，使热继电器在起动过程中可能动作。

③操作频率太高，使热继电器经常受起动电流冲击。

④使用场合有强烈的冲击及振动，使热继电器动作机构松动而脱扣。

为此应调换适合于上述工作性质的继电器，并合理调整整定值。调整时只能调整调节旋钮，决不能弯折双金属片。热继电器动作脱扣后，不要立即手动复位，应待双金属片冷却复位后再使常闭触点复位。按手动复位按钮时，不要用力过猛，以免损坏操作机构。

(3)热继电器不动作：由于热元件烧断或脱焊，或电流整定值偏大，以致过载时间很长，造成热继电器不动作。发生上述故障时，可进行针对性处理。对于使用时间较长的热继电器，应定期检查其动作是否可靠。

### 5.1.5 主令电器常见故障及处理方法

主令电器主要依靠电路的通断来控制其他电器的动作，以发出电气控制命令。主令电器主要有按钮、行程开关、万能转换开关、凸轮控制器、接近开关等。

1. 按钮

(1)按钮的分类

常用按钮的分类及用途见表 5.2。

**表 5.2 常用按钮分类及用途**

| 代号 | 类别 | 用途 | 代号 | 类别 | 用途 |
|---|---|---|---|---|---|
| B | 防爆式 | 用于含有爆炸气体场所 | L | 联锁式 | 用于多对触头需要联锁的场所 |
| D | 指示灯式 | 按钮内装有指示灯，用于需要指示的场所 | S | 防水式 | 有密封外壳，用于有雨水的场所 |
| F | 防腐式 | 用于含有腐蚀性气体的场所 | X | 旋钮式 | 通过旋转把手操作 |
| H | 保护式 | 有保护外壳，用于安全性要求较高的场所 | Y | 钥匙式 | 用钥匙插入操作，可专人操作 |
| J | 紧急式 | 有红色按钮，用于紧急时切除电源 | Z | 组合式 | 多个按钮组合在一起 |
| K | 开启式 | 用于嵌装在固定的面板上 | Z | 自锁式 | 内有电磁机构，可自保持，用于特殊试验场所 |

(2)按钮常见故障及处理方法

按钮常见故障及其处理方法见表 5.3。

**表 5.3 按钮常见故障及处理方法**

| 序号 | 现象 | 故障原因 | 处理方法 |
| --- | --- | --- | --- |
| 1 | 按下按钮时,常开触点不通 | (1)触点氧化<br>(2)按钮受热变形,动触桥不能接触静触点<br>(3)机械机构卡死 | (1)擦拭触点,必要时更换按钮<br>(2)更换按钮<br>(3)清除按钮内杂物 |
| 2 | 松开按钮时,常闭触点不通 | (1)触点氧化或有污物<br>(2)弹簧弹力不足 | (1)擦拭按钮各触点<br>(2)更换或处理弹簧 |
| 3 | 按下按钮时,常闭触点不断开 | (1)污物过多造成短路<br>(2)胶木烧焦形成短路 | (1)擦拭清除按钮内杂物<br>(2)更换按钮 |
| 4 | 松开按钮时,常开触点不断开 | (1)污物过多造成短路<br>(2)复位弹簧弹力不足<br>(3)胶木烧焦形成短路 | (1)擦洗按钮,清除污物<br>(2)更换或处理弹簧<br>(3)更换按钮 |
| 5 | 按下按钮时,有触电感觉 | (1)接线松动,搭接在按钮的外壳上<br>(2)按钮内污物较多 | (1)重新接线,排除搭线现象<br>(2)擦洗按钮,清除污物 |
| 6 | 按钮过热 | (1)通过按钮的电流太大<br>(2)环境温度过高<br>(3)指示灯电压过高 | (1)重新设计电路<br>(2)加强散热措施<br>(3)降低指标灯电压 |

2. 行程开关

行程开关又称为位置开关或限位开关,只是其触点的操作不是靠手去操作,而是利用机械设备的某些运动部件的碰撞来完成。行程开关是一种将行程信号转换为电信号的开关元件,广泛应用于顺序控制器及运动方向、行程、定位、限位、安全等自控系统中。

(1)行程开关的分类

按结构分类,行程开关大致可分为按钮式、滚轮式、微动式和组合式等。

(2)行程开关常见故障及处理方法

行程开关常见故障及处理方法见表 5.4。

**表 5.4 行程开关常见故障及处理方法**

| 序号 | 现象 | 故障原因 | 处理方法 |
| --- | --- | --- | --- |
| 1 | 行程开关动作后不能复位 | (1)弹力减弱<br>(2)机械卡阻<br>(3)长期不用油泥干涸<br>(4)外力长期压迫行程开关 | (1)更换弹簧<br>(2)拆卸清除<br>(3)清洁<br>(4)改变设计方法 |
| 2 | 杠杆偏转但触点不动作 | (1)工作行程不到<br>(2)触点脱落或偏斜<br>(3)异物卡住<br>(4)连线松脱 | (1)调整行程开关位置<br>(2)修理触点系统<br>(3)清理杂物<br>(4)紧固连接线 |

续上表

| 序　　号 | 现　　象 | 故障原因 | 处理方法 |
|---|---|---|---|
| 3 | 行程开关可以复位，但动断触点不闭合 | (1)触点被杂物覆盖<br>(2)触点损坏<br>(3)弹簧失去弹力<br>(4)弹簧卡住 | (1)清理杂物<br>(2)更换触点<br>(3)更换弹簧<br>(4)重新装配 |

3. 万能转换开关

万能转换开关由手柄、带号码牌的触点盒等组成。它具有多个档位，多对触点，可供机床控制电路进行换接之用，在操作不太频繁时可用于小容量电动机的起动、变向，也可用于测量仪表等。万能转换开关的常见故障及处理方法见表5.5。

**表5.5　万能转换开关常见故障及处理方法**

| 序　　号 | 故障现象 | 可能原因 | 处理方法 |
|---|---|---|---|
| 1 | 接触不良 | (1)弹簧失去弹性<br>(2)触点部分有污物<br>(3)触点损坏 | (1)更换弹簧<br>(2)清扫污物<br>(3)更换触点 |
| 2 | 发热严重 | (1)触点接触不良<br>(2)控制回路有短路现象<br>(3)触点容量偏小 | (1)擦拭清扫触点污物<br>(2)排除控制回路故障<br>(3)更换其他型号万能转换开关 |

# 任务5.2　电气控制线路故障排查和处理

## 5.2.1　电气控制线路的特点

电气控制电路一般由按钮、开关、继电器、接触器、指示灯及连接导线组成。它们在电路中的表现形式可以归结为两种：线圈和接点。对于线圈来说有通、断、短三种状态。通，指线圈阻值为正常值，将其接上额定电压就能够吸合或动作；断，指线圈阻值为∞，表明其已经损坏，不能再使用；短，指线圈阻值小于正常值，但不为零，说明线圈内部匝间短路，若将其接上额定电压，则不能产生足够的电磁力，接触器将不能正常吸合，从而使触点接触不上或接触器不良，也应该更换。对于接点来说，有通、断、接触不良三种状态，第一种为正常状态，后两种为非正常状态。

## 5.2.2　电气控制电路检查的基本步骤及方法

电气设备故障的类型大致可分为两大类，一是有明显外表特征并容易被发现的。如电动机、电器的显著发热、冒烟甚至发出焦臭味或火花等。二是没有外表特征的，此类故障常发生在控制电路中，由于元件调整不当，机械动作失灵，触头及压接线端子接触不良或脱落，以及小零件损坏，导线断裂等原因所引起。一般依据的步骤如下。

1. 初步检查

当电气故障后，切忌盲目随便动手检修。在检修前，通过问、看、听、摸、闻来了解故障前后的操作情况和故障发生后出现的异常现象，寻找显而易见的故障，或根据故障现象判断出故障发生的原因及部位，进而准确地排除故障。

2.缩小故障范围

经过初步检查后，根据电路图，采用逻辑分析法，先主电路后控制电路，逐步缩小故障范围，提高检修的针对性，就可以收到准而快的效果。

3.测量法确定故障点

测量法是检修电工工作中用来准确确定故障点的一种行之有效的检查方法。常用的测试工具和仪表有万用表、钳形电流表、兆欧表、试电笔、示波器等，测试的方法有电压法（电位法）、电流法、电阻法、跨接线法（短接法）、元件替代法等。主要通过对电路进行带电或断电时的有关参数如电压、电阻、电流等的测量，来判断元器件的好坏、设备的绝缘情况以及线路的通断情况，查找出故障。这里主要介绍电阻法和电压法。

（1）电阻法

电阻法就是在电路切断电源后，用仪表（主要是万用表欧姆挡）测量两点之间的电阻值，通过对电阻值的对比，进行电路故障检测的一种方法。在继电接触器控制系统中，主要是对电路中的线圈、接点进行测量，以判断其好坏。利用电阻法对线路中的断线、触头虚接触、导线虚焊等故障进行检查，可以找到故障点。

采用电阻法查找故障的优点是安全，缺点是测量电阻值不准确时易产生误判断，快速性和准确性低于电压法。因此，电阻法检修电路时应注意：检查故障时必须断开电源；如被测电路与其他电路并联时，应将该电路与其他并联电路断开，否则会产生误判断；测量高电阻值的元器件时，万用表的选择开关应旋至合适的电阻挡。

电阻法分为两种：电阻分阶测量法（图5.6）和电阻分段测量法。

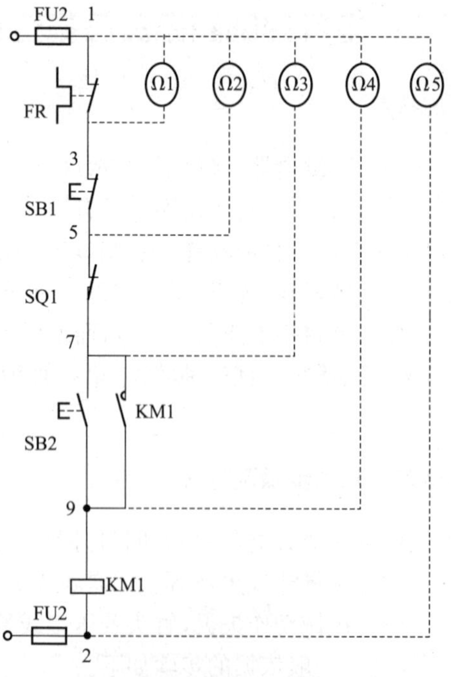


图5.6 电阻分阶测量法

①电阻分阶测量法

图5.7为电阻分阶测量法流程图。

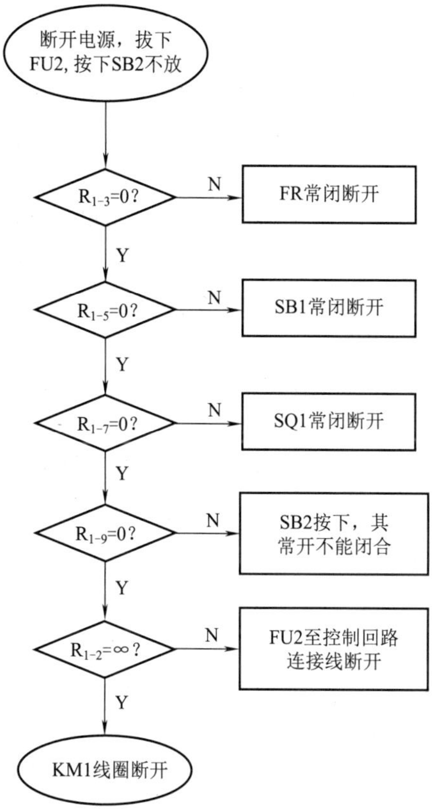


图5.7　电阻分阶测量流程图

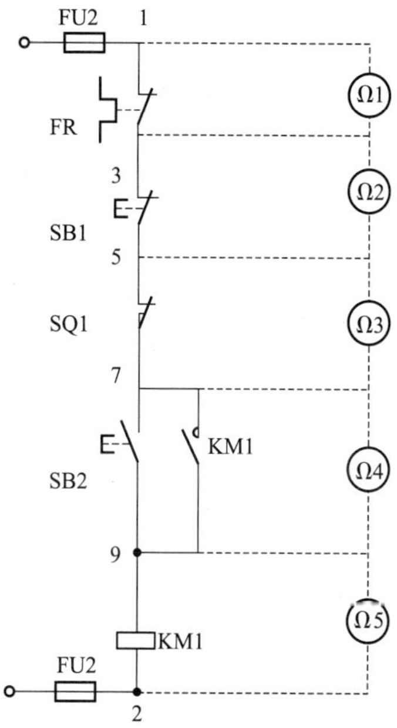


图5.8　电阻分段测量法

②电阻分段测量法

利用电阻分段测量法(图5.8)测量检查时先切断电源，再用合适的电阻挡逐段测量相邻点之间的电阻，查找故障流程如图5.9所示。

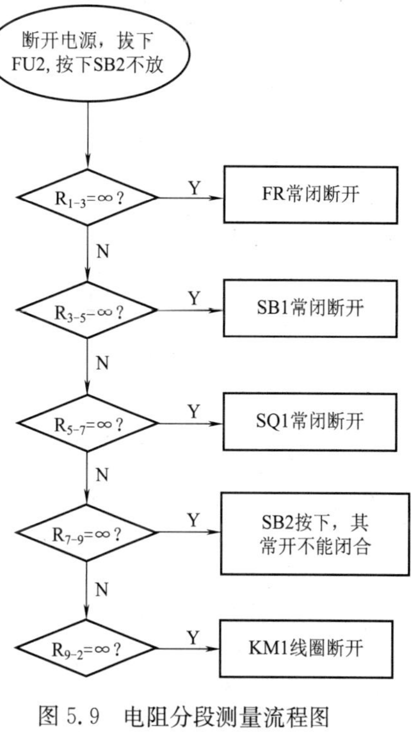


图5.9　电阻分段测量流程图

(2)电压法

电压法就是在通电状态下，用万用表电压挡测量电路中各节点之间的电压值，与电路正常工作时应具有的电压值进行比较，以此来判断故障点及故障元件的所在处。该方法不需拆卸元件及导线，同时电路处在实际使用条件下，提高了故障识别的准确性，是故障检测采用最多的方法。

①试电笔

低压试电笔是检验导线和电气设备是否带电的一种常用检测工具，但只适用于检测对地电位高于氖管起辉(60～80 V)的场所，只能作定性检测，不能作定量检测。当电路接有控制和照明变压器时，用试电笔无法判断电源是否缺相；氖管的起辉发光消耗的功率极低，由绝缘电阻和分布电容引起的电流也能起辉，容易造成误判断。因此,初学者最好只将其作为验电工具。

②示波器

示波器是用于峰值电压和微弱信号电压的测量。在电气设备故障检查中,主要用于电子线路部分检测。

③万用表电压测量法

使用万用表测量电压时,测量范围很大,交直流电压均能测量,是使用最多的一种测量工具。检测前应掌握有故障的线路及各点的编号,清楚线路的走向和元件位置;明确线路正常时应有的电压值;将万用表的转换开关拨至合适的电压倍率挡,并将测量值与正常值比较得出结论。如图 5.10 所示,按下 SB2 后 KM1 不吸合,检测 1－2 间无正常的 110 V 电源电压,但总电源正常时,可采用电压交叉测量法找出熔断器故障。若检测 1－2 间有正常的 110 V 电源电压时,则采用电压分阶测量法查找故障。

电源电压正常,按下 SB2,接触器 KM1 不吸合,可采用电压分阶测量,其流程图如图 5.11 所示。

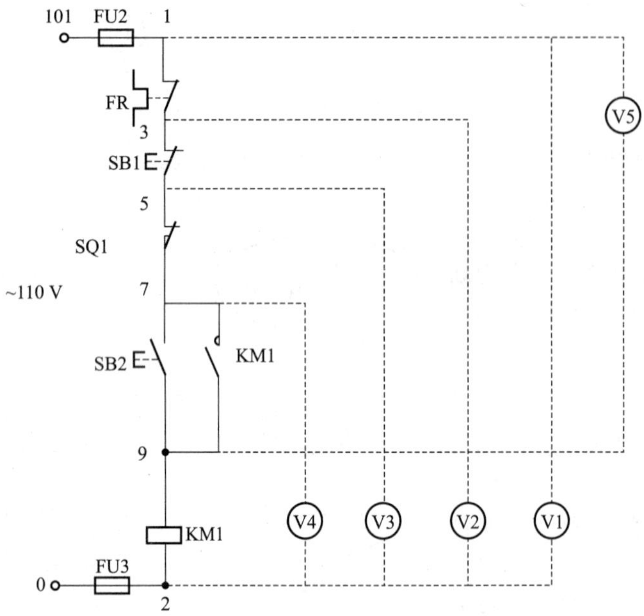


图 5.10　电压分阶测量法

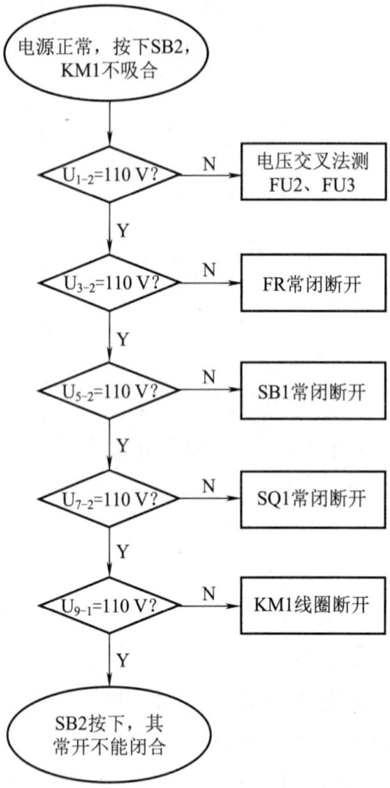


图 5.11　电压分阶测量流程图

当用万用表测 101－0 间有 110 V 正常电源电压,但 1－2 间无电压时,可用电压交叉测量法查找熔断器故障,其流程见表 5.6 所示。

**表 5.6　电压交叉测量法查找熔断器故障**

| 故障现象 | 测量点 | 电压值/V | 故障点 |
|---|---|---|---|
| 101－0 电压正常<br>1－2 间无电压 | 0－1 | 0 | FU2 熔丝断 |
| | 101－2 | 0 | FU3 熔丝断 |

### 5.2.3 处理电气故障实例

现以三相异步电动机正反转控制电路(图 5.12)为例,说明故障处理的方法。

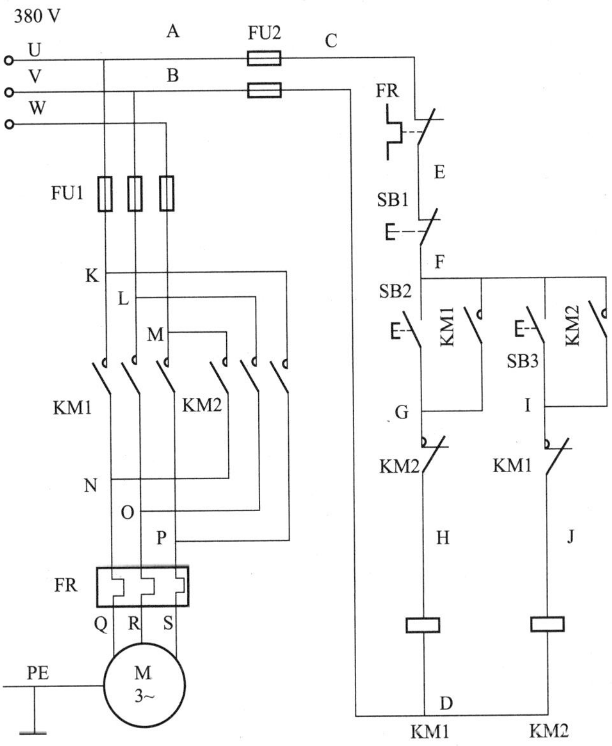


图 5.12 电动机正反转控制电路

1. 故障例 1(图 5.13)

现象:合上三相闸刀,按下启动按钮 SB2,接触器 KM1 不吸合,电动机不转。

原理分析(倒推):电动机不转→KM1 主触头未闭合→KM1 线圈未吸合→应集中检查 KM1 线圈得电与否。

测量方法如下。

电阻法:在电源断开的情况下,用万用表欧姆挡进行测量。

局部测量法:即对接点和线圈逐个逐段进行测量,从而判断故障部位。

整体测量法:以 *D* 点为参考,一支表笔固定在 *D* 点,另一支表笔测 *B* 点,以通否判断 FU2 的好坏;再依次测 *H*、*G*、*F*、*E*、*C*、*A* 各点(注意按下 SB2),对各段各点接通情况进行判断。

电压法:在通电情况下,用万用表电压挡测量,将一支表笔固定在 *D* 点,另一支表笔测各点对 *D* 点的电位。

一般情况电压法与电阻法要灵活应用,但要注意电压法是在通电情况下进行的测量,绝不可用电阻挡去测量,否则,万用表将被烧坏。

2. 故障例 2

(1)故障现象:合上电源,按下正转按钮,接触器 KM1 吸合,但电动机不转。

(2)原理分析:KM1 吸合→电动机不转→初步判定电动机没有得电。

(3)实际测量:如图 5.14 所示。

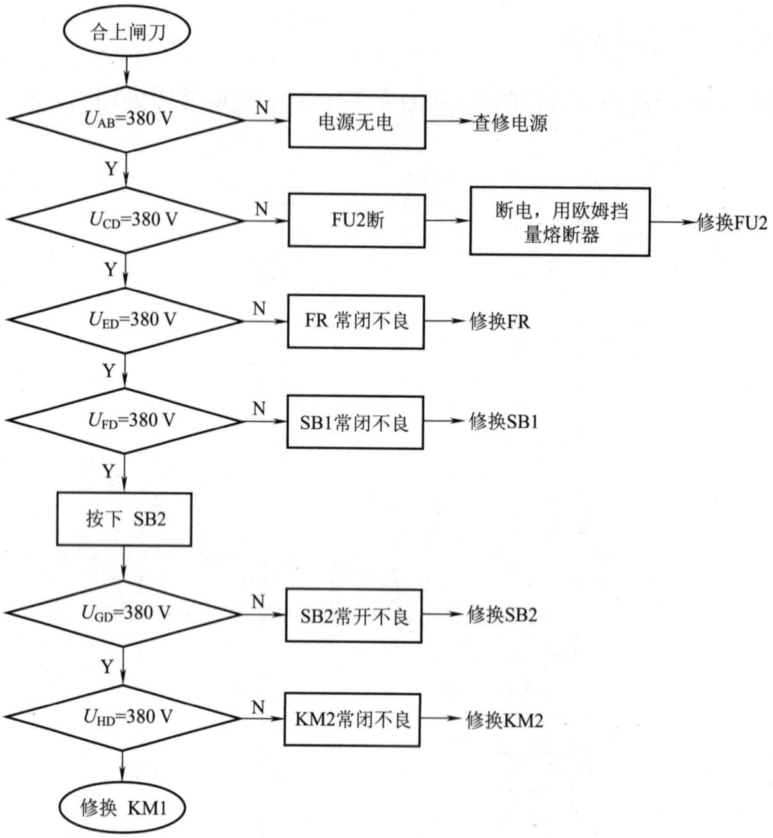


图 5.13　例 1 故障检修流程图

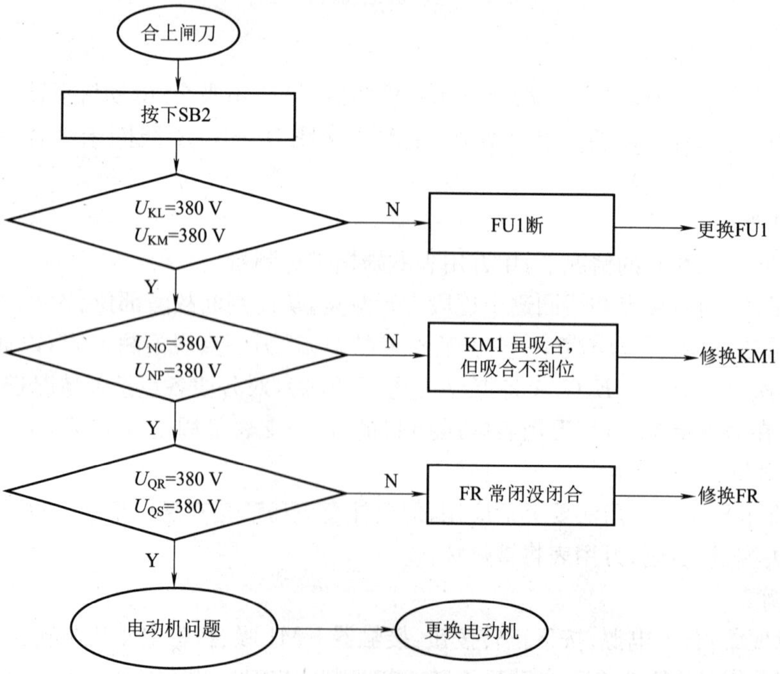


图 5.14　例 2 故障检修流程图

总的来说，查找电气故障，首先要原理通，安装接线熟练；其次要脑子清醒，采取措施得当，要在较强的理论指导下进行工作，只有这样，才能触类旁通，培养起真正的排查故障的能力。

# 任务5.3 常见机电设备电气故障分析与检修实例

## 5.3.1 机床电气故障的诊断方法和步骤

机床电气控制系统的故障错综复杂，并非千篇一律，就是同一故障现象，发生的部位也会不同，而且它的故障又往往和机械、液压系统交织在一起，难以区分。因此作为一名检修人员应善于学习，积极实践，认真总结经验，掌握正确的诊断方法和步骤，做到迅速而准确地排除故障。机床电气线路发生故障后的一般检查方法和步骤如下所述。

1.学习机床电气系统检修图

机床电气系统检修图包括机床电气原理图、电气箱(柜)内电器布置图、机床电气布线图及机床电器位置图。通过学习机床电气系统检修图，做到掌握机床电气系统原理的构成和特点，熟悉电路的动作要求和顺序、各个控制环节的电气过程，了解各种电气元件的技术性能。对于一些较复杂的机床，还应了解一些液压系统的基本知识，掌握机床的液压原理。

实践证明，学习并掌握一些机床机械和液压系统知识，不但有助于分析机床故障原因，而且有助于迅速、灵活、准确地判断、分析和排除故障。在检查机床电气故障时首先应对照机床电气系统检修图进行分析，再设想或拟订出检查步骤、方法和线路，做到有的放矢、有步骤地逐步深入进行。除此以外，检修人员还应掌握一些机床电气安全知识。

2.详细了解电气故障产生的经过

机床发生故障后，检修人员首先必须向机床操作者详细了解故障发生前机床的工作情况和故障现象(如响声、冒烟、火花等)，询问故障前有哪些征兆，这些对故障的处理极为有益。

3.分析故障情况，确定故障的可能范围

知道了故障产生的经过后，对照原理图进行故障情况分析，虽然机床线路看起来似乎很复杂，但是可把它拆成若干控制环节来分析，缩小故障范围，就能迅速地找出故障的确切部位。另外还应查询机床的检修保养、线路更改等记录，这对分析故障和确定故障部位有帮助。

4.进行故障部位的外观检查

故障的可能范围确定后，应对有关电气元件进行外观检查，检查方法如下：

(1)闻：在某些严重的过电流、过电压情况发生时，由于保护器件的失灵，造成电动机、电气元件长时间过载运行，使电动机绕组或电磁线圈发热严重，绝缘损坏，发出臭味、焦味。所以闻到焦味就能随之查到故障的部位。

(2)看：有些故障发生后，故障元件有明显的外观变化，如各种信号的故障显示，带指示装置的熔断器、空气断路器或热继电器脱扣，接线或焊点松动脱落，触点烧毛或熔焊，线圈烧毁等。看到故障元件的外观情况，就能着手排除故障。

(3)听：电气元件正常运行和故障运行时发出的声音有明显差异，听听它们工作时发出的声音有无异常，就能查找到故障元件，如电动机、变压器、接触器等元件。

(4)摸：电动机、变压器、电磁线圈、熔体熔断的熔断器等发生故障时，温度会明显升高，用手摸一摸发热情况，也可查找到故障所在，但应注意必须在切断电源后进行。

5. 试验机床的动作顺序和完成情况

当在外观检查中没有发现故障点，或对故障还需进一步了解时，可采用试验方法对电气控制的动作顺序和完成情况进行检查。应先对可能是故障部位的控制环节进行试验，以缩短检修时间。此时可只操作某一按钮或开关，观察线路中各继电器、接触器、行程开关的动作是否符合规定要求，是否能完成整个循环过程。如动作顺序不对或中断，则说明此电器与故障有关，再进一步检查，即可发现故障所在。但是在采用实验方法检查时，必须特别注意设备和人身安全，尽可能断开主回路电源，只在控制回路部分进行，不能随意触动带电部分，以免故障扩大和造成设备损坏。另外，要预先估计到部分电路工作后可能发生的不良影响或后果。

6. 用仪表测量查找故障元件

用仪表测量电气元件是否为通路，线路是否有开路情况，电压、电流是否正常、平衡，这也是检查故障的有效措施之一。常用的电工仪表有万用表、绝缘电阻表、钳形电流表、电桥等。

(1)测量电压对电动机、各种电磁线圈、有关控制电路的并联分支电路两端电压进行测量，如果发现电压与规定的要求不符，则是故障的可能部位。

(2)测量电阻或通路先将电源切断，用万用表的电阻挡测量线路是否为通路，查明触点的接触情况、元件的电阻值等。

(3)测量电动机三相电流及有关电路中的工作电流。

(4)测量绝缘电阻测量电动机绕组、电气元件、线路的对地绝缘电阻及相间绝缘电阻。

7. 总结经验、摸清故障规律

每次排除故障后，应将机床故障修复过程记录下来，总结经验，摸清并掌握机床电气线路故障规律。记录的主要内容包括：设备名称、型号、编号、设备使用部门及操作者姓名、故障发生日期、故障现象、故障原因、故障元件以及修复情况等。

### 5.3.2　C650-2 型普通车床电气控制系统的检修

图 5.15 为 C650-2 型普通车床的电气控制原理图。

1. 电气原理图的组成及主要元器件的作用

C650-2 型车床是一种中型车床，除有主轴电动机 M1 和冷却泵电动机 M2 外，还设置了刀架快速移动电动机 M3。由电气控制原理图(图 5.15)可知，接触器 KMl 和 KM2 实现主轴电动机的正反转控制；KM3 为反接制动接触器；R 为反接制动和低速运转控制电阻；接触器 KM4 和 KM5 分别控制 M2 和 M3 的正常运转；KS 为速度继电器，其相应的触点分别控制正反转运行的反接制动，实现主轴迅速停车。

2. 电气控制原理图分析

根据 C650-2 型车床的特点，从以下几个方面对其控制原理进行分析。

(1)主轴的正反转控制按下操作按钮 SB2 或 SB3，则接触器 KM1 或 KM2 线圈通电、主触点闭合，辅助触点 KM1 或 KM2 完成自锁。同时 KM3 线圈通电，其主触点将电阻 R 短接，电动机 M1 实现全压下的正转或反转起动。起动结束后进入正常运行状态。

(2)主轴的点动控制。SB4 为点动控制按钮。按下 SB4 则 KM1 线圈通电，主触点 KM1 闭合。此时 M1 主电路串入电阻 R 实现减压起动与运行，获得低速运转，实现对刀操作。

(3)主轴电动机反接制动停车控制。主轴停车时，按下停车控制按钮 SB1，KM1 或 KM2 以及 KM3 线圈断电，其相关触点复位，而电动机 M1 由于惯性继续运行，速度继电器的触点 KS2 或 KS1 仍闭合。按钮 SB1 复位时则 KM2 或 KM1 线圈通电，相应的主触点闭合，M1 主电路串入电阻R进行反接制动。当转速低于KS的设定值时，KS2或KS1复位，KM2或KM1线圈断电，其相应的主触点复位，电动机M1断电，制动过程结束。

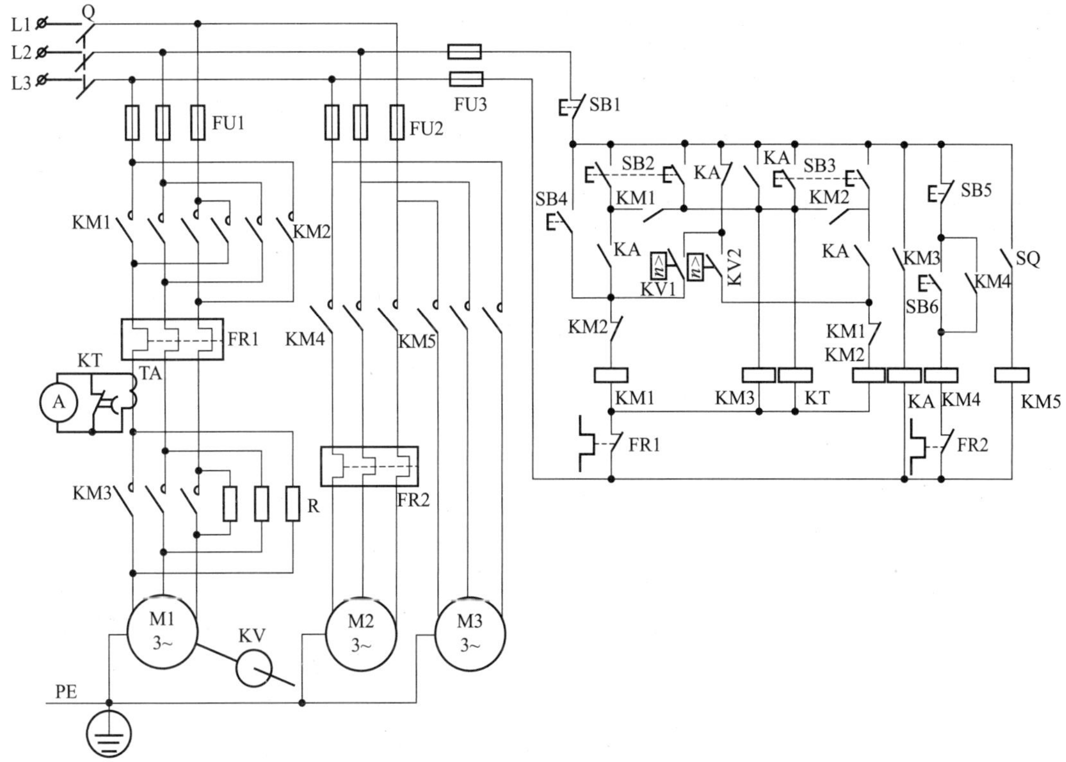


图5.15　C650-2型普通车床电气控制原理图

(4)刀架快速移动控制刀架快速移动由刀架快速移动电动机M3拖动实现。当刀架快速移动手柄压合行程开关SQ时，接触器KM5线圈通电，主触点KM5闭合，电动机M3直接起动。当刀架快速移动手柄移开，不再压合SQ时，KM5线圈断电，主触点复位，电动机M3停止运转，刀架快速移动结束。

(5)冷却泵电动机控制冷却泵电动机M2通过电动机单方向运转电路实现起停控制，此电路由起动按钮SB6、停止按钮SB5及接触器KM4组成。

(6)主轴电动机负载检测及保护环节。C650-2型车床采用电流表A经电流互感器TA来检测主轴电动机M1定子的电流，监视其负载情况。为防止电动机起动时电流的冲击，采取时间继电器KT常闭通电、延时断开触点并接在电流表两端。当电动机M1起动时，电流表由KT触点短接，起动完成后KT触点断开，再将电流表接入。因此KT延时应稍长于电动机M1的起动时间，一般为0.5～1 s左右。而当电动机M1停车反接制动时，按下SB1，此时KM3、KA、KT相继断电，KT触点瞬时闭合，将电流表A短接，使之不会受到反接制动电流的冲击。

3.常见故障分析

(1)主轴电动机M1不能起动。主轴电动机不能起动有几种情况：按SB2或SB3时就不能起动；运行中突然自停，随后不能再起动；按SB2或SB3，熔丝就熔断；按下SB2或SB3后，M1不转，发出嗡嗡声；按SB1后再按SB2或SB3不能再起动等。出现这类故障，首先应重点检查 FU1 及 FU3 是否熔断；其次，应检查热继电器 FR1 是否已动作，这类故障的排除非常简单，但必须找出 FR1 动作的根本原因。FR1 动作有时是其规格选配不当，需重选一只适当容量的热继电器，有时是由于机械部分过载或卡死，或由于电动机 M1 频繁起动而造成过载使热继电器脱扣；最后，检查接触器 KM1、KM2、KM3 的线圈是否松动，主触点接触是否良好。

经上述检查均未发现问题时，则将主电路熔断器 FUI 拔出，切断主电路。然后合上电源开关，使控制回路带电，进行接触器动作试验。按下 SB2 或 SB3，若接触器不动作，则故障必在控制回路中。如 SB1、SB2 或 SB3 的触点接触不良，接触器 KM1、KM2、KM3 及中间继电器 KA 线圈引出线有断线，它们的辅助触点接触不良等，都会导致接触器不能通电动作，应及时查明原因加以消除。

(2)主轴电动机断相运行。按下起动按钮后，M1 不能起动或转动很慢，且发出嗡嗡声，或者在运行中突然发出嗡嗡声，这种状态叫断相运行。此时，应立即切断电动机电源，以免烧坏电动机。出现此现象的原因主要是电动机的三相电源线有一相断开，如开关 QS 有一相触点接触不良；熔断器一相熔断；接触器主触点有一对未吸合；电动机定子绕组的某一相接触不良等。只要查出原因，排除故障，主轴电动机就可正常起动。

(3)主轴电动机起动但不能自锁。其故障原因是 KA、KM1 或 KM2 的自锁触点连接导线松脱或接触不良。用万用表检查，找出原因，就可排除故障。

(4)主轴电动机不能停或停车太慢。如按下 SB1，主轴不能停转，则可能是接触器 KM1 或 KM2 主触点出现熔焊。如停车太慢，则可能是速度继电器 KS 的常开触点接触不良。

(5)主轴不能点动控制。主要检查点动按钮 SB4，检查其动合触点是否损坏或接线是否脱落。

(6)刀架不能快速移动。故障的原因可能是行程开关损坏或接触器主触点被杂物卡住、接线脱落，或是快速移动电动机损坏。出现这些故障应及时检查，逐项排除，直至正常工作。

(7)主轴电动机不能进行反接制动控制。故障的原因可能是速度继电器损坏或接线脱落、接线错误，或是电阻 R 损坏、接线脱落。

(8)不能检测主轴电动机负载首先检查电流表是否损坏，如损坏应先检查电流表损坏的原因；其次可能是时间继电器设定的时间较短或损坏，接线脱落，或者是电流互感器损坏，应逐项检查排除。

### 5.3.3　X62W 型万能铣床电气控制系统的检修

1. 电气控制线路分析

X62W 型万能铣床的电气控制线路如图 5.16 所示。

(1)主电路分析

主电路中共有三台电动机。其中，M1 是主轴电动机；M2 是工作台进给电动机；M3 是冷却泵电动机。

对 M1 的要求是通过转换开关 SA4 与接触器 KM1、KM2 来进行正、反转和反接制动及瞬时冲动控制；并通过机械机构进行变速。对 M2 的要求是能进行正、反转控制及快慢速和限位控制，并通过机械机构使工作台能进行上下、左右、前后方向的改变。对 M3 只要求能进行正转控制。

(2)控制电路分析

①主轴电动机 M1 的控制。控制线路中的 SB3 和 SB4 是两地控制的起动按钮；SB1 和

SB2 是两地控制的停止按钮，它们分别装在机床两处，方便操作。KM1 是主轴电动机 M1 的起动接触器；KM2 是主轴电动机 M1 的反接制动接触器。SQ7 是主轴变速冲动行程开关。主轴电动机是通过弹性联轴器和变速机构的齿轮传动链来传动的，可使主轴获得 18 级不同的转速。

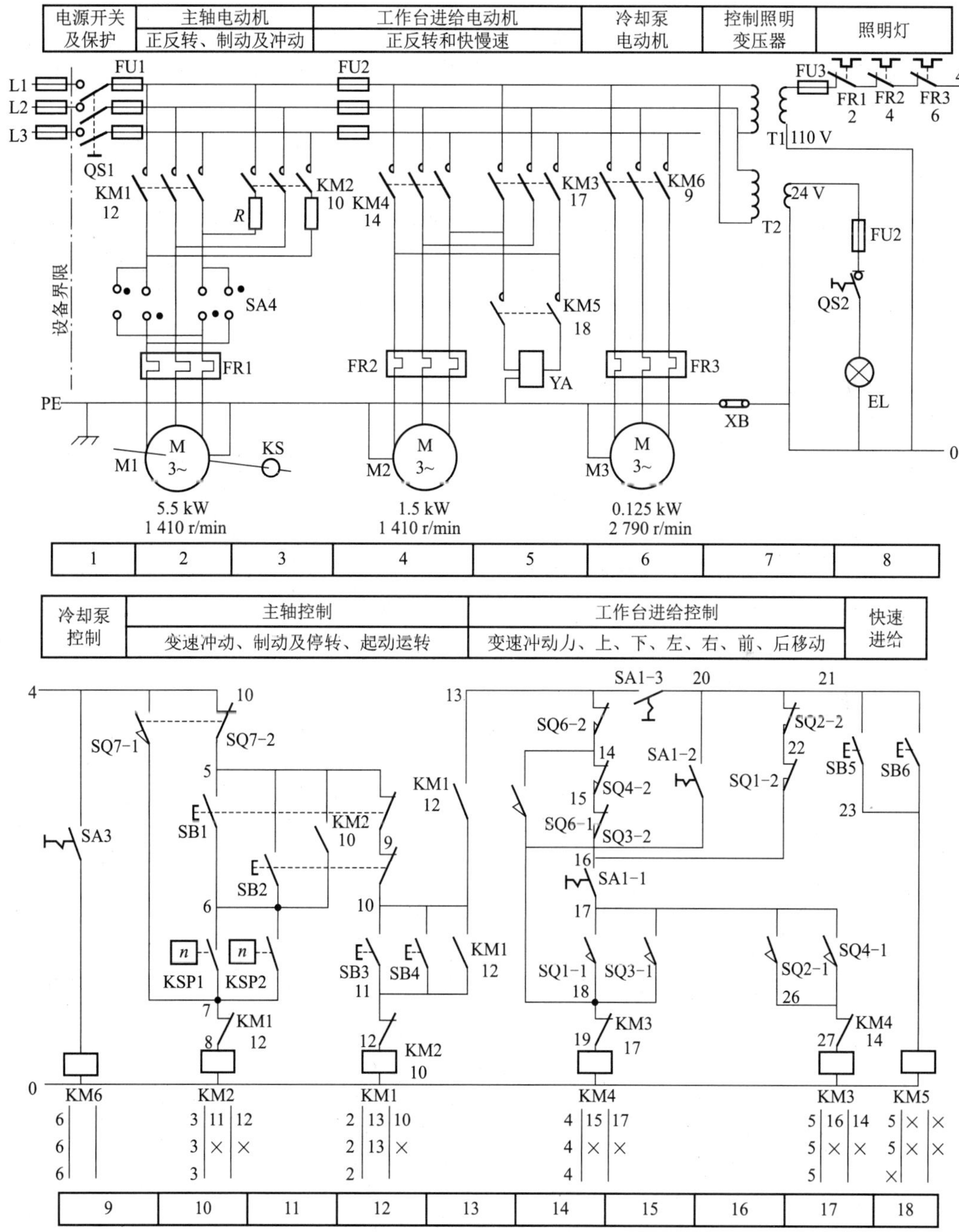


图 5.16　X62W 型万能铣床的电气控制线路

a. 主轴电动机 M1 的起动。起动前先合上电源开关 QS1，再把主轴换向转换开关 SA4 扳到主轴所需要的旋转方向，然后按一下起动按钮 SB3（或 SB4），接触器 KM1 的线圈获电吸合，

KM1 主触点闭合，主轴电动机 M1 起动。

当电动机 M1 的转速高于 100 r/min 时，速度继电器 KS 的常开触点 KS1(或 KS2)闭合，为主轴电动机 M1 的停车制动作好准备。

b. 主轴电动机 M1 的停车制动。当需要主轴电动机 M1 停转时，按停止按钮 SB1(或 SB2)，接触器 KM1 线圈断电释放，同时接触器 KM2 线圈获电吸合，KM2 主触点闭合，使主轴电动机 M1 的电源相序改变，进行反接制动。

当主轴电动机转速低于 100 r/min 时，速度继电器 KS 的触点断开，使电动机 M1 的反向电源切断，制动过程结束，电动机 M1 停转。

c. 主轴变速时的冲动控制。主轴变速时的冲动控制，是利用变速手柄与冲动行程开关 SQ7 通过机械上的联动机构进行控制的。

变速时，先把变速手柄向下压，然后拉到前面，转动变速盘，选择所需的转速，再把变速手柄以连续较快的速度推回原来的位置；当变速手柄推向原来位置时，其联动机构瞬时压合行程开关 SQ7，使 SQ7-2 断开，SQ7-1 闭合，接触器 KM2 线圈瞬时获电吸合，使主轴电动机 M1 瞬时反向转动一下，以利于变速后的齿轮啮合，行程开关 SQ7 即刻复原，接触器 KM2 又断电释放，主轴电动机 M1 断电停转，主轴的变速冲动操作结束。

主轴电动机 M1 在转动时，可以不按停止按钮直接进行变速操作，因为将变速手柄从原位拉向前面时，压合行程开关 SQ7，使 SQ7-2 断开，切断接触器 KM1 线圈电路，电动机 M1 便断电；然后 SQ7-1 闭合，使接触器 KM2 线圈获电吸合，电动机 M1 进行反接制动；当变速手柄拉到前面后，行程开关 SQ7 复原，主轴电动机 M1 断电停转，主轴变速冲动结束。

②工作台进给电动机 M2 的控制。转换开关 SA1 是控制圆工作台运动的，在不需要圆工作台运动时，转换开关 SA1 的触点 SA1-1 闭合，SA1-2 断开，SA1-3 闭合。

工作台作进给运动时，转换开关 SA2-1 断开，SA2-2 闭合。

工作台的运动方向有上、下、左、右、前、后 6 个方向。

a. 工作台的上、下和前、后运动的控制。工作台的上、下(升降)运动和前、后(横向)运动完全是由"工作台升降与横向操纵手柄"来控制的。此操纵手柄有二个，分别装在工作台的左侧前方和后方，操纵手柄的联动机构与行程开关 SQ3 和 SQ4 相连接，行程开关装在工作台的左侧，前面一个是 SQ4，控制工作台的向上及向后运动；后面一个是 SQ3，控制工作台的向下及向前运动，此手柄有 5 个位置，见表 5.7。

此 5 个位置是联锁的，各方向的进给不能同时接通。当升降台运动到上限或下限位置时，床身导轨旁的挡铁和工作台底座上的挡铁撞动十字手柄，使其回到中间位置，行程开关动作，升降台便停止运动，从而实现垂直运动的终端保护。工作台横向运动的终端保护也是利用装在工作台上的挡铁撞动十字手柄来实现的。表 5.7 为工作台升降与横向操纵手柄位置。

**表 5.7 工作台升降与横向操纵手柄位置**

| 手柄位置 | 工作台运动方向 | 离合器接通的丝杠 | 行程开关动作 | 接触器动作 | 电动机运转 |
|---|---|---|---|---|---|
| 向上 | 向上进给或快速向上 | 垂直丝杠 | SQ4 | KM3 | M2 正转 |
| 向下 | 向下进给或快速向下 | 垂直丝杠 | SQ3 | KM4 | M2 反转 |
| 向前 | 向前进给或快速向前 | 横向丝杠 | SQ3 | KM4 | M2 反转 |
| 向后 | 向后进给或快速向后 | 横向丝杠 | SQ4 | KM3 | M2 正转 |
| 中间 | 升降或横向进给停止 | — | — | — | — |

当主轴电动机 M1 的控制接触器 KM1 动作后，其辅助常开触点把工作台进给运动控制电路的电源接通，所以只有在 KM1 闭合后，工作台才能运动。

工作台向上运动的控制：

在 KM1 闭合后，需要工作台向上进给运动时，将手柄扳至向上位置，其联动机构一方面接通垂直传动丝杠的离合器，为垂直运动丝杠的传动作好准备；另一方面它使行程开关 SQ4 动作，其常闭触点 SQ4-2 断开，常开触点 SQ4-1 闭合，接触器 KM3 线圈获电吸合，KM3 主触点闭合，电动机 M2 正转，工作台向上运动。

工作台向后运动的控制：

当操纵手柄向后扳动时，由联锁机构拨动垂直传动丝杠离合器，使它脱开而停止转动，同时将横向传动丝杠的离合器接通进行传动，使工作台向后运动。工作台向后运动也由 SQ4 和 KM3 控制，其电气工作原理同向上运动。

工作台向下运动的控制：

当操纵手柄向下扳时，其联动机构一方面使垂直传动丝杠的离合器接通，为垂直丝杠的传动作准备；另一方面压合行程开关 SQ3，使其常闭触点 SQ3-2 断开，常开触点 SQ3-1 闭合，接触器 KM4 线圈获电吸合，KM4 的常开触点闭合，电动机 M2 反转，工作台向下运动。

工作台向前运动的控制：

工作台向前运动也由行程开关 SQ3 及接触器 KM4 控制，其电气控制原理与工作台向下运动相同，只是将手柄向前扳时，通过机械联锁机构，将垂直丝杠的离合器脱开，而将横向传动丝杠的离合器接通，使工作台向前运动。

b. 工作台左右(纵向)运动的控制。工作台左右运动同样是用工作台进给电动机 M2 来传动的，由工作台纵向操纵手柄来控制。此手柄也是复式的，一个安装在工作台底座的顶面中央部位；另一个安装在工作台底座的左下方。手柄有三个位置：向右、向左、中间位置。当手柄扳到向右或向左运动方向时，手柄的联动机构压下行程开关 SQ1 或 SQ2，使接触器 KM3 或 KM4 动作来控制电动机 M2 的正、反转。当将手柄扳到中间位置时，纵向传动丝杠的离合器脱开，行程开关 SQ1-1 或 SQ2-1 断开，电动机 M2 断电，工作台停止运动。

工作台左右运动的行程可通过调整安装在工作台两端的挡铁位置来控制，当工作台纵向运动到极限位置时，挡铁撞动纵向操纵手柄，使它回到中间位置，工作台停止运动，从而实现纵向运动的终端保护。

c. 工作台进给变速时的冲动控制。在改变工作台进给速度时，为了使齿轮易于啮合，也需要进给电动机 M2 瞬时冲动一下。变速时先将蘑菇形手柄向外拉出并转动手柄，转盘也跟着转动，把所需进给速度的标尺数字对准箭头，然后再把蘑菇形手柄用力向外拉到极限位置并随即推回原位；就在把蘑菇形手柄用力向外拉到极限位置瞬间，其连杆机构瞬时压合行程开关 SQ6，使 SQ6-2 断开、SQ6-1 闭合，接触器 KM4 线圈获电吸合，进给电动机 M2 反转，因为这是瞬时接通，故进给电动机 M2 也只是瞬时接通而瞬时冲动一下，从而保证变速齿轮易于啮合。当手柄推回原位时，行程开关 SQ6 复位，接触器 KM4 线圈断电释放，进给电动机 M2 瞬时冲动结束。

d. 工作台的快速移动控制。工作台的快速移动也是由进给电动机 M2 来拖动的，在纵向、横向和垂直 6 个方向上都可以实现快速移动控制。动作过程如下：

先将主轴电动机 M1 起动，将进给操纵手柄扳到需要的位置，工作台按照选定的速度和方向作进给移动，再按下快速移动按钮 SB5(或 SB6)，使接触器 KM5 线圈获电吸合。KM5 主触点闭合，使牵引电磁铁 YA 线圈获电吸合，通过杠杆使摩擦离合器合上，减少中间传动装置，使工作台按原运动方向作快速移动；当松开快速移动按钮 SB5（或 SB6）时，电磁铁 YA 断电，摩擦离合器分离，快速移动停止，工作台仍按原进给速度继续运动。工作台快速移动是点动控制。

若要求快速移动在主轴电动机不转情况下进行，则可先起动主轴电动机 M1，但应将主轴电动机 M1 的转换开关 SA4 扳在“停止”位置，再按下 SB5（或 SB6），工作台就可在主轴电动机不转的情况下获得快速移动。

③冷却泵电动机 M3 的控制。在主轴电动机 M1 起动后，将转换开关 SA3 闭合，接触器 KM6 线圈获电吸合，冷却泵电动机 M3 起动，通过机械机构将冷却液输送到机床切削部分。

④照明电路机床照明电路由变压器他供给 24 V 安全电压，并由开关 QS2 控制。

2. 常见故障分析及修理

（1）按停止按钮后主轴不停：原因之一是由于主轴电动机起动和制动频繁，往往造成接触器 KM1 的主触点发生熔焊，以致无法分断主轴电动机电源造成的；另一个原因是制动接触器 KM2 的主触点中有一相接触不良，当按下停止按钮 SB1（或 SB2）时，起动接触器 KM1 释放，制动接触器 KM2 吸合，但由于制动接触器 KM2 的三个主触点只有两相接通，因此电动机不会产生反向转矩，仍按原方向旋转，速度继电器 KS 仍然接通，在这种情况下，只有切断进线电源才能使电动机停转。检查这种故障时，可按下 SB1（或 SB2），若 KM1 能释放、KM2 能吸合，就说明控制线路是正常的，但无反接制动，即可断定接触器 KM2 的主触点中有一相接触不良。

（2）主轴停车时没制动作用：主要原因是速度继电器 KS 发生故障，速度继电器的常开触点 KS1 或 KS2 不能按旋转方向正常闭合，就会产生停车时没制动作用；速度继电器 KS 中推动触点的胶木摆杆有时会断裂，这时速度继电器的转子虽随电动机转动，但不能推动触点使 KS1 或 KS2 闭合，也不会有制动作用。

此外，速度继电器转子的旋转是通过联轴器与电动机轴同时旋转的，当弹性连接件损坏，螺钉松动或打滑，都会使有速度继电器的转子不能正常旋转，KS1 或 KS2 也不能正常闭合，在停车时主轴电动机就没有制动作用。

速度继电器动触点调节得过紧时，制动过程中的反接制动电路会过早被切断，强制停车的作用随之会早结束，这样自由停车的时间必然延长，表现为虽有制动但制动的效果不显著。

速度继电器的永久磁铁转子磁性消失，也会造成制动作用不明显。

（3）主轴停车制动后产生短时反向旋转：这是由于速度继电器 KS 的动触点弹簧调整得过松，使触点分断过迟，以致在反接制动的惯性作用下，电动机 M1 停止后仍会反向短时旋转。这只要将触点弹簧调节适当就可以消除。

（4）主轴变速时无冲动过程：多数原因是行程开关 SQ7 的常开触点 SQ7. 1 闭合接触不好，这只要将行程开关的常开触点 SQ7-1 修复好即可；其次是下压主轴变速手柄时，机械顶销未碰上主轴冲动行程开关 SQ7 所致。

（5）工作台各个方向都不能进给：用万用表先检查控制回路电压是否正常，若控制回路电压正常，可扳动操纵手柄至任一运动方向，观察其相关接触器是否吸合，若吸合则断定控制回路正常；这时着重检查电动机主回路，常见故障有接触器主触点接触不良、电动机 M2 接线脱落或绕组断路等。

（6）工作台不能向上运动：若发现接触器 KM3 未吸合，则故障原因必定在控制回路，可依次检查 SA1-3、SA2-2、SQ2-2、SQ1-2、SA1-1、SQ4-1、KM4 常闭触点及 KM3 线圈；若向下、向左和向右进给均正常，就是向上不能运动，故障原因必定是 SQ4-1 未闭合。

(7)工作台前后进给正常、但左右不能进给：由于工作台向前、向后进给正常，则证明进给电动机 M2 主回路和接触器 KM3 或 KM4 及行程开关 SQ1-2 或 SQ2-2 的工作都正常，而 SQ1-1 和 SQ2-1 同时发生故障的可能性也较小，这样，故障范围就缩小到三个行程开关的三个触点 SQ3-2、SQ4-2、SQ6-2 上，这三个触点只要有一个接触不良或损坏，就会使工作台向左或向右不能进给。可用万用表分别测量这三个触点之间的电压来判断哪个触点损坏。在这三个触点中，SQ6 是变速冲动行程开关，变速时常因手柄扳动用力过猛而损坏。

## 思考题与习题

1. 电气设备的检修的一般要求有哪些？
2. 控制设备的日常维护和保养的主要内容有哪些？
3. 简述诊断机床电气故障的方法和步骤。
4. 熔断器有哪些常见故障？如何处理？
5. 接触器有哪些常见故障？如何检修？
6. 继电器有哪些常见故障？如何检修？
7. C650-2 型普通车床的电气系统有哪些常见故障？如何解决？
8. X62W 型万能铣床的电气系统有哪些常见故障？如何解决？
9. 简述电气控制电路检查的基本步骤及方法。

# 项目 6　铁路大型养路机械检修管理

## 学习目标

知识目标：

1. 掌握大型养路机械检修管理规则；
2. 熟悉大型养路机械的主要类型；
3. 掌握大型养路机械检修装备。

能力目标：

1. 能够严格按照大型养路机械检修管理规则进行检修；
2. 能够准确识别大型养路机械的主要类型；
3. 能根据检修需要正确使用大型养路机械检修装备。

## 任务 6.1　大型养路机械检修管理规则

### 6.1.1　管理机构及职责

大型养路机械实行中国国家铁路集团有限公司(简称“国铁集团”)、铁路局、段三级管理，各级都要有主要领导分管大型养路机械工作，设置相应的管理部门，配备专门的管理人员。大型养路机械管理部门负责制定大型养路机械发展规划，对大型养路机械的选型、购置、国产化、调试、验收、使用、保养、检修、更新改造、报废等环节实行技术管理。

国铁集团运输局工务部为全路大型养路机械的主管部门，其主要工作职责是：制定大型养路机械发展规划和管理制度，监督、检查和组织协调大型养路机械管理等工作。铁路局工务处是铁路局大型养路机械的主管部门，其管理职责是：制定大型养路机械管理细则和办法，监督、检查、指导局内大型养路机械管理等工作。

工务机械段、大型养路机械运用检修段是大型养路机械运用、检修管理的实施单位，其主要工作职责是：

(1)制定大型养路机械操作和保养规程，组织大型养路机械运用工作。

(2)合理配置机组，挖掘机械潜力，按时完成作业计划和各项经济技术指标，做好运用统计、分析工作，按时填报有关报表。

(3)编制、落实检修计划和检修工艺，提高检修能力；合理使用设备维修费用；开展修旧利废、成本分析和单机核算工作，提高设备完好率。

(4)负责大型养路机械检修后的质量检验工作。

(5)负责大型养路机械配件及各类油脂、油料的管理工作。

(6)掌握大型养路机械事故和故障情况，呈报有关报告；参加大型养路机械故障调查、分析、处理工作。

(7)按时参加大型养路机械技术状态检查和设备鉴定工作。

(8)负责大型养路机械管理、运用和维修人员的日常技术业务培训及技术交流工作。

### 6.1.2　检修保养规则

(1)大型养路机械采用以检查保养为基础,计划性修理和状态监测修理相结合的检修保养制度,并针对不同部件的运用特点,采用不同的检修保养方式。

(2)大型养路机械的修程分为:日常检查保养、定期检查保养、年修、全面检修(总成大修)和整车厂修。

(3)达到整车大修年限或大修作业里程的大型养路机械应及时安排整车厂修,由取得维修合格证的承修单位实施,送修大型养路机械应完整,并随车提供设备履历簿。

(4)日常检查保养、定期检查保养、年修、状态监测由机械段组织实施,全面检修由机械段或由取得认证资质的单位实施。在年修、全面检修过程中,承修部门应详细填写"大型养路机械年修记录",并妥善保管。

(5)经年修、全面检修和整车厂修的大型养路机械,应经验收或监造合格。年修、全面检修的大型养路机械由驻段验收室负责验收;厂修的大型养路机械由工务机械车监造部门负责监造。

(6)大型养路机械年修应采用轮修方式,配置一定数量的大型养路机械用于备用检修,做到均衡检修。机械段应设置检修车间,按机组定员的15%配备专业检修人员,并合理配置检修检测设备。

(7)大型养路机械各修程的检修周期、检修项目及技术要求应执行大型养路机械检修规则及其他相关规定。

(8)重要部件经检修后,应按要求在专用试验台上进行试验并合格。复杂总成应逐步实行专业化检修,确保检修质量。

(9)对于驻地转移、临时停放、长期封存的大型养路机械应定期进行针对性检查保养。在转移驻地前、后,大型养路机械均应进行一次有针对性的检查保养。对停放时间超过一个月或长期封存的大型养路机械,每月应进行一次有针对性的检查保养。

(10)大型养路机械每日作业后应进行日常检查保养,保养时间应不少于 2 h。单次计划作业时间较长时,应按 3 h 左右的时间间隔,对设备进行一次不少于 20 min 的润滑保养。

(11)机械段应充分利用状态监测和检测设备开展状态修工作,不断积累经验,完善判定标准、技术条件及分析软件。

(12)机械段应及时处理、分析大型养路机械故障,并对检查保养、检修质量和故障处理情况按"大型养路机械检查保养及故障处理记录"的内容详细记录,做好对保养和检修质量的检查工作。

### 6.1.3　检修安全规则

(1)大型养路机械在作业前后的保养工作应在驻地停留线上进行。保养时应采取防溜措施,按规定防护。

(2)保养工作应分工进行,注意相互配合与协调,穿好防护服、戴好安全帽。当进入车体内擦拭机器或调整更换零部件时,应严格执行操作规程,注意防止磕碰头部和手脚。

(3)需要登踏车体上部时,电气化区段应申请办理接触网停电手续,手要紧握扶手,挂好安全带，不得穿带钉鞋或塑料底鞋登高。

(4)登高人员与车下人员同时作业时，尽量避免垂直上下作业，遇特殊情况时，上部人员应防止物件下落击伤他人，下部人员也应避开有危险的位置。

(5)加注燃油时，应注意防火，严禁在油箱附近及加油作业中吸烟。

(6)严禁在车上或附近使用明火，必须就地使用电焊或气焊时，应尽量远离油箱，并应准备足够的灭火器具，清除附近的易燃物品。

(7)在作业现场处理临时故障时，应采取防溜措施，视情况停止发动机运转、关闭电源，并在邻线一侧设专人防护。在检修人员清除故障部位及轨面油脂并全部撤离至安全区后，方准重新启动发动机。

(8)在现场拆卸较大零部件时，应根据拆装的条件事先制定安全措施，防止砸伤手脚，损坏机件及影响行车安全。

(9)使用过的油脂及棉线应妥善保管，严禁乱扔乱放，以防发生火灾。

(10)返回基地检修时，在布置检修工作的同时，应提出安全注意事项。当拆卸较大或较复杂的零部件时，技术人员应在场指导，严禁蛮干。

(11)需要在库内动车时，应检查并确认各工作装置的位置正确、车上车下无障碍物，就位后应放置止轮器防溜。

(12)使用起重机械吊装物件时，应由专人指挥，吊车司机与司索工应经过培训并考试合格，捆、挂应牢固平稳，起落应缓慢，严禁吊钩下站人。

(13)使用叉车的人员必须经过培训并有操作证方能上岗驾驶。作业时应有专人指挥，装卸物件应起落平稳，严禁在车间内高速行驶。

(14)使用架车机或千斤顶架车时，应有专人指挥，步调一致，同起同落，防止受力不均造成偏斜。支撑物应牢固可靠，支撑物的承载能力必须大于被支撑物的重量，其所在地面应坚硬无下沉。用枕木垛时，应搭成井字形，并用扒钉固定。

(15)各种试验设备应由专人负责保养与使用，使用规则与技术要求应明文写出并挂在设备附近的墙上，以利提醒和监督。

(16)清洗配件一般使用清洗剂，清洗油槽应有铁盖。清洗过的废油及各种油脂、线头应妥善处理，不准随意泼洒或丢弃。使用刺激性或有毒化学溶剂时应在室外或通风环境良好时进行，并做好防护。

(17)检修库内应按规定配齐消防器材，并严禁运用明火。需使用电焊或气焊时，应采取相应的安全措施，由相应人员在场监督。

(18)在检修、保养带有回转输送带的大型养路机械后，必须将回转输送带可靠落位、锁定后，方准进行调车作业或连挂运行。

(19)每天工作结束后必须清扫保养检修现场，清理油脂及易燃物，按要求清点各种工、机具。

### 6.1.4 油料管理

(1)机械段应设专职化验员，按要求对大型养路机械使用的液压油、润滑油类等各种石油类及电解液、冷却液等进行质量检验。

(2)化验人员应由具有中专以上文化程度和必要的物理、化学及机械基础理论知识、工作认真的人员担任。

(3)化验人员的职责：

①对新购进的液压油、润滑油类等进行质量检验。

②对储存的油料定期进行检验。

③按要求对使用中的润滑油类定期进行油质检验,为换油提供科学依据。

④定期使用光谱仪、铁谱仪、污染度测试仪等对使用中的润滑油类等进行监测,对机械的磨损及运行情况进行诊断,掌握机械的技术状态,提出修理建议。

⑤按要求对机械所使用的电解液、冷却液等进行质量检验。

⑥掌握机械各运动部件和传动系统的磨耗、润滑情况及柴油机积炭等运用状态,针对液压油、润滑油类的质量问题提出改进措施。

⑦对机组人员及维修人员进行科学加注润滑油类方法的指导。

⑧检查指导机组人员定期取采油样作业。

⑨总结推广先进经验,积极采用新技术和新油料。

(4)对新购进的液压油、润滑油类,应由材料部门采集油样,及时交化验人员进行检验,检验合格后方准入库和发放使用。检验方法和质量指标执行石油产品化验的有关规定和标准。

(5)库存液压油及其他油脂每半年进行一次质量检验,其检验项目、质量指标和检验方法同于新油。

(6)对新购进的润滑油类,在使用之前应进行清洁度检验,其清洁度等级应符合相应机械的使用要求,并应使用专用的加油设备,防止加油过程污染。

(7)对使用中的液压油等应定期监测其颗粒度、黏度、水分、闪点和 pH 值超过规定者应及时予以过滤或更换。

(8)对使用中的柴油机润滑油的黏度、闪点、水分、机械杂质、pH 值、酸值应定期进行化验。增压柴油机除上述项目外,加做碱值(不做酸值)。

(9)柴油机润滑油、液压油等经化验部门检验不合格时,方可进行更换。

(10)油料必须设专库存放,库房应通风、干燥,符合防火安全的要求。

(11)加注柴油时,必须经装有 200 目滤芯的过滤器过滤。

(12)油料入库后,应妥善保管,防止混杂和污染。储存油料的器皿应清洁并加盖,不得露天存放。

(13)油库内必须配备标定合格的计量器具,油库管理人员应加强油料的计量管理,发放油料时应做好记录,并定期对发放情况进行统计分析,提出相应的改进措施。

(14)机械段必须采购和使用符合规定牌号、质量合格的油料,变更牌号时必须有充分的依据,并经段总工程师批准。

(15)对回收的废油,机械段必须分类用专用油桶存放,且油桶上必须有明显标志。

(16)机械段应加强油料的消耗管理,做好日常油料消耗记录,根据机械运转台时计算月、年的油料消耗定额,并在实践中不断完善,使之接近实际消耗。

(17)抽取、加注油料时,应使用专用加注设备和容器,严禁混用。

### 6.1.5　配件管理

(1)使用大型养路机械配件应具备高可靠性、安全性、经济性、耐久性性能,以提高大型养路机械少维修、免维修的程度,满足方便检修,通用互换要求。

(2)各级大型养路机械管理部门应加强大型养路机械配件管理工作,做好配件的采购、修复及其供应工作。

(3)大型养路机械各总成及部件按其质量特性,对整机行车安全、使用安全和作业性能的影响程度,分为 A 类配件、B 类配件和 C 类配件。A 类配件是指其质量特性不合格有可能对大型养路机械运行、使用造成重大安全影响或导致作业性能丧失的零部件;B 类配件是指其质量特性不合格有可能对大型养路机械运行、使用造成较大安全影响或导致作业性能显著降低的零部件;C 类配件是指除 A、B 类配件以外的其他零部件。

(4)机械段应根据大型养路机械数量和需要,对检修难度较大、检修时间较长、检修费用较高的总成大部件,如柴油机、变速箱、液力机械变速箱、捣固装置、稳定装置、车轴齿轮箱、轮对、分动箱、发电机组等,按需要储备,并实行总成互换修。

(5)机械段应积极反馈运用情况,促进整机造修和配套企业不断提高大型养路机械配件质量、配件供应能力及售后服务水平。

(6)大型养路机械的配件应设专库存放。库房应明亮,具有良好的通风条件和防火设施,保持干燥、清洁,并配备足够的货架和一般常用的计量检验工具。

(7)配件的储备应以成品为主,并根据设备的数量和技术状态以及年度检修计划制定合理的库存量。

(8)配件库应设专人管理。管库员应具有一定的技术基础知识和物资管理知识,了解大型养路机械的构造和性能,熟悉各类配件的存放方法。

(9)配件入库必须按装箱单进行清点,并建立账卡。存放配件时,应根据其体积、重量、材质、性能要求及型号等合理分类和存放,并设置料签。

(10)管库员应经常检查和循环盘点库存配件,每月不得少于物资管理规定的自点率,确保账、卡、物相符;应按月填报配件库存动态表,以便于设备技术管理人员及时提报配件采购计划,合理使用配件购置费用。

(11)配件发放时,应严格执行的规定:

①检查物资的数量、质量、包装等是否齐备完好;检查领、发料凭证是否正确无误;检查应附技术证件和有关单据是否齐全。

②实物与账卡相核对;账卡与发料凭证相核对;发料凭证与发放实物相核对。

③一般配件必须经有关技术人员签认,较大部件必须经主管领导签认方可领取,做到领发料手续齐备。

(12)领取配件时,应注明机械设备编号、配件名称、型号、图号、规格、数量及领取日期,以便进行分类统计和单机核算,并以此总结消耗规律。

(13)机械段应积极开展修旧利废活动。对经修复能够再用的零配件,应建立旧件回收制度,坚持以旧换新。对回收的废旧零部件必须经技术人员检查并出具检验手续,管库员据此填写入库状态档案,并将其分门别类,妥善保管。

(14)用于日常维修保养的随车配件应严格控制在低值易耗件的范围内。管库员应按机械台数逐一建立台账。消耗后,由司机长按规定手续领取补充。对随车配件应严加管理,防止损坏和丢失。

(15)领取配件时,必须由领料人填写领料单,并按规定进行签认。配件更换情况,必须由司机长及时整理,并按期填写“大型养路机械备件消耗月报”,由车队审核后报段。

(16)对更换下来的重要零部件,必须经过技术鉴定后方可报废。

(17)对选用的国产代用件、自制的或与其他单位合作开发的配件,其技术性能指标必须达到原件的规定标准,并按有关规定分类别验收认证后方可装车使用。

# 任务 6.2　大型养路机械主要类型及构造

## 6.2.1　大型养路机械主要类型

1. 捣固车

捣固车用在铁路线路的新线建设、旧线大修清筛和运营线路检修作业中,对轨道进行拨道、起道抄平、道砟捣固及道床肩部道砟的夯实作业,使轨道方向、左右水平和前后高低均达到线路设计标准或线路检修规则的要求,提高道床石渣的密实度,增加轨道的稳定性,保证列车安全运行。

DC-32 型捣固车是一种结构先进的自行式、多功能线路机械,集机、电、液、气于一体,采用了电液伺服控制、自动检测、微机控制和激光准直等先进技术,具有操作简便、性能良好、作业高效的特点。DC-32 型捣固车为双枕捣固车,作业走行为步进式。

DCL-32 型捣固车为双枕连续作业式捣固车,在封锁线路条件下,能够不间断地进行轨道拨道、起道抄平、钢轨两侧枕下道砟捣固和枕端道砟夯实作业。该车利用车上测量系统。可以对作业前、后线路的轨道几何参数进行测量及记录,并可通过控制系统,实现按设定的轨道几何参数进行作业。

道岔捣固车是一种结构先进的自行式、多功能线路机械,集机、电、液、气于一体,采用了电液伺服控制、自动检测、微机控制和激光准直等先进技术,能够实现对道岔和线路的捣固作业。CDC-16 道岔捣固车是一种对铁路线路、铁路道岔养护施工的专用大型养路机械。该机械在道岔维修中采用科学的三线起道、四线捣固作业原理,有 4 个捣固装置,由滑移回转装置和伸缩旋转装置实现铁路线路、铁路道岔的起道、拨道、抄平、钢轨两侧枕下道砟和枕端道砟夯实作业。该机利用车上测量系统,可以对作业前、后线路的轨道几何参数进行测量优化记录,并可通过控制系统,实现按设定的轨道几何参数进行作业。

2. 清筛机

道砟清筛机是清筛道床中道砟的作业机器,是大型养路机械中线路大、检修机组的主型设备。它将脏污的道砟从轨枕下挖出,进行清筛后,将清洁道砟回填至道床,将筛出的污土清除到线路外。

QS-650 型清筛机是一种结构复杂、先进的自行式线路机械,集机、电、液、气于一体,具有操作简便、性能良好、作业高效的特点,在封锁线路条件下,通过穿入轨排下的挖掘链运动,实现全断面道砟的挖掘,经筛分装置筛分后,清洁道砟回填至道床,污土抛至规定区域。

BS-550 边坡清筛机具有作业辅助时间短,不破坏原有道床结构,不影响邻线行车的特点。边坡清筛作业可以增加道床透水性,减少道床病害,延长大修周期,减轻劳动强度;配合枕底清筛作业,可以一次性清筛道床的整个断面,清筛工作更彻底、有效,并且可分担枕底清筛机的部分工作量,提高清筛效率。

CQS-550 道岔全断面道砟清筛机,既适用于道岔区清筛作业,也适用于正线道床清筛作业。该机可保证在 90 min 内完成一组 12 号单开道岔(左开或者右开)的清筛作业。该机具有伸缩式底梁和挖掘链储存机构,因而在道岔清筛作时中不需拆接底梁和挖掘链,极大地缩短了辅助作业时间,减轻了劳动强度,提高了作业效率。

3. 动力稳定车

动力稳定车是大型养路机械中线路大、检修机组的主型设备。铁路线路经过破底清筛和捣固作业后，道床仍不够密实，道床横向阻力和稳定性都较差动力稳定车的作业可以使大、检修后铁路线路迅速提高道床横向阻力和道床的稳定性，从而提高线路检修后首次列车的运行速度，为取消线路作业后列车慢行创造了条件。

WD-320 型动力稳定车在封锁线路的条件下，模拟列车运行时对轨道产生的压力和振动等综合作用，对疏松的道床进行密实，以迅速提高线路的横向阻力和道床的整体稳定性，降低线路维修作业后列车限速运行的限定条件。

4. 配砟整形车

道床配砟整形车是大型养路机械中线路大、检修机组的主型设备。一般地，配砟整形车位于作业机组中或作业机组之首或穿插于捣固车之后，用于将道床整理成形，同时将散落在轨枕或扣件上的道砟清扫干净，它具有对道床进行配砟、整形和清扫轨枕枕面等作用。

SPZ-200 型配砟车在封锁线路的条件下，可以进行正、反两个方向的作业，通过中犁的不同组配和适当调整侧犁的转角，完成道床的配砟、整形，使道床布砟均匀，道床断面按技术要求的规定成形，其清扫装置可将作业过程中残留于轨枕及扣件上的道砟清扫干净，并收集后通过输送带移向道床边坡，达到线路外观整齐、美观的效果。

5. 钢轨打磨车

钢轨打磨车是对钢轨进行打磨，以消除钢轨波浪磨耗、擦伤、肥边，提高轨面平顺度，改善轮轨关系的专用设备。

PGM-48 型钢轨打磨列车是一种结构复杂、控制先进的线路机械，集机、电、液、气及计算机技术于一体，主要用于消除波磨、擦伤和剥离等钢轨损伤，及新线钢轨的预防性打磨。它可以通过廓形和波磨测量系统获得钢轨的磨损状况，或设定打磨参数，并将测量结果或设定参数提供到计算机控制系统，控制打磨小车上磨头的偏转、横移和加压完成钢轨的打磨作业。

6. 焊轨车

YHG-1200 移动式闪光焊轨车为现场钢轨焊接作业提供了良好的环境，减轻了现场作业的劳动强度，使现场钢轨焊接质量达到或接近厂焊钢轨的水平，能满足高速铁路、客运专线等线路无缝化的要求。该焊轨车采用 LR1200 焊机，满足线上焊、线下焊、锁定焊等几种工况；整车左右两侧设置拉轨对正系统，用于钢轨焊接时钢轨的拉伸与对位；走行系统采用液压驱动，达到最大自行速度 100 km/h；车架采用上弦梁设计，动力学性能稳定，达到最高连挂速度 120 km/h；制动系统采用单元制动器，制动可靠，是无缝线路理想的焊接作业车。

7. 大修列车

大修列车由材料车、动力车、作业车、扣件收集车、龙门吊车和若干辆轨枕运输车组成。在高速运行时，大修列车需机车牵引，自身动力可确保作业走行和低速调车。

### 6.2.2 大型养路机械基本结构

大型养路机械主要由车体、动力传动及走行系统、工作装置、液压与气动系统、电气系统、制动系统及操作系统等部分组成。

1. 车体

车体结构包括车架、前后司机室、车钩缓冲装置、转向架等。

2. 动力传动及走行系统

动力传动及走行系统由柴油发动机动，离合器、联轴器、万向传动轴、液力机械变速箱、分动齿轮箱、液压泵、液压马达、车轴齿轮箱、轮对等组成。

3. 工作装置

捣固车的工作装置包括捣固装置、夯实装置、起拨道装置等。

清筛机的工作装置包括挖掘装置、筛分装置、道砟回填分配装置、污土输送装置起、拨道装置等。

动力稳定车工作装置包括前、后稳定装置等。

配砟整形车工作装置包括中心犁、肩犁、清扫装置等。

钢轨打磨车工作装置包括钢轨打磨小车、打磨电动机、砂轮等。

4. 液压与气动系统

液压系统主要包括各工作装置液压回路、走行驱动液压回路、润滑系统和回油冷却液压系统等。

气动系统主要包括检测小车气动回路、各工作装置解锁回路、气动雨刮回路、喇叭气动回路等。

5. 电气系统

电气系统包括：整车电源系统、柴油发动机动控制电路，作业控制电路和辅助控制电路等。

6. 制动系统

制动系统包括空气制动、手制动和基础制动。

7. 操作系统

操作系统包括前后司机驾驶台、作业操作台，各种操作手柄、各种仪表和监视指示灯等。

## 任务 6.3　大型养路机械检修装备

大型养路机械检修装备是完成检修工作的物质技术基础，是提高大型养路机械检修质量、工作效率、安全生产的重要保证。大型养路机械检修装备主要包括各种检修工具、量具、检测设备、工具设备以及大型养路机械检修专用的机械设备。检修所用的工具、量具在前面的课程已经学习过，这里重点介绍大型养路机械的检测设备、工具设备和大型养路机械检修专用的机械设备，见表 6.1。

**表 6.1　大型养路机械检测、检修设备**

| 序　号 | 名　称 | 数　量 | 单　位 | 用　途 |
|---|---|---|---|---|
| 1 | 磁粉探伤仪 | 1 | 台 | 常用零部件的探伤检测 |
| 2 | 专用六通道车轴超声波探伤仪 | 1 | 台 | 大型养路机械车轴探伤 |
| 3 | 样轴试块 | 根据轴型数量确定 | 根 | 车轴探伤仪的标定 |
| 4 | 传感器检测仪 | 1 | 台 | 传感器的检测和标定 |
| 5 | 传动轴探伤机 | 1 | 台 | 传动轴、销轴及扒板等探伤 |
| 6 | 电子插件检测仪 | 1 | 台 | 检测电路板 |
| 7 | 铁谱仪 | 1 | 台 | 油液分析 |
| 8 | 光谱仪 | 1 | 台 | 油液分析 |

续上表

| 序　号 | 名　称 | 数　量 | 单　位 | 用　途 |
|---|---|---|---|---|
| 9 | 颗粒计数器 | 1 | 台 | 液压油污染度测量 |
| 10 | 内窥镜 | 1 | 台 | 查看部件有无损坏或异常 |
| 11 | 制动机试验台 | 根据制动机型号确定 | 台 | 制动机性能实验 |
| 12 | 轮径尺 | 1 | 把 | 检查轮径 |
| 13 | 轮对内距尺 | 1 | 把 | 检查内侧距 |
| 14 | 手持红外测温仪 | 2 | 台 | 测温 |
| 15 | 激光转速表 | 1 | 台 | 转速测量 |
| 16 | 捣固装置检修工装 | 根据检修能力确定 | 套 | 捣固装置修理 |
| 17 | 架车机(25 L) | 根据检修能力确定 | 套 | 架车 |
| 18 | 高温高压清洗机 | 2 | 台 | 清洗 |
| 19 | 冷水高压清洗机 | 2 | 台 | 清洗 |
| 20 | 零件热水清洗机 | 2 | 台 | 零件清洗 |
| 21 | 拔销器 | 2 | 台 | 机械检修 |
| 22 | 轴承内圈加热器 | 1 | 台 | 轴承加热 |
| 23 | 高压油管压装设备 | 1 | 台 | 油管组装 |
| 24 | 滤油机 | 2～4 | 台 | 过滤柴油、液压油等 |
| 25 | 油处理加热器 | 1 | 台 | 检修加热 |
| 26 | 扭矩扳手 | 根据检修能力确定 | 把 | 拆装螺栓 |
| 27 | 不落轮对车床 | 根据检修能力确定 | 台 | 修理不解体的轮对 |

### 6.3.1　大型养路机械常用的检测设备

(1)手持红外测温仪:采用先进的红外热成像技术和可见光成像技术,实现对齿轮箱、动箱及其他车底关键部位的温度检测,并对异常温度部位进行自动报警。适用于铁路大型养路机械日常检查、年修修程阶段的齿轮箱、分动箱箱体温度检测。

(2)电子内窥镜:采用先进的光学成像技术,可在列车转向架、齿轮箱、分动齿轮箱、轴箱、车轮踏面清扫装置、悬挂装置、轮对、电机、空调换气系统等部件不分解或尽量少分解前提下,用人眼直接观测困难的部位进行辅助观测,并对发现的缺陷进行定量分析。

(3)相控阵超声波探伤仪:采用先进的相控阵超声探伤技术,具有大范围连续度角自聚焦扫描功能,不需更换各种角度探头,操作简单,探伤效率高,对同一缺陷用多声束多角度探测,缺陷定位准确,可与传统超声探头兼容,适用于用于车轮、车轴及关键部件的手工探伤及车轮、车轴自动探伤设备检出缺陷复核。

(4)列车风机故障轨边声学诊断系统:安装在大型养路机械及铁路列车入段线路上,采用声学故障诊断技术,在线动态检测列车牵引电机冷却风机、牵引变流器冷却风机、换气装置风机和空调风机等异音故障。

(5)车轮故障动态检测系统:安装在大型养路机械及铁路列车入段线上,运用“光截图像测量技术”“超声波阵列探伤技术”和“高精度位移测量技术”,动态自动检测轮对外形尺寸、踏面擦伤和轮辋内部缺陷。

(6)磁粉探伤仪：用于大型养路机械车钩、中心销、心盘、牵引销、各种销、转向架、传动轴、制动梁、工作装置框架的伤损检测。

(7)铁谱分析仪原理：利用高梯度磁场的作用将机器摩擦副产生的磨损颗粒从润滑油液中分离出来，并使其按照尺寸大小依次沉积在一显微基片上而制成铁谱片，然后置于铁谱显微镜或扫描电子显微镜下进行观察；或者按照尺寸大小依次沉积在一玻璃管内，通过光学方法定量检测，以获得摩擦副磨损过程的各类信息，从而分析和判断磨损的状态。铁谱分析技术对磨损微粒尺寸的敏感范围为 $10^{-1}\sim10^{2}$ μm。

(8)光谱仪原理：通过分析润滑油中金属磨损微粒的材料成分和数量，对比设备使用过程中金属磨损微粒数量的变化速度，了解设备摩擦副的磨损情况，以正确判断设备异常和预测故障。光谱分析就是根据不同时期各种金属磨损微粒所含金属元素的数量，可以判断摩擦副磨损程度，预报可能发生的故障；根据金属磨损微粒的材料成分及其浓度的变化，判断出现异常现象的部位及原因。光谱分析技术对磨损微粒尺寸的敏感范围为 $10^{-1}\sim10$ μm，其优点是分析灵敏度高、快速准确、适用范围广；但只能分析出量化的结果，不能分析颗粒的存在状态，一旦出现大的磨损颗粒就无法准确地分析。

### 6.3.2　大型养路机械检修常用的工具设备

1. 台虎钳

台虎钳是钳工用来夹持工件进行加工的常用必备工具；其规格是以钳口的长度来表示的，有 100 mm、125 mm、150 mm 等几种。根据结构来分台虎钳有固定式和回转式两种，如图 6.1 所示。

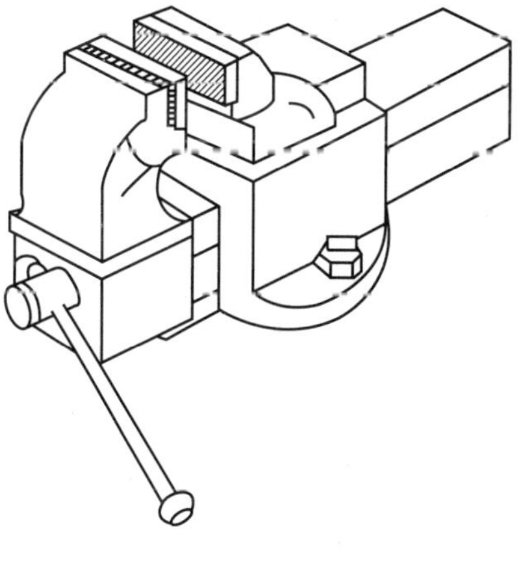

(a) 固定式

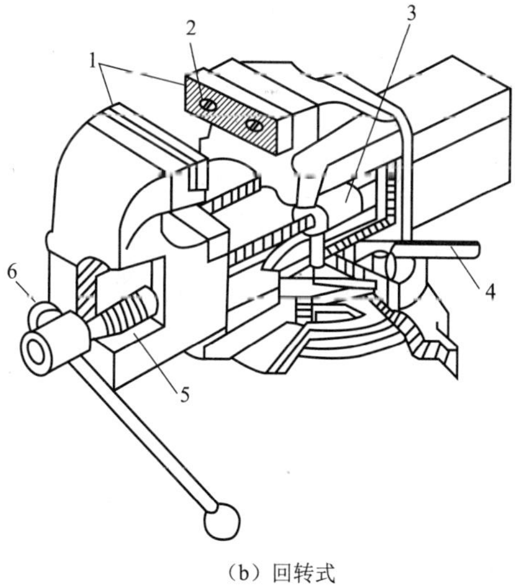


(b) 回转式

图 6.1　台虎钳

1—钳口；2—螺钉；3—螺母；4—手柄；5—丝杆；6—手柄

台虎钳的正确使用和维护保养如下。

(1)台虎钳的正确使用方法

①台虎钳安装在钳台上时，必须使固定钳身的钳口工作面处于钳台边缘之外，以保证可以夹持长条形工件。

②夹持工件时，只允许用双手的力量来扳紧或放松手柄。决不许套管接长手柄或用锤子敲击，以免损坏机件。

③活动钳身的光滑平面,不准用锤子敲击,以免降低它与固定钳身的配合性能。

④台虎钳必须牢固地固定在钳台上,扳动手柄使夹紧螺钉旋紧,工作时应保证钳身无松动现象。否则易损坏台虎钳和影响工作质量。

(2)台虎钳的维护保养

台虎钳的丝杆,螺母和其他活动表面都要经常加油润滑,保持清洁,防止锈蚀。

2. 分度头

分度头的主要功能是按要求对工件进行分度加工或划线,根据结构及原理的不同,可分为机械、光学、电磁等类型,应用较普遍的是万能分度头。万能分度头的结构外形如图 6.2 所示。

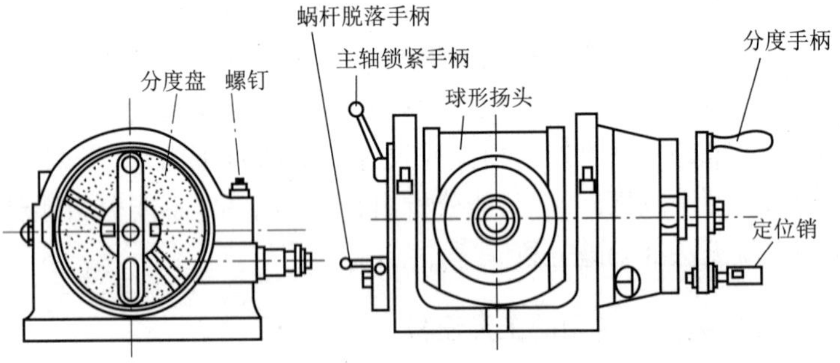


图 6.2　万能分度头

3. 砂轮机

砂轮机主要用于刃磨各种刀具,也可用来清理较小零件的毛刺和锐边等。砂轮机主要由机体、电动机和砂轮组成。按外形可分为台式砂轮机和立式砂轮机两种,如图 6.3 所示。

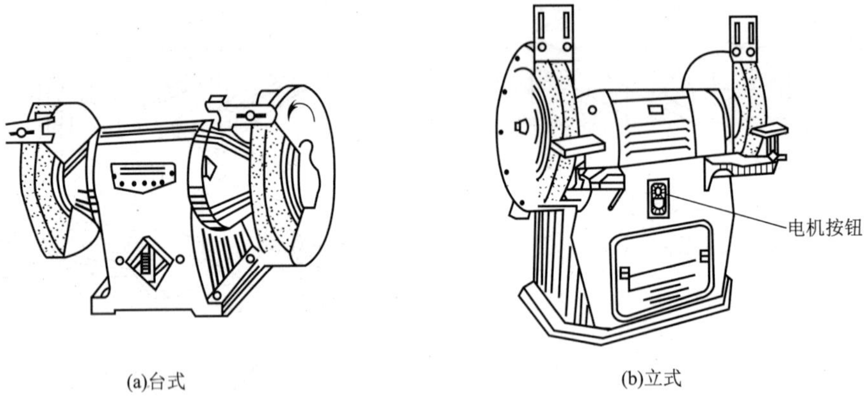


图 6.3　砂轮机

由于砂轮质地较脆,使用时转速较高(一般在 35 m/s 左右),因此,在使用砂轮机时,必须严格遵守安全操作规程,防止砂轮碎裂造成人身事故。使用砂轮机应注意以下事项:

(1)砂轮的旋转方向必须与砂轮罩上的旋转方向指示牌相符,从而使磨屑向下方飞溅。

(2)启动后,应待砂轮达到正常转速时才能进行磨削。

(3)砂轮在使用时,不准将磨削件与砂轮猛撞及施加过大的压力,以防砂轮碎裂。

(4)使用时,发现砂轮表面跳动严重时,应及时用砂轮修整器修整。

(5)砂轮机的搁架与砂轮的距离,一般应保持在 3 mm 之内,过大则容易造成磨削件被砂轮轧入而发生事故。

(6)使用时,操作者不可面对砂轮,以防伤人,应站在砂轮的侧面或斜侧位置。

(7)刃磨各种工具钢刀具和清理工件毛刺，应使用氧化铝砂轮；刃磨硬质合金刀具，则应使用碳化硅砂轮。

4. 台式钻床

台式钻床是一种可放在工作台上使用的小型钻床，占用场地少，使用方便，其最大钻孔直径一般可达 12 mm。台钻主轴转速较高，常用 V 形带传动，由五级带轮变换转速。台式钻床主轴的进给只有手动进给，而且一般都具有表示或控制钻孔深度的装置，如刻度盘、刻度尺、定程装置等。钻孔后，主轴能在弹簧的作用下自动上升复位。

Z512 型台式钻床是钳工常用的一种台钻，如图 6.4 所示。电动机 1 通过五级 V 带轮使主轴可变换几种不同转速。本体 11 套在立柱 5 上作上下移动，并可绕立柱中心转到任意位置，调整到适当位置后可用手柄 2 锁紧。如本体要放低时，应先把保险环 4 调节到适当位置后，用螺钉 3 锁紧，然后再略放松手柄 2，靠本体自重落到保险环上，再把手柄 2 锁紧。同样，工作台 9 也可在立柱上下移动及绕立柱中心转动到任意位置。6 是工作台的锁紧手柄，当松开锁紧螺钉 8 时，工作台在垂直平面内还可以左右倾斜 45°。工件较小时，可放置在工作台上钻孔；当工件较大时，可把工作台转开，直接放在钻床底座 7 上钻孔。

台钻的转速较高，因此，不宜在台钻上进行锪孔、铰孔和攻螺纹等加工。

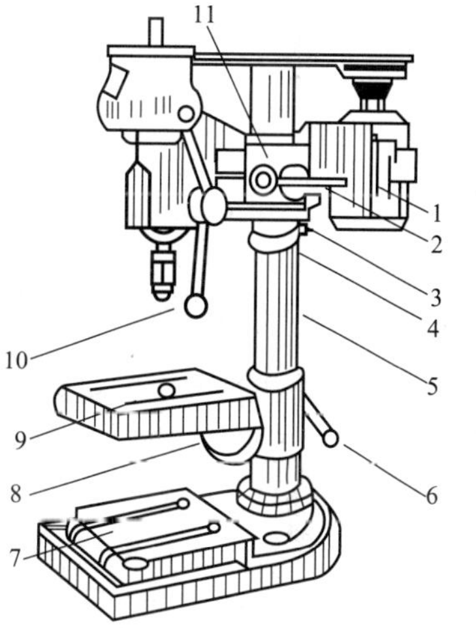

图 6.4　台钻

1—电动机；2—手柄；3—螺钉；4—保险环；5—立柱；6—锁紧手柄；7—底座；8—锁紧螺母；9—工作台；10—进给手柄；11—本体

5. 剪板机

剪板机是钳工用于板材落料的一种重要设备。它具有落料质量好，生产效率高及劳动强度小等优点，被广泛采用。钳工常用的剪板机，有手掀式、双盘式和龙门式三种。

(1)手掀式剪板机：手掀式剪板机是靠人力的手动为动力进行剪切的劳动强度大，剪切质量较差。一般只用来剪切质量要求不高的薄小型板料。

(2)双盘式剪板机：双盘式剪板机主要用来进行环形、圆形、圆弧和曲线等剪切。由于它具有较大的喉口，因此适用于大型的曲线板料的剪切。

(3)龙门式剪板机：龙门式剪板机可用来剪切不同长度的较大型金属板材。具有落料平整，使用方便等优点。它是钳工在进行板材落料时经常使用的一种剪板机械。

6. 常用电动工具

(1)电钻：电钻是一种手提式电动工具，常用的有手枪式和手提式两种，它具有体积小、重量轻、使用灵活、携带方便、操作简单等特点。在大型夹具和模具装配及维修中，当受到工件形状或加工部位的限制不能使用钻床钻孔时，电钻就得到了广泛的使用。

电钻使用前，需先空运转 1 min，检查传动部分运转是否正常。如有异常现象，应先排除故障再使用。钻孔时，不宜用力过猛。当孔即将钻穿时，应相应减轻压力，以防止发生事故。

(2)电磨头：电磨头属于磨削工具。适用于在工具、夹具、模具的装配调整过程中，对各种形状复杂的工件进行修磨或抛光。电磨头使用时应注意以下几点：

①使用前需空运转 2～3 min，检查其运转及响声是否正常。如有异常的振动或噪声，应即进行调整，排除故障后再使用。

②新安装的砂轮必须进行修整。

③砂轮的外径不能超过磨头铭牌上所规定的尺寸。

④使用是砂轮和工件的接触力不宜过大，既不能用砂轮猛压工件，更不准用砂轮冲击工件，以防砂轮爆裂而造成事故。

(3)电动曲线锯。可用来锯削各种不同形状的金属薄板和塑料板，具有体积小、重量轻、携带方便、操作灵巧等特点，适用于各种形状复杂的大型样板的落料工作。

使用电动曲线锯可根据工件材料的不同，选用不同粗细的锯条。使用前，应先空运转2～3 min，检查传动部分的工作是否正常。若不正常，应先排除故障再使用。在使用过程中如发现响声异常或温升过高，应立即停止使用，切断电源进行检查，检修后再继续使用。锯削时向前推力不宜过猛，转角半径不宜过小，防止锯条崩断，发生事故。若锯条卡住，则应立即切断电源，退出后再缓慢前进进行锯削。

(4)电剪刀使用灵活，携带方便，可用来剪切各种集合形状的较薄的金属板材。用电剪刀剪切成形的板材，具有板面平整、变形小、质量好等优点。因此，电剪刀也是钳工用来对各种复杂的大型样板进行落料加工的主要工具之一。

电剪刀使用时应注意以下几点：

①应根据板材的厚度来选用不同规格的电剪刀。

②开机前应先检查各部的紧定螺钉是否牢固可靠。

③使用前，需先试运转2～3 min。待确定为正常运转后再开始使用。

④作小半径剪切时，需将两刃口间距调整至0.3～0.4 mm。

### 6.3.3 大型养路机械检修专用的机械设备

大型养路机械专用的检修设备应能分别满足车体构架焊缝、传动轴、制动梁、销轴等探伤检查、传动轴动平衡试验、车轴超声波探伤检查、减振弹簧性能检测、油液减振器性能试验、工作装置大修及性能试验、液压油缸解体检修及性能试验、发动机检修及性能试验、各制动阀件和制动缸解体检修及性能试验、制动软管风压水压性能试验、车钩探伤及检测、轮对检查及镟修处理等各方面的要求。

大型养路机械专用检修设备主要有清洗设备、10 t桥吊、落轮机、架车机、移动式升降平台、不落轮旋床、无气喷漆机、喷漆干燥及漆雾处理设备、移车台、动平衡试验设备、各种泵的试验设备、轮对探伤设备、减振器试验设备、发动机测功器及其控制台等，这些检修专用设备具有技术先进、可靠性高、易维护的特点，给整车厂修提供了充足的设备保证。

## 思考题与习题

1. 工务机械段、大型养路机械运用检修段的主要工作职责是什么？
2. 简述大型养路机械检修保养规则。
3. 简述大型养路机械检修安全规则。
4. 大型养路机械的配件是如何分类的？
5. 大型养路机械有哪些类型？
6. 试述大型养路机械的基本结构。
7. 大型养路机械检修装备主要包括哪些？
8. 大型养路机械常用的检测设备有哪些？

# 项目 7　铁路大型养路机械检修修程

## 学习目标

知识目标：

1. 掌握大型养路机械日常检查保养的内容和方法；
2. 掌握大型养路机械定期检查保养的内容和方法；
3. 掌握大型养路机械年度检修的内容和方法。

能力目标：

1. 能够严格按照大型养路机械检修管理规则进行检修；
2. 能够准确识别大型养路机械的主要类型；
3. 能根据检修需要正确使用大型养路机械检修装备。

铁路大型养路机械检修修程分为日常检查保养、定期检查保养、年修、全面检修(总成大修)和整车厂修。日常检查保养、定期检查保养、年修由运用单位组织实施。全面检修(总成大修)由运用单位或取得认证资质的单位实施。整车厂修由取得维修许可资质的单位实施，整车厂修根据车型不同，一般规定在10～14年之间，其中起拨道捣固车、道岔捣固车、动力稳定车、清筛机为10～12年，配砟整形车为12～14年。

## 任务 7.1　日常检查保养

大型养路机械的检查保养可分为日常检查保养、定期检查保养和针对性检查保养。日常检查保养在每天作业前后由操作人员按规定项目进行，每台设备每日保养检修时间应不少于2 h。

针对性检查保养包括机械的临时停放、工地转移、长期封存及磨合期的检查保养。

### 7.1.1　日常检查保养

大型养路机械的日常检查保养工作应做到“四勤”，即勤清洗、勤检查、勤紧固、勤调整。

1. 柴油发动机的日常检查保养(图 7.1)

(1)按要求检查润滑油油位，磨合期(新发动机或解体检修后50 h内)应每天检查两次，正常运用中每天检查一次。当润滑油油位为油标尺下刻度时，必须立即补油。

(2)按要求检查清洗空气滤清器，并检查进气管法兰及接头处的紧固状态。

(3)检查驱动发动机和制冷压缩机的三角皮带张紧状况。在皮带中间用手指下压10～15 mm为正常。

(4)每周清洗一次柴油粗滤清器芯。

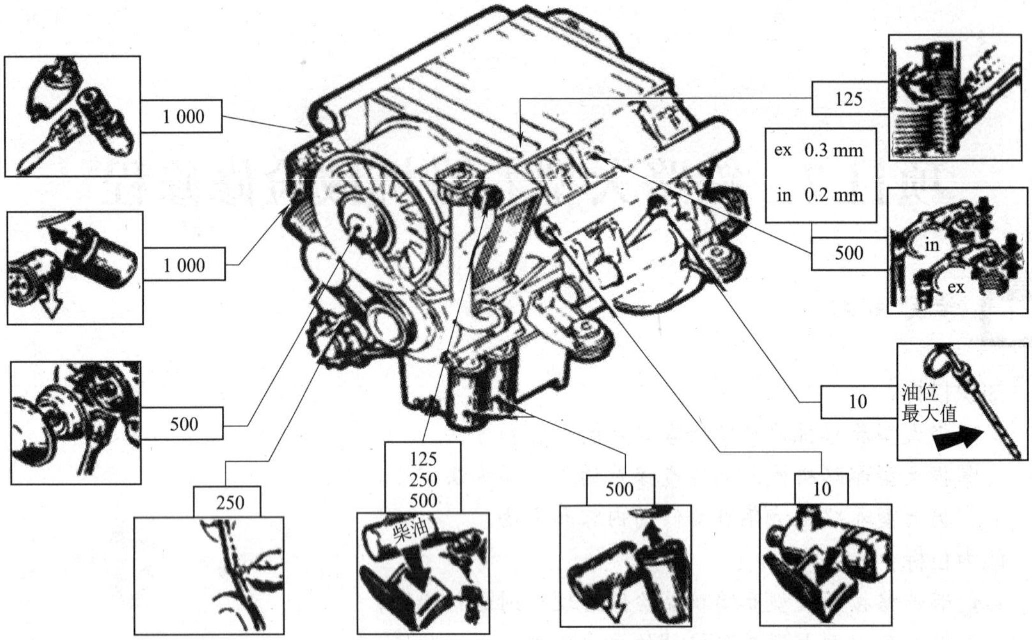


图 7.1　大型养路机械柴油发动机检查保养周期图(单位:h)

注:in 为进气门间隙,ex 为排气门间隙;图中数字表示各部件的保养周期。

2. 动力传动系统及走行机构的检查保养

(1)检查车钩及缓冲装置,检查制动风管有无异常。

(2)检查车轮、车轴、轴箱等有无异常。

(3)检查各传动轴有无裂纹,联结法兰、连接螺栓有无松动。

(4)检查走行油马达、减速箱等的油位,每周检查一次车轴齿轮箱的油位。

(5)启动发动机,检查变矩器的油位,检查动力换挡变速箱是否有异响。

(6)检查各离合器的动作状态是否良好。

(7)检查各传动轴转动时有无异常。

(8)检查液压减振器和橡胶减振器的作用是否正常。

3. 制动系统的检查保养

(1)检查空气压缩机的工作是否正常、压缩空气压力显示是否正确(双针压力表的白针在 0.65～0.7 MPa 的范围内)。

(2)排放储风缸中的积水。

(3)检查制动闸瓦的磨损情况,闸瓦间隙应在 3～10 mm。试验空气制动和液压制动。

(4) 检查手制动是否有效。

(5) 检查旁路制动的性能良好。

4. 液压系统的检查保养(表 7.1)

(1)检查液压油箱油位。

(2)用液压选择开关检查各液压油路的压力。

(3)检查各油管及接头有无漏泄。

(4)检查各油泵及油马达的安装及联结有无松动、运转时有无异响。

**表 7.1　大型养路机械液压系统日常检查保养推荐表**

| 序　号 | 点检内容 | 点检方法 | 点检标准 | 分　　工 | 备　　注 |
|---|---|---|---|---|---|
| 1 | 油箱液位 | 观察有刻度液位计 | 变动量在正常范围内 | 维护点检 | 必须有记录，可作曲线图分析 |
| 2 | 油温 | 观察油箱温度计 | 正常范围内 | 维护点检 | 必须有记录 |
| 3 | 系统（回路）压力 | 查看压力表 | 压力偏差＜3%设定值 | 维护点检 | 有记录 |
| 4 | 泵—马达运转情况 | 检查噪声、振动和马达负载变化情况 | 无异常 | 维护点检 | 有记录 |
| 5 | 系统外泄漏 | 目视 | 3 s 泄漏量＜1 滴 | 维护点检 | 记录泄漏点具体位置和原因 |
| 6 | 控制阀组功能 | 目视、耳听、手摸 | 无异常 | 点检 | 有记录 |
| 7 | 执行机构 | 目视 | 动作正确、平稳 | 点检 | 有记录 |

5. 操纵装置和电气、气动控制系统的检查保养

（1）检查无线列调、运行监控装置和机车信号的性能良好。

（2）检查各仪表显示是否正常，清除仪表盘面上的灰尘。

（3）检查各指示灯的工作状态。

（4）检查各操纵手柄、旋钮及开关的位置是否正确。

（5）检查手动输入电位计工作是否正常。

（6）检查故障报警显示系统是否正常。

（7）检查作业指示灯，前后车灯及室内照明灯是否良好。

（8）检查各照明开关的作用及状态，尤其要注意检查制动信号灯和走行离合器指示灯的显示是否正确。

（9）检查车内通话系统。

（10）检查 GVA（RVA 和 UVA）的工作状况。检查记录仪的工作是否正常。

（11）检查气动系统压力是否正常，各管路、气缸等有无漏泄，检查气锁、雨刷、弦线等装置的状况。

（12）检查气动回路给油器的油位。

6. 车体及其他部分的检查保养

（1）擦试车体及外部各部件。

（2）检查各检测小车、打磨小车、捣固装置、稳定装置、犁板、挖掘链扒齿和导槽等工作机构的锁定机构或保险绳、保险销是否可靠。

（3）检查车下各装置的紧固、锁定状态。

（4）检查各连接部件及紧固螺栓有无松动。

（5）按有关规定和要求向润滑部位加注润滑油。图 7.2 为润滑油润滑方式。

7. 捣固装置的检查保养

（1）检查润滑油箱的油位。

（2）夹持油缸联结销轴处每 2～3 h 加注一次油脂，待润滑油脂从两边缝隙中挤出，表示油脂已注满，图 7.3 为润滑脂润滑方式。

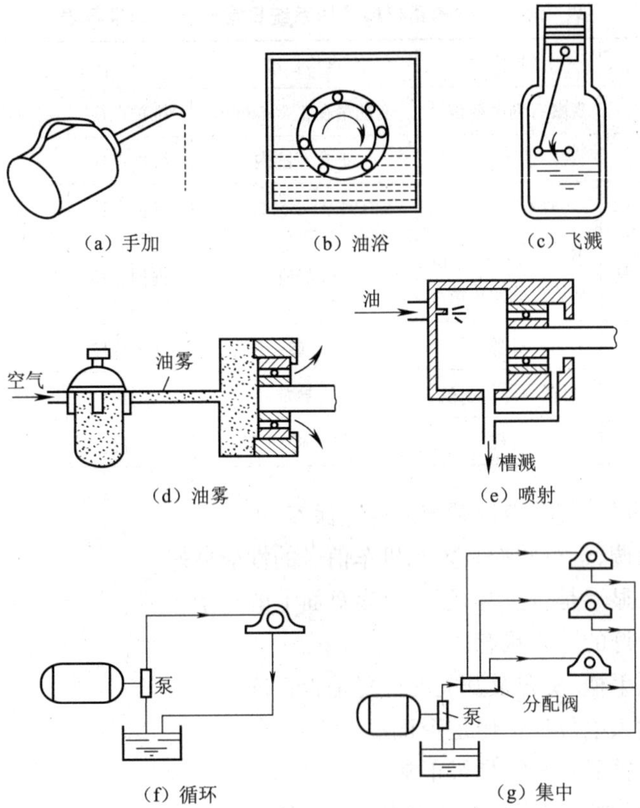


图 7.2　润滑油润滑方式

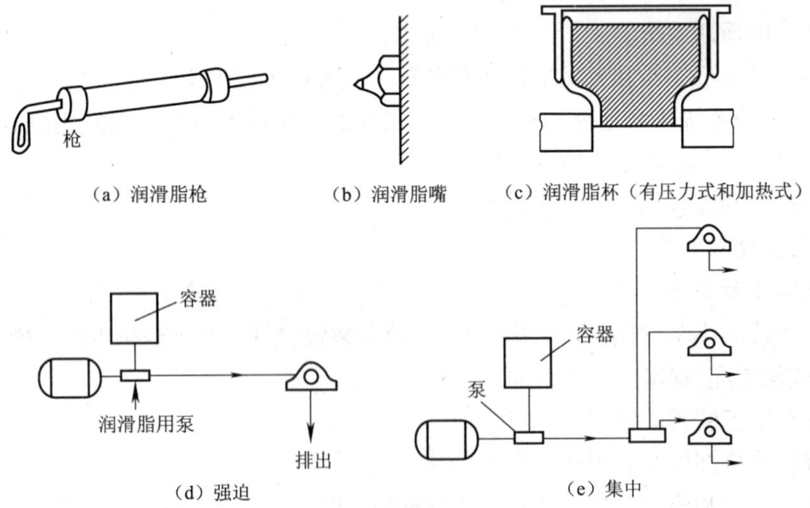


图 7.3　润滑脂润滑方式

(3)各铰接部位加注润滑油。

(4)检查偏心轴轴盖有无松动及轴承有无异响。

(5)检查镐头磨损情况和镐头紧固螺栓的紧固状态，更换磨损超限的镐头(磨损不得大于 25 mm)。

(6)检查捣固镐开、合动作是否灵活。

(7)检查提升油缸的安装铰座、活塞杆的球铰接处有无松动和异常。

(8)检查捣固装置横移导向杆有无松动。

(9)检查各软管、接头、油缸的外泄漏情况,更换泄漏严重的软管。

8.捣固车起、拨道装置及检测机构的检查保养

(1)清除起、拨道导向柱上的尘土和油污,向导向套内加注润滑油。

(2)检查拨道和抄平弦线的张紧气缸有无泄漏及弦线的张紧情况(气缸压力为 0.25 MPa)。

(3)检查拨道仪表工作是否正常。

(4)检查拨道检测机构的 $D$ 点横移机构。

(5)检查夹轨钳滚轮的安装及滚轮的磨损情况。

(6)检查电子摆调节螺钉有无松动。

(7)检查正矢和高度传感器的工作状态。

9.稳定装置的检查保养

(1)检查激振器箱的油位。油位低于规定值时,按要求补油。

(2)检查激振器轴承是否有异响。

(3)检查传动轴连接杆有无松动和异常。

(4)检查升降油缸、夹钳油缸的安装是否可靠。

10.配砟整形车工作装置的检查保养

(1)检查犁板有无变形和裂纹。

(2)检查犁板铰接销轴,向铰接及滑动部位加注适量润滑油。

(3)检查各犁板、清扫装置连接油缸等有无异常。

(4)检查清扫刷及石砟输送带的工作是否正常。

11.清筛机工作装置的检查保养

(1)向导槽中部和底部的导向滚轮加注润滑油脂。

(2)检查挖掘链扒齿、紧固螺栓和安全销的状态是否良好。

(3)检查导槽的连接是否可靠。

(4)检查导槽中耐磨板固定螺栓有无松动。

(5)检查振动驱动箱油位,按有关规定补油。

(6)检查振动筛螺栓的紧固状态,将丢失的螺栓补齐。

(7)检查输送带的滚轮和托架。

(8)排除气路滴油杯中的水分。

12.打磨车工作装置的检查保养

(1)清除各打磨小车、检测小车及转向架等车体下部部件的灰尘。

(2)清除挡火板及打磨装置上粘贴的打磨灰渣。

(3)检查挡火板的悬挂状态及提升动作是否正常。

(4)检查各打磨砂轮的磨耗情况,更换磨耗到限的砂轮。

(5)检查打磨小车和检测小车的悬挂锁定是否可靠。

(6)按要求向打磨电机升降导杆的润滑部位加注润滑油。

(7)检查各紧固螺栓的紧固状态。

### 7.1.2 针对性检查保养

1. 机械临时停放时的检查保养

(1)每周进行一次全面的日常检查保养工作。

(2)起动发动机并运转 15～20 min。

(3)在作业工况状态下,使各工作装置在空载状态下运转,直至各摩擦零件表面保持有一定的油膜为止。

2. 工地转移时的检查保养

(1)工地转移前按下列内容进行检查保养:

①机组人员应对动力传动及制动系统按一级检查保养所规定的项目进行一次检查保养;

②检查闸瓦状态,并按要求调整闸瓦间隙;

③进行单车制动试风和联挂车制动试风;

④对各车型工作装置的锁定进行加固。

(2)工地转移后,按下列内容进行检查保养:

①解除各车型工作装置锁定机构的加固设施;

②检查捣固车和动力稳定车的方向和水平检测记录系统的检测精度,必要时重新进行标定;

③根据将要进行施工作业区段的钢轨类型调整夹轨钳的伸出长度。

3. 机械磨合期的检查保养

(1)启动发动机,怠速运转不少于 10 min,待机体温度上升后,带负荷运转。所带负荷不得超过额定负荷的 75%～80%,最高自行速度不得超过 60 km/h。

(2)应经常检查各连接部分的松紧程度是否符合要求,传动部件的润滑状态及运转是否正常。

(3)新发动机或大修后的发动机,工作 50 h 后必须更换机油,在更换机油的同时应进行下列检查保养工作:

①更换机油滤筒;

②检查缸盖上进排气管的紧固状态;

③检查空气滤清器的橡胶管和卡箍是否连接紧密;

④再次拧紧机油的放油螺塞和发动机支架固定螺栓。

4. 长期封存时的检查保养

每月按临时停放时的保养要求进行一次检查保养。

## 任务 7.2 定期检查保养

大型养路机械的定期检查保养(一级至三级)需按规定的间隔时间对机械进行规定项目的检查保养。在二级、三级保养间隔期内,应安排相应的低一级保养工作。一级、二级检查保养由操作人员配合检修专业人员实施,三级检查保养由检修专业人员实施,并可结合冬检进行。

### 7.2.1　一级检查保养

1.发动机的检查保养

(1)发动机每工作100 h后,进行以下检查保养:

①取样化验发动机机油。若需更换机油,必须在热机状态下进行。放油时,待全部机油流出后再将放油塞拧紧。加注新机油时必须保证加油口及新机油的清洁,必要时可采取有效的过滤清洗措施。当油面至油尺上部的刻度时,停止加油。加油后,发动机经短时间运转应再次检查油面;

②按操作要求清洗燃油滤清器的滤芯和滤体,装配时要注意滤体和密封圈的正确状态;

③清洗发动机、变矩器油散热器和中冷器的外表面(若施工环境灰尘较多,应经常清洗),特别应注意风冷发动机散热片、气缸盖垂直散热片间通道的通畅和清洁。检查进气管上的橡胶管及气缸盖上的排气管的密封状态是否良好。清洗的方法可根据现场情况采用金属丝刷、压缩空气吹洗、蒸汽喷嘴吹洗及用柴油或洗涤剂清洗等方法。当采用吹洗方法时,应从排气侧开始。当采用柴油或洗涤剂时,应经足够的浸润时间后,再用高压水冲洗,并迅速启动发动机,使残留的水分蒸发,以防零部件表面生锈。清洗时,要注意遮盖保护高压油泵、发电机、起动马达、调节器等,严防水或污物进入。如洗涤剂为易燃物质,要注意不得使其与发动机排气管总成已有的绝缘材料接触,以免当发动机运转时产生燃烧事故;

④检查发动机紧急停车装置的作用是否灵活可靠。

(2)发动机每工作200 h后进行以下检查保养:

①按操作要求更换机油滤筒或机油滤清器的滤芯。更换滤筒时,要注意清洗滤清器托架的密封面,严禁用工具拧紧滤筒。装好滤筒后,启动发动机,注意检查机油压力是否正常和滤筒的密封是否良好。如机油滤清器为纸质滤芯,发动机工作20～30 h须进行更换。若滤芯为金属网,发动机每工作200 h清洗一次。清洗时发现金属网有损坏,必须更换新滤芯;

②按操作要求清洗冷却风扇液力偶合器的机油滤清罩。安装时要注意O形密封圈的位置,切忌损伤O形密封圈;

③检查并拧紧发动机上的各紧固螺栓。

2.动力传动系统的检查保养(图7.4)

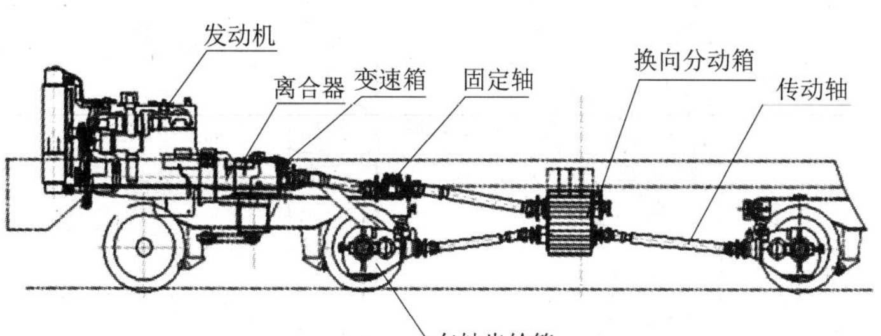


图7.4　大型养路机械动力传动系统简图

(1)按操作要求检查各齿轮箱的油位,润滑油不足时,按规定补油。

(2)向各传动轴的万向接头加注润滑油脂。

(3)检查过桥传动轴箱的油位,按要求补油。

(4)检查车轴齿轮箱的轴端盖的密封状态是否良好。

(5)检查车轴齿轮箱的油位,不足时按要求补油。

(6)向拖车轴的减振弹簧座加注润滑油。

(7)检查传动皮带的张紧度是否合适。

3.液压系统的检查保养

(1)按要求检查液压油箱的油位,补油时必须使用精密滤油机。

(2)检查各种软管、接头有无泄漏现象。

(3)检查吸油滤清器及回油滤清器的指示表针是否在正确的位置。

(4)检查各种压力阀、方向阀的安装及联结是否牢固,清除阀体表面的油污。

(5)检查各油泵、油马达的工作状态。

(6)按规定取样化验液压油的污染程度及进行铁谱分析。

4.电气控制系统的检查保养

(1)清除各电气箱内的灰尘。

(2)检查各线路板的插装是否可靠。

(3)检查各继电器、接触器的安装是否牢固。

(4)检查各接线端子板上线头的联结是否可靠。

(5)保养各限位开关。

(6)保养各闸刀开关。

(7)检查各指示灯的显示是否正确。

(8)检查各照明灯、信号灯。

(9)检查蓄电池电解液的比重,保养蓄电池各接线端子。

按要求检查蓄电池电解液面高度,当液面太低时,应补充蒸馏水。每周检查一次蓄电池电解液比重,其在全充电状态下应为1.28~1.30;在半放电状态下应为1.25;在全放电状态下应为1.10~1.15。冬季当发动机停止运转后,应将蓄电池拆下,放在温室内保存,如图7.5所示。

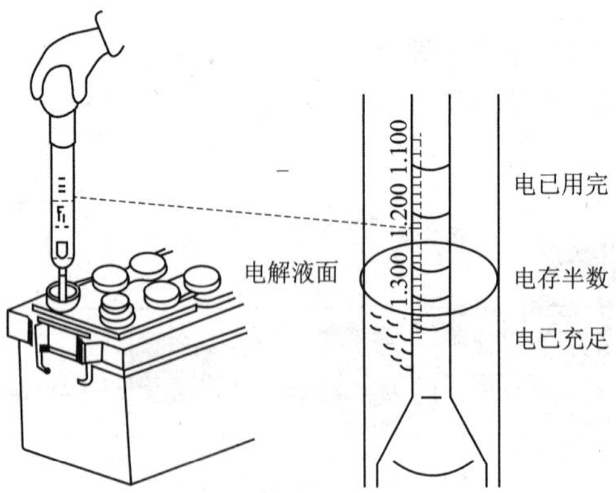


图7.5 蓄电池电解液比重的检查

5.车体及其他部件的检查保养

(1)检查撒砂装置的工作状况。

(2)彻底清洁车体及司机室内外。

(3)检查清洁空调及取暖器。

(4)检查雨刷装置。检查喇叭的工作状态。

(5)检查各焊接部位,连接部位状态是否良好。

6. 捣固装置的检查保养

(1)清洁捣固装置横导向杆,并进行润滑。

(2)检查捣固装置与钢轨对中是否正确。

(3)检查捣固装置升降油缸的安装铰架及连接球铰处有无异常,并紧固螺钉。

(4)清洁捣固装置升降导向柱,检查升降导向柱表面有无撞伤,紧固导向柱固定螺栓。

(5)紧固夹持油缸端盖螺钉。

(6)检查夹持油缸的油管有无磨损及接头处有无泄漏。

(7)用电子听诊器仔细检查偏心轴轴承的转动状态。

7. 捣固装置起、拨道装置及检测机构的检查保养

(1)给拨道滚轮加注润滑油脂。

(2)向拨道和起道油缸安装及联结销轴处加注润滑油脂。

(3)给起、拨道机构的升降导向柱加注润滑油脂。

(4)向夹钳滚轮的悬挂销轴和中心销轴处加注润滑油脂。

(5)向 $R$、$M$、$F$ 三点探测杆下端的滑动触头处加注润滑油。

(6)向 $R$、$M$、$F$ 探测杆的升降导套加注润滑油。

(7)清洗 $D$ 点横移机构的丝杆,并加注适量的润滑油。

(8)检查正矢传感器、水平传感器和高低传感器的工作状态。

(9)检查弦线的张紧情况。

8. 稳定装置的检查保养

(1)向激振器的传动轴万向接头处加注润滑脂。

(2)给夹轨轮和走行轮加注润滑脂。

(3)向夹轨钳销轴和夹轨油缸的销轴处加注润滑油。

(4)给横移轮导向套加注润滑油。

(5)检查拉杆的松紧度,使各拉杆受力一致。

(6)检查鼓形橡胶减振器的状态。

(7)检查锁定机构的可靠性。

(8)检查激振器箱内的油位。

9. 配砟整形车工作装置的检查保养

(1)向中心犁轴、砟肩犁调整油缸销子处加注润滑油。

(2)向侧犁销子和销套加注润滑油。

(3)按要求给清扫装置的轴承、输送带轴承加注润滑油脂。

(4)向清扫装置升降导向柱加润滑油。

(5)检查输送带的状况及链条传动机构各部分动作是否正常。

10. 清筛机工作装置的检查保养

(1)检查挖掘链驱动油马达的紧固螺钉有无松动。

(2)检查振动筛的斗门动作是否正常。

(3)检查导槽上的导向滚轮,并加注润滑油脂。

(4)检查输送带的张紧状态是否符合要求。

(5)检查挖掘链轮的磨损。

(6)检查挖掘链轮减速箱的油位。

(7)检查导槽耐磨板的磨损情况和螺钉的紧固状态。

(8)检查枕下的石渣刮板工作状态。

11. 打磨列车工作装置的检查保养

(1)检查气动控制系统,排净油水分离器的积油和积水。

(2)检查打磨小车车轮的磨损程度。

(3)检查电机轴承的状态并加注润滑油脂。

(4)检查应急手摇泵的工作是否正常。

(5)检查测量小车各工作风缸的工作情况,各管接头的连接是否紧固。

### 7.2.2　二级检修保养

1. 发动机的检查保养

(1)发动机每工作 300 h 后,进行以下检查保养:

①完成一级检查保养的各项检查保养工作;

②在冷机状态下,用厚度为 0.2～0.3 mm 的塞尺检查气门间隙,不符合要求的要进行调整。若外界工作环境灰尘较大时,其检查周期应缩短为 200 h。

(2)发动机每工作 600 h 后,进行以下检查保养:

①完成 300 h 的各项检查保养工作;

②检查气缸盖温度报警器的外观状态,并拆下进行动作值的测试。其测试方法为:将温度传感器(用于温度表的指示)和温度报警开关(用于温度报警灯)拆下后浸入 170～175 ℃的热油内,这时温度表的指针应指向红色区域、报警灯应发亮;

③检查直流发电机的状态。按要求清洁整流子并更换到限碳刷;

④检查进气、排气总管的紧固情况;

⑤检查进气、排气管与气缸盖的连接密封状态,必要时应进一步紧固连接螺栓。

2. 动力传动系统的检查保养

(1)完成一级检查保养的各项检查保养工作。

(2)更换 ZF 动力换挡变速箱液力传动油的滤清器,化验液力传动油。

(3)化验分动差速齿轮箱的润滑油。

(4)化验车轴齿轮箱的润滑油。

(5)向各种连接杆件的铰接处加注润滑油。

(6)向手制动齿轮箱加注润滑油。

3. 液压系统的检查保养

(1)完成一级检查保养的各项检查保养工作。

(2)检查液压蓄能器的氮气压力,不足时补充氮气。

(3)更换伺服油路的高压滤清器芯子。

(4)检查调整各液压回路的压力。

(5)检查各电磁换向阀、电液换向阀的动作状况,必要时按要求进行部分解体清洗。

(6)检查各液压油缸的密封状况。

表7.2 大型养路机械液压系统二级检查保养项目和内容

| 序号 | 检查内容 | 周期 | 方法 | 标准 | 分工 |
|---|---|---|---|---|---|
| 1 | 液压油清洁度 | 3月 | 取样化验 | 按液压油污染标准规定 | 专业人员 |
| 2 | 液压泵压力 | 6月 | 测量 | 符合使用要求 | 点检 |
| 3 | 过滤器滤芯污染状况 | 3月 | 解体或查看过滤器压差 | 表面不能有破损和杂质 | 点检 |
| 4 | 蓄能器 | 6月 | 检查充氮压力 | 60%～80%工作压力 | 点检维护 |
| 5 | 冷却器 | 1年 | 耐压试验 | 不能漏水 | 点检 |
| 6 | 系统管网 | 6月 | 检查连接及紧固 | 不能松动 | 点检 |
| 7 | 压力阀调整 | 6月 | 在线调节 | 按设计要求 | 点检 |
| 8 | 执行机构运行速度 | 6月 | 调整节流元件 | 按设计要求 | 点检 |
| 9 | 空气滤清器 | 1年 | 污染情况 | 无污染 | 维护 |
| 10 | 联轴器 | 3月 | 磨损情况 | 按使用标准 | 点检 |
| 11 | 检测仪表 | 2年 | 校正 | 按使用备注 | 专业人员 |

4.电气控制系统的检查保养

(1)完成一级检查保养的各项检查保养工作。

(2)清除各限位开关上的油污,检查各限位开关的动作值是否正确,必要时按操作要求进行调整。

(3)用酒精清洗各继电器的触脚。

5.车体及其他部件的检查保养

(1)完成一级检查保养的各项检查保养工作。

(2)检查车钩、缓冲器和风管。

(3)紧固各部螺栓。

(4)检查随车工具及应急救援器材。

6.捣固装置的检查保养

(1)完成一级检查保养的各项检查保养工作。

(2)更换偏心轴主轴承箱内的润滑油,并取油样进行铁谱分析。

(3)向捣固架横移油缸连接销轴处加注润滑油。

(4)检查并调整捣固深度、捣固架横移的自动控制系统。

(5)检查并调整捣固装置各液压回路的压力。

7.捣固车起、拨道装置及检测机构的检查保养

(1)完成相应的各项检查保养工作。

(2)对测量线路方向、高低和左右水平的检测系统进行标定,使之达到规定的检测精度。

(3)向检测小车的升降风缸及加载风缸的销轴加注润滑油。

8.稳定装置的检查保养

(1)完成一级检查保养的各项检查保养工作。

(2)更换激振器箱内的润滑油。

(3)检查夹轨轮的磨损程度。

(4)校正激振器振动频率和动力稳定车的走行速度的显示仪。

9. 配砟整形车工作装置的检查保养

(1)完成一级检查保养的各项检查保养工作。

(2)检查各犁板的磨损情况,对磨损超限的部位进行修复。

(3)检查清扫刷,更换磨损超限的胶棒。

(4)检查各锁定机构是否可靠。

10. 清筛机工作装置的检查保养

(1)完成一级检查保养的各项检修保养工作。

(2)向所有可以加注润滑油脂的铰接处加注润滑油脂。

(3)清洗振动筛振动轴箱上的空气过滤器。

(4)按要求给离合器轴承加注润滑油脂并调整离合器间隙。

11. 打磨列车工作装置的检查保养

(1)完成一级检查保养的各项检查保养工作。

(2)检查气动控制系统各部的连接状态及各控制阀的功能。

(3)更换磨损超限的打磨小车车轮。

(4)给打磨框架轴心轴承加注润滑油脂,更换有故障的打磨电机。

(5)更换烧损严重的挡火板。

(6)检查打磨小车及挡火板的自动及手动提起动作是否正常。

(7)检查灭火吸水管的安装及功能是否正常。

(8)检查调整砂轮的卡装紧固装置。

### 7.2.3　三级检查保养

1. 发动机的检查保养

(1)发动机每工作 1 200 h 后,进行以下检查保养:

①完成二级检查保养的各项检查保养工作。

②更换柴油滤筒。若使用中出现发动机功率下降的情况,应检查柴油滤芯是否堵塞。更换滤筒应严格注意按操作要求进行。新滤筒装好后,应将放气螺塞松开 2～3 圈,并用手动输油泵泵油,直至放气螺塞处外溢柴油无泡沫时,方可拧紧放气螺塞。

③检查进、排气管道的紧固和密封状态是否符合要求。带有涡轮增压器的发动机,对其增压空气管道、排气管道以及增压器的机油管道也应进行紧固和密封状态的检查。

④按操作要求检查火焰加热塞的功能及其燃油的供给情况。检查火焰加热塞的功能时,预热约达 1 min,其加热指示灯必须发亮。进行上述检查时,应注意发动机油门必须置于停车位置。当火焰加热塞的功能良好时,在发动机启动过程中,触摸火焰加热塞附近的进气管应是热的。

(2)发动机每工作 2 400 h 后,进行以下检查保养:

①完成 1 200 h 的各项检查保养工作。

②按操作要求更换曲轴箱通气阀的阀芯。

③拆下喷油嘴并在喷油嘴检验仪上进行检查,检查时,喷油嘴检验仪应按发动机的要求调到正确的工作压力。

④对带有涡轮增压器的发动机,清洗增压器脏污,可以按操作要求拆下增压器,在柴油或无腐蚀性的洗涤液中清洗增压器外壳和叶轮。重新安装后,应仔细检查各相关部分的紧固情况。

2. 动力传动及走行系统的检查保养

(1)完成二级检查保养的各项检查保养工作。

(2)化验各齿轮箱的润滑油,润滑油质量指标不符合要求的要进行更换,必要时清洗齿轮箱内部。

(3)对各传动轴进行探伤检查,尤其要仔细检查捣固车的传动轴。

(4)更换车轴轴承箱的润滑油脂,检查轴承有无损伤,必要时进行探伤。

(5)对车轴进行超声波探伤检查。

(6)向转向架心盘中心销轴加注润滑脂,每两年对中心销轴进行一次探伤检查。

(7)对液压减振器和橡胶弹簧进行性能试验。

(8)检查车轮踏面有无超限擦伤和磨损,同轴的两轮踏面直径差不得超过 1 mm,同一转向架上的车轮踏面直径差不得超过 2 mm,必要时需旋修车轮。

(9)对空气制动系统按检修规范进行检修。

3. 液压系统的检查保养

(1)完成二级检查保养的各项检查保养工作。表 7.3 为大型养路机械液压系统三级检查保养推荐表。

**表 7.3　大型养路机械液压系统三级检查保养推荐表**

| 序号 | 检查内容 | 周期 | 方法 | 标准 | 人员 | 备注 |
|---|---|---|---|---|---|---|
| 1 | 油箱清洗 | 1～3 年 | 年修时处理 | 无污染 | 检修 | 按工况确定周期 |
| 2 | 液压泵性能 | 2～3 年 | 专业单位测试 | 符合使用要求 | 点检 | 按设备状态确定 |
| 3 | 温控装置校正 | 2～3 年 | 在线标定试验 | 检测准确,温度控制可靠 | 点检 | 按设备状态确定 |
| 4 | 液位报警装置 | 2～3 年 | 在线标定试验 | 联锁条件准确可靠 | 点检 | 按设备状态确定 |
| 5 | 液压缸性能检测 | 3～5 年 | 按标准检测试验 | 按液压缸使用标准要求 | 点检 | 按设备状态确定 |

(2)放出液压油箱内的油,取样化验液压油的污染程度和理化性能指标,更换不符合要求的液压油。

(3)彻底清洗液压油箱。

(4)清洗回油滤清器。

(5)清洗或更换吸油滤清器。

(6)用专用的油路清洗设备清洗闭式回路。

(7)更换动作不良的压力阀和方向阀。

(8)对液压油缸进行耐压密封试验,更换失效的密封件。

(9)更换磨损严重和有泄漏现象的液压软管、钢管及管接头。

(10)检查伺服阀,必要时做伺服阀性能试验,进行机械调零。

(11)按操作要求对油泵进行流量、压力的测量。

4. 电气控制系统的检查保养

(1)完成二级检查保养的各项检查保养工作。

(2)按要求全面调整线路板的电气参数。

(3)更换绝缘不良的导线。

(4)更换或修理性能不良的线路板。

(5)更换损坏的照明及指示灯。

(6)全面检查和调整电气控制系统的主要参数。

(7)对蓄电池进行修整和充电。

5. 车体及其他部件的检查保养

(1)完成二级检查保养的各项检查保养工作。

(2)整修外观、焊修开焊处所。

(3)将水箱内的水放净,根据需要对其进行清洗。

(4)根据情况对车体、司机室等进行油漆处理。

6. 捣固装置的检查保养

(1)完成二级检查保养的各项检查保养工作。

(2)分解捣固装置,检查各销轴和铜套的磨损情况,更换磨损超限的铜套及销轴。

(3)对夹持油缸进行密封性能试验,试验压力为 21 MPa。

(4)更换夹持油缸的失效密封组件。

(5)检查偏心轴上各轴承的状态。

(6)对升降油缸进行密封试验,更换其失效的密封组件,试验压力为 21 MPa。

(7)检查升降油缸活塞杆的联结螺纹以及球铰的工作状态。

(8)更换失效的端面密封件和导向柱的密封件。

(9)更换磨损的液压油管、气管。

(10)更换状态不良的捣固镐夹持宽度调整器。

7. 捣固车起、拨道装置及检测机构的检查保养

(1)完成二级检查保养的各项检查保养工作。

(2)检查各检测小车轮的磨损情况,对超限的小车轮进行旋修或更换。

(3)检测各风缸的密封状态,向单作用气缸的弹簧腔加注润滑油。对脏污严重、动作不灵活的风缸要按要求进行分解、清洗,并更新失效的密封件。

(4)检修电子摆。

(5)检修高低传感器。

(6)检修正矢传感器。

(7)检修记录仪。

(8)检查 GVA(RVA)装置。

(9)对夹轨油缸进行耐压密封试验,更换失效的密封件。

(10)更换损坏的检测弦线。

(11)更换磨损超限的夹轨滚轮和拨道轮。

(12)按要求全面、仔细地调整检测系统,标定检测精度。

8. 稳定装置的检查保养

(1)完成二级检查保养的各项检查保养工作。

(2)解体夹轨轮,清洗检查其轴承,焊修或更换磨损超限的夹轨轮。

(3)更换走行小车轮轴承的润滑脂。

(4)更换失效的鼓形橡胶减振器。

(5)检测激振器驱动油马达的转速。

(6)清洗激振器油箱,更换润滑油。

9.配砟整形车工作装置的检查保养

(1)完成二级检查保养的各项检查保养工作。

(2)焊修或更换磨损的犁板。

10.清筛机工作装置的检查保养

(1)完成二级检查保养的各项检查保养工作。

(2)向所有的轴承加注润滑油脂。

(3)向各销轴加注润滑油脂。

(4)更换挖掘链轮减速箱内的润滑油。

(5)更换振动筛振动轴箱内的润滑油。

(6)给清砟输送带的转动盘加注润滑油脂。

(7)检修输送带的托架滚轮。

(8)检修振动筛网。

(9)按要求保养主齿轮箱、挖掘链轮减速箱和振动轴箱上的通气器。

(10)向输送带驱动油马达轴承加注润滑油脂。

(11)更换污土回转输送带减速箱的润滑油。

11.打磨列车工作装置的检查保养

(1)完成二级检查保养的各项检查保养工作。

(2)更换状态不良的打磨电机轴承。

(3)清洗水箱,检查加热器的功能,更换不良的水路过滤器。

(4)检查气动控制系统的功能是否正常,更换泄漏超限的控制阀的密封件。

(5)更换不良的打磨电机。

## 任务7.3 大型养路机械年度检修

大型养路机械年修工作是指在检修基地进行的以大机年修为目的检修,检修的形式应结合施工生产实际采用以轮换修为主,当轮换修有困难时,可安排集中检修.年修工作的目标是恢复大机设备技术性能,消除设备隐患,提高完好率和使用率。

### 7.3.1 组织机构与职责划分

1.年修工作组织机构

段成立以主管副段长为组长,设备科、自轮运转管理科、安全科、安全生产指挥中心、材料科、财务科,办公室,大机使用车间及设备检修车间等部门负责人为组员的年修领导小组。领导小组下设办公室,日常工作由设备科牵头负责协调,相关科室根据职责划分做好大机年修工作。各车间成立以主任为组长,设备主管工程师、领工员、检修车间技术人员和工班长为成员的年修工作组,检修车间检修班全体成员和各车组成员为具体实施人员。

2.年修工作职责划分

(1)设备科职责:负责年修费用的预算,设备技术状态调查,年修计划的编制及配件计划的汇总与审批,全面负责年修项目组织实施及自检验收工作。

(2)自轮运转管理科职责:负责大机运用安全的检查与监督,组织开展液压复轨器的起复演练,重点对大机的调车作业,三项设备行车备品,悬挂大部件的安全装置等项目监督,检查验收。

(3)安全科职责:负责年修期间的检修作业安全和消防安全,对安全工作的落实情况监督,检查与考核。

(4)安全生产指挥中心职责:负责年修大机进出检修基地长途挂运安排的协调工作。

(5)材料科职责: 负责油料、一般材料、检修工具及氧气乙炔的供应和发放工作。

(6)财务科职责: 负责年修资金的申请,保证年修资金到位。

(7)办公室职责:负责年修期间后勤安排和管理工作。

(8)大机使用车间: 作为检修的主体做好年修工作的开展。

(9)设备检修车间:负责大机年修的具体检修工作,确保安全,有序、按时、优质完成下达的检修任务;规范填写各项检修记录和检测资料报告,归档检修资料;组织检修人员,按要求做好各项检修工作;逐步建立检修队伍,提高检修技能;完善检修制度,检修工艺;保持检修设备正常,工装完备;做好大机年修的全面配合工作。

### 7.3.2 年修工作要求

(1)每年元月底之前,各大型养路机械使用车间根据本年生产任务和上年度轮检情况,向设备科提报本年度大机年修计划安排,由段设备科汇总报请工务部门审批后实施。

(2)大机运用车间应根据大机上年度年修的时间,在大机年修前的 30 d,向设备科提出年修申请,在施工驻地或大机停放地点对大机技术状况进行详细调查,并上报“大机年修申请与设备技术状态调查表”;在大机年修前的 15 d,及时通知指挥中心,要求停止施工计划的安排,申请年修。指挥中心负责协调大机设备在年修周期到达前调入检修基地。

(3)段设备科主管工程师在接到“大机年修申请与设备技术状态调查表”后,应到现场对设备技术状态情况进行摸底核实,依据检修规则要求,结合设备不良状态及年修需要解决的问题,编制检修计划和检修工艺,经科长、主管段长审核后报送工务处及驻段验收室审批后组织实施,严禁无计划检修。大型养路机械年修过程中,车间每日应根据实际情况和检修情况制定日计划及日进度,并下发班组执行,检修完成后,班组负责人牵头做好自检工作。

(4)各车间无能力检修的施修项目,需委外实施时,由车间设备主管统一汇总上报设备科,安排专业的外协厂家检修,车组人员做好配合,同时班组还需安排胜任人员监修,做好质量控制,检修完成后协同外协厂家填写检修服务报告记录。

(5)年修需彻底恢复各车技术状态及精度,并对三项设备等行车保安设备进行检修。

(6)年修过程中,车间设备主管要对主要修理项目和更换的主要部件等内容在设备履历簿中要如实填写,设备科要将年修所有资料归档保存。

(7)大机年度检查鉴定工作结合年修工作同步进行,年鉴合格证发放周期和年修周期同步。

### 7.3.3 年修工作标准

(1)凡上道使用的大机必须进行年修,周期为 11～13 个月。当年新购或大修的大机可做全面保养,单台设备检修时间应保证不少于 14 个工作日。

(2)完成年修的大机,由段三级自检合格后,须经驻段验收室验收合格后方可上道运行和作业。

(3)未进行年修或年修超期的大机,不得上道运行和作业。

(4)年修标准执行《DC-32K 捣固车检修规则》《DCL-32K 连续式双枕捣固车检修规则》

《CDC-16K 道岔捣固车检修规则》《DWL-48K 连续式三枕捣固稳定车检修规则》《WD-320 动力稳定车检修规则》《配砟整形车检修规则》《QS-650 全断面道砟清筛机检修规则》《WY-100 带式物料运输车检修规则》及《闪光焊轨车检修规则》中的年修范围和标准。未发布检修规则的车型，可参照类似车型或相关车型的标准执行。

（5）年修过程中，液压复轨器、运行控制设备、机车信号、无线列调电台等行车安全装备应进行一次集中检修保养。液压复轨器负荷试验后，应由段自轮设备管理科颁发合格证。运行控制设备、机车信号、无线列调电台等三项设备由协议维修单位进行检修，并核发检测合格证。

（6）车轴探伤应采用六通道专用超声波车轴探伤仪，由具有二级及以上超声波探伤资质人员执机。委外进行探伤时要严格审查对方资质。

（7）年修时应进行一次全面探伤，探伤范围为车轴、传动轴、车钩钩舌和钩舌销、钩尾销、钩尾销安全螺栓、主车架与材料小车间的牵引销、基础制动装置中的制动梁、扭矩支座中的拉杆及其各处的销轴，其中中心销、主车架与材料小车间的牵引销结合架车检修拆下探伤。

（8）按照《大型养路机械在役车轴超声波探伤工艺规程》规定的工艺规程进行车轴探伤。以 0°探头和小角度探头纵波反射法为主，必要时用大角度斜探头在轴身用横波反射法校对，车轴的轮座内外侧常见裂纹区和轴承座台阶应作为超声波探伤的重点区域。

（9）大机车轴探伤记录表、大机车轴轻伤报告、大机车轴重伤报告、大机车轴探伤合格证按照《大型养路机械在役车轴超声波探伤工艺规程》规定的格式填写，其中大机车轴探伤合格证随车携带，其余资料纳入年修资料，由设备科留存。传动轴、车钩钩舌和钩销采用磁粉探伤，出具探伤报告。

（10）对全车液压油、润滑油进行理化指标化验，出具化验报告，不合格者更换。发现有金属磨屑超标等异常情况时，要对该处液压油、润滑油所在部位的机械部分进行重点检查，找出原因，排除隐患。

### 7.3.4　年修的主要内容

1. 清洗整备

由于大机的作业条件普遍较恶劣，为避免对检修区域造成二次污染，因此需要在其返回基地得到检修之前对其进行清洗整备。南方地区水资源丰富且四季温度较高，在基地停留线上可根据需要搭建清洗棚来完成清洗整备，北方地区由于冬季温度较低，结冰现象严重，人员室外清洗作业困难，需要建设清洗库。一般采用高压冷热水冲洗机或饱和蒸汽发生器对大型养路机械的外部车体、走行装置及作业装置进行清洗。

2. 系统检修

（1）工作装置

不同类别的大机都具有各自独有的工作装置，如捣固车有捣固装置、夯实装置、起拨道装置；配砟整形车有中犁装置、侧犁装置、清扫装置；清筛机有挖掘装置、筛分装置、道砟回填及分配输送装置、污土输送装置、起拨道装置；动力稳定车有稳定装置；钢轨打磨车有钢轨打磨装置等。

现以捣固装置为例来介绍大机工作装置的检修工艺：

了解并确认捣固车的状态信息，以确定检修项目，对捣固装置进行全面拆卸，将捣固装置拆卸成箱体组件、叉形内油缸部件、单耳内油缸部件、叉形外油缸部件、单耳外油缸部件、振动轴组件、气缸组件、支承臂及油箱、稿臂组件、液压油及润滑油管路。对以上各个部件进行清洗。对箱体的轴承是否损坏，一般情况下轴承都是必换件。检查叉形内、外油缸部件与活塞与结合部位有无漏油，油缸盖和油缸结合部有无漏油，叉形耳有无损坏，销轴与耳连接处衬套有无损坏。单耳内、外油缸部件的检修与叉形油缸部件完全相同。检查振动轴（是偏向轴）的轴承和密封性，气缸组件的密封性也需认真检查。对支承臂和稿臂进行探伤，如果裂纹超限直接更换。检查油箱是否漏油，油位计是否损坏。对于液压油及润滑油管路应检查有无漏油现象，管路是否畅通。值得注意的是所有的密封垫圈、密封套在拆卸后都可能达不到密封要求，为保证检修质量，一般情况下全部更换。各部件检修完成后组装完好的捣固装置进行总成试验，试验合格后就可以喷漆，并填写该捣固装置的检修档案，等待装车。

（2）传动系统

传动系统的主要检修内容包括各类传动轴的检修，分动齿轮箱的检修以及大机液力变矩器的检修，这其中又具体到液力变矩器换挡摩擦片、主动从动涡轮、齿轮齿轴、滚动轴承、离合器换挡拨片、动力换挡变速箱的检修。

主要检修工艺如下：

从大机上将传动系统零部件拆解下来，将各零部件送至传动系统分解区，动力传动系统中传动轴采用专用解体工具对各零部件进行解体，对零件清洗后进行检测与探伤，然后组装试验。液力变矩器年修主要对液压和电气控制系统进行检查和标定相关参数，全面修主要由有检修资质的厂家进行修理。分动齿轮箱的检修，主要利用工业内窥镜对其内部结构中各主动和从动齿轮的磨损情况进行检查，磨损量在正常范围内继续使用，超限时进行委外检修。主要试验设备有传动轴动平衡试验台、齿轮箱空转磨合试验台等。

（3）发动机

发动机是大机的心脏，发动机的运转直接影响整个大机使用寿命。对发动机的检修工艺有如下几点。

入库预检，先目测：发动机附属部件安装状态、机体外部磨损破损情况、散热器及气缸散热筋脏污情况、燃油管路及润滑油管路漏泄情况等；耳听：用听棒或起子听发动机运转有无异响，判定异响部位及原因；化验：用铁谱仪、光谱仪对发动机在用机油油样进行化验分析。综合依据发动机状态预检情况制定检修计划。若发动机运用状态良好不需拆解检修的按检修保养要求对发动机进行相应级别的常规保养及故障部位的恢复性修理。

发动机在工作中存在异常须拆解检修的。彻底清理机体卫生，制定故障处理及总修理方案，如发动机需下车修理，则将发动机吊装，与机械车分离上发动机翻转检修架进行相应检修。首先，对发动机故障部位或整体进行拆解。更换故障部件、清洗；组装完成后，进行发动机试验；如整体拆解检修，需对发动机按规定进行磨合并做水阻试验，试验合格后，验收装车。

（4）制动和气动系统

制动和气动系统是针对制动机型号确定的各种制动机试验台。包括襄阳内燃机车厂（简称“襄阳厂”）和原北京二七轨道交通装备有限责任公司（简称“二七厂”）生产的大型养路机械的JZ-7制动机、昆明中铁大型养路机械集团有限公司（简称“昆明中铁”）生产的大型养路机械的YZ-1制动机、进口DB-60制动机、48头打磨车的26-L制动机等。

首先，对制动系统的各控制阀进行拆卸，将阀体清洗干净后可以进入气动元件综合试验台试验，试验不合格的阀体进行再拆解，重点检修阀体的阀芯的摩擦是否超限。修理完毕继续上试验台进行性能实验，各阀门都应符合相关的技术标准。全面检查气缸的各个部件，缸体各部位不得有裂纹，裂纹超限需更换，轻微损失应及时打磨。检查符合衬套与缸座的密闭性，各连接销如有磨损也应及时更换，疏通和清洗杠头排风处的油污，避免堵塞。清洗或者更换油水分离器、检查喇叭等零件。主要试验设备包括、风水压试验台、弹簧拉压力试验机等。

(5)转向架、基础制动装置、轮对、轮对轴头箱及车轴齿轮箱

使用架车机将大型养路机械从铁轨上架起，再使用落架机和落轮机将转向架和单个轮对从大型养路机械上拆解下来。转向架和单个轮对一起被送至转向架工班进行检测检修，转向架进入工班首先利用饱和蒸汽发生器对转向架进行清洗，然后在转向架分解组装台上将轮对与转向架架体进行分解，拆分成转向架、基础制动装置、轮对、轮对轴头箱和车轴齿轮箱，再对各部位分别进行检测维修。

转向架主要由专用测量工具来检测，采用便携式磁粉探伤机进行探伤，对构架尺寸进行测量并记录，发现裂纹部位及缺损进行焊补修复。基础制动装置的检测是对制动梁、拉杆、扭矩圆销进行磁粉探伤，如果裂纹的长度和深度超限则需更换，如果没有超限可以进行补焊。拆解下来的轮对使用六通道探伤仪和专用组合探头一次检测全轴各个应力区进行车轴的磁粉探伤，如果出现透声不良的现象，车轴直接报废，与轮饼拆分，更换新的车轴。探伤结束后再对轮对的踏面进行圆形尺寸的测量，如踏面磨损超限或有掉块现象则送往旋轮库等待手镟修。通过液压减振器试验台和弹簧综合性能试验台对轮对上的减振器进行试验。

轮对轴头箱主要对轴承间隙进行测量和调整，测量方法是用外径千分尺测出曲轴轴颈、连杆轴颈的尺寸，再用内径量表测出主轴承孔径(装上主轴承，扭矩拧到位)、连杆轴承孔径，然后拿孔径减去相对应的轴颈，即可得知间隙。轴承的拆装分解采用电机轴承内、外圈感应加热器，检修完成后，与轮对组装，并在专用试验台上进行试验。

3.零部件修配

大型养路机械检修基地内设有机加工间，配备有立式钻床、摇臂钻床、普通车床、钻铣床、牛头刨床、磨床、旋轮专用车床C630型、三相异步电动机、镗床、弯管机等适合维修大型养路机械设备零件的各类机床，可以针对大机上的各零部件进行修理再利用。

4.整车喷漆

在对大型养路机械的部件检修全面完成后，即可让大机进入油漆库重新喷漆。油漆库由整备室、喷漆室、烘干室三部分组成。整备室内主要对大机车体由于施工中受力有轻度凹陷处和油漆破皮处进行局部清洗、铲皮、凹陷拉拔、打磨、刮腻子抹平等操作；喷漆室内对油漆与车体颜色进行反复调色和比对，用油漆混气喷枪在作业平台上对在整备室处理过的车体部位进行喷漆；烘干室内采用加热系统和送风系统对喷漆后的大机进行烘干，烘干后再进入喷漆室进行二次喷漆，喷漆3次后方可完成作业。

5.整车试验

检修后的大机需要进行整车试验，这其中包括静态试验与动态试验。

捣固车、动力稳定车、钢轨及道岔打磨车在基地内的标定线上进行标定(静态试验)。标定线采用60 kg/m钢轨，整体道床平直线，轨道几何尺寸精度，轨距、水平、扭曲、高低、方向等参数允许偏差，系统可以处理大多数的速度变化，但得到最佳称重精度的最优方法就是限制速度的变化范围。

静态试验包括主车架静强度试验、转向架构架静强度试验、车轴齿轮箱及轮对台架试验、齿轮箱台架试验、电气系统试验、液压系统试验、制动系统试验、气动试验、工业性考核试验。

动态试验包括运行性能试验、制动距离试验、自运行试验、连接运行试验、连挂运行试验、动力学性能试验、作业性能试验。

### 7.3.5 大型养路机械年修过程

1. 修前准备

(1) 修前技术准备

车辆预检,设备科组织检修车间、材料科、运用车间进行预检:①对高价互换件状态鉴定;②对应急起复设备状态预检;③对单机检修项目逐项预检;④对强制检修项目预检,预检完毕填写“检修预检记录单”;⑤预检车辆其他各系统;⑥油样取样。

运用车间按照设备年修文件要求上报检修项目及提报年修材料计划。运用车间由主管设备副主任负责年度检修材料计划的收集上报工作,车间要根据设备状况认真组织检查,并上报各车单机检修项目及年修材料需求计划。检修计划中应包含检修项目、故障情况、所需材料(包含发动机、变扭器、捣固装置等大部件)、型号及数量。

根据各车间设备使用的实际情况,设备科下达年修所需更换的互换件、强检、周期性检修保养项目计划,并注明名称、型号、数量。审核车间上报年修材料计划,审批完毕后统一汇总后转材料科购置。

(2)修前物质准备

材料科做好设备检修所需材料的购置、储备工作,根据检修计划、材料计划,核对其实际库存上报年修可能发生的材料、备品配件和工具计划,及时补充库存备件、材料、工具等。

2. 大型养路机械年修的工艺流程

大型养路机械年修的主要工艺流程如图 7.6 所示。

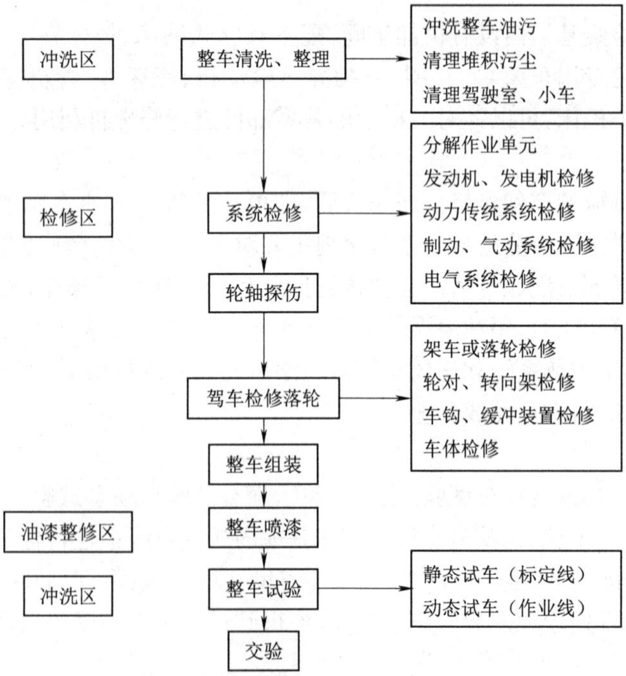


图 7.6 大型养路机械年修工艺流程图

3. 修后验收

大型养路机械年修后验收内容主要包括:零部件和整车的检修质量验收,形式上分为检修过程中的检查、整车检查(含静态、动态)、各项性能测试以及出库验收等。

大型养路机械年修竣工后，执行“三检一验”制度，三检即“自检、互检、段检”，一验即“局验”。检修完成后，由检修保养人自检，运用车间组织车间检查，并对检查出的问题整改，再由设备科组织段检。段检过程中发现问题，由设备科下达“大型养路机械段检质量问题通知书”，检修车间和运用车间对各自问题进行整改后报设备科再次组织验收，验收合格后，由设备科邀请驻段验收室进行整车验收，验收合格后，车辆转至停留基地。

## 思考题与习题

1. 铁路大型养路机械检修修程包括哪些项目？
2. 简述柴油发动机的日常检查保养的内容。
3. 简述捣固装置常检查保养的内容。
4. 大型养路机械的定期检查保养如何分级的？
5. 大型养路机械针对性检查保养包括哪些内容？
6. 大型养路机械年修主要包括哪些内容？
7. 试述大型养路机械年修工艺流程。

# 项目 8　铁路大型养路机械故障与检修

## 学习目标

知识目标：
1. 掌握大型养路机械动力传动系统的检修方法；
2. 掌握大型养路机械工作装置的检修方法；
3. 掌握大型养路机械液压系统的检修方法；
4. 掌握大型养路机械电气系统的检修方法；
5. 掌握大型养路机械制动系统的检修方法。

能力目标：
1. 对大型养路机械动力传动系统故障具有初步的分析和排除能力；
2. 对大型养路机械工作装置故障具有初步的分析和排除能力；
3. 对大型养路机械液压系统故障具有初步的分析和排除能力；
4. 对大型养路机械电气系统故障具有初步的分析和排除能力；
5. 对大型养路机械制动系统故障具有初步的分析和排除能力。

## 任务 8.1　动力传动系统故障与检修

### 8.1.1　柴油机常见故障与检修

1. 柴油机故障的产生原因

柴油机产生故障的原因是多方面的，归纳起来，主要有操作、维护保养、调整等几个方面。柴油机的故障都会通过一系列的现象表现出来，柴油机工作时，发现有异常现象后，必须及时地、周密地分析判断，找出故障所在。只有这样才能快速、准确地排除故障。

(1)违章操作

违章操作主要表现在：

①新柴油机或大修后的柴油机，不经过充分的磨合而直接高负载运行。

②冷起动后，不经过暖车而直接带负荷运行。

③长时间超负荷、超速运行。

④在机油压力过低、温度过高，或机油量不足的条件下运行。

⑤高速运行中使用减压机构停车。

(2)使用维护保养不当

使用维护保养不当主要表现在：

①未定期更换机油和及时添加机油；未按时清洗机油滤清器。

②未按时清洗燃油滤清器和燃油箱。

③未按时清洗空气滤清器。

④未按期检查和调整气门间隙。

⑤未按规定检查蓄电池充电量，未及时补足电解液。

(3)装配和调整错误

装配和调整的错误主要有：

①定时齿轮啮合关系错误；配气相位角调整不符合要求；供油时间、进排气时间不正确；气门间隙不符合要求，气门关闭不严等。

②活塞与气缸套配合间隙不符合要求，活塞环开口位置没有交错安装，油环倒装等。

③供油提前角不正确，各缸供油间隔和供油量不均匀。

④各部件压力调节系统调整不正确（如机油泵压力调节阀、滤清器旁通阀、油压低时自动停车装置阀等）。

2. 风冷柴油机常见故障及排除方法

清筛机使用风冷柴油机的常见故障及排除方法见表 8.1。

**表 8.1　风冷柴油机常见故障及排除方法**

| 常见故障 | | 产生原因 | 排除方法 |
|---|---|---|---|
| 柴油机不能起动或起动困难 | | 1. 蓄电池电力不足，接线柱松动、氧化，起动马达有故障；<br>2. 燃油箱无油，开关未打开，油管堵塞，滤清器堵塞，冬季石蜡析出堵塞；<br>3. 喷油嘴有故障，气门间隙不正确，气缸盖垫片漏气，活塞环过度磨损 | 1. 蓄电池充电或换新，检查紧固接线柱，检查修复起动马达；<br>2. 油箱加油排气，打开开关，清洗管路、滤清器，按季节更换标准柴油；<br>3. 清洗喷油器，调整气门间隙，拧紧或更换气缸垫片，更换活塞环等 |
| 柴油机功率不足 | | 1. 燃油流量太小，喷油泵供油不足，喷油器雾化不良或喷油压力低；<br>2. 空气量不足，空气滤清器阻塞；<br>3. 气门间隙不符合规定。气门弹簧折断；<br>4. 废气涡轮增压器的压气机脏污；<br>5. 中冷器空气通路脏污、堵塞；<br>6. 排气管阻塞，接管过长，弯头太多 | 1. 更换滤油器滤芯并排除空气，检查喷油泵、喷油嘴，清洗或更换偶件；<br>2. 清洗或更换空气滤清器芯子；<br>3. 调整气门间隙，更换气门弹簧；<br>4. 清洗废气涡轮增压器；<br>5. 清洗中冷器；<br>6. 清除排气管内积炭，调整排气管道 |
| 柴油机工作不稳定有熄火现象 | | 1. 调速器调整弹簧变形或飞锤摆动不灵活，拨叉固定件磨损松动；<br>2. 燃油供给系有空气，喷油泵各缸供油量不一致，调节齿杆不灵活，喷油泵柱塞弹簧损坏等 | 1. 更换新弹簧，拆检修理；<br>2. 排除空气，喷油泵进行台架试验、调整，修复或更换损坏零件 |
| 排气烟气不正常 | 冒黑烟 | 1. 空气滤清器脏污，燃烧不完全；<br>2. 增压器或中冷器脏污，零件损坏，进气受阻；<br>3. 喷油器雾化不良或滴油，喷油过迟，部分燃料在排气管中燃烧；<br>4. 气门间隙不正确，气门密封不良 | 1. 清洗空气滤清器；<br>2. 清洗增压器压气机叶轮、进气壳及中冷器，检查密封，更换损坏零件；<br>3. 清洗喷油嘴，调整喷油压力，检查并调整供油提前角；<br>4. 调整气门间隙，清除缺陷 |
| | 冒白烟 | 1. 柴油质量不佳，燃油系中有空气；<br>2. 温度过低，预热塞故障；<br>3. 喷油器雾化不良或滴油，喷油压力过低 | 1. 更换柴油，排放系统中空气；<br>2. 提高温度，检查预热装置；<br>3. 检查喷油嘴偶件，调整喷油压力 |

续上表

| 常见故障 | | 产生原因 | 排除方法 |
|---|---|---|---|
| 排气烟气不正常 | 冒蓝烟 | 1.油底壳机油油面太高。机油窜入气缸；<br>2.油浴式空气滤清器油面过高；<br>3.气环结焦或断裂，气门间隙不对密封不良，机油进入燃烧室 | 1.减少机油至规定油尺刻度；<br>2.将机油降至油面刻度位置；<br>3.拆检更换活塞环，调整气门间隙 |
| 柴油机过热、温度报警装置动作 | | 1.气缸套、盖散热片脏污；<br>2.冷却风扇转速太慢、风量不足；<br>3.废气涡轮增压器压气机脏污；<br>4.喷油器失灵，喷油量调节不准；<br>5.空气滤清器脏污 | 1.清洗散热片，特别是盖上垂直散热片；<br>2.检查、检修冷却风扇，使进风道流畅；<br>3.清洗废气涡轮增压器；<br>4.检修喷油器，调整喷油量；<br>5.清洗空气滤清器 |
| 机油压力不正常或油压太低 | | 1.润滑系统漏油；<br>2.机油泵进空气，油底壳机油不足；<br>3.机油泵磨损严重，装配不合要求；<br>4.曲轴轴承及连杆轴承间隙过大 | 1.检查系统密封情况，排除缺陷；<br>2.排放空气，加注机油至规定油面；<br>3.检查、调整机油泵；<br>4.检修或更换轴承 |
| 机油温度过高机油消耗量太大 | | 1.机油牌号不当，机油容量不足；<br>2.机油散热器堵塞，风扇风量不足；<br>3.活塞环被粘住或磨损过甚，气缸套磨损过甚，机油窜入燃烧室 | 1.按规定使用机油并加注至规定位置；<br>2.清洗机油散热器，检修节温器；<br>3.更换活塞环，必要时更换气缸套 |
| 柴油机工作期间充电指示灯突然发亮 | | 1.发电机转速太低；<br>2.发电机不向蓄电池充电 | 1.检查三角带传动并张紧；<br>2.检查发电机或电压调节器 |

3.风冷柴油机故障分析案例

图8.1为柴油机无法启动故障分析流程图。

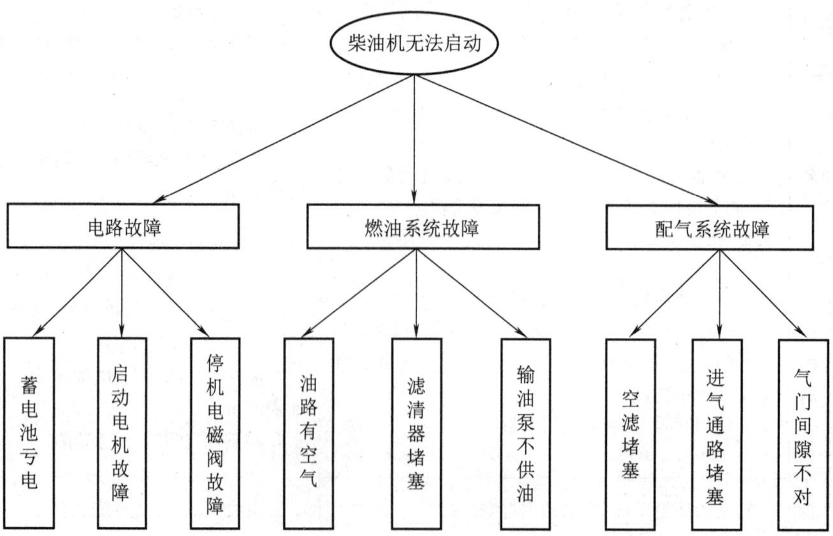


图8.1　柴油机无法启动故障分析流程图

### 8.1.2 主离合器及其操纵机构的故障与检修

主离合器在使用中，常见的故障有打滑、分离不彻底、踏板沉重及有不正常响声等。

1. 离合器打滑

离合器打滑现象表现为：机器起步困难；发动机转速增高时，车速不能随之提高；工作装置动力不足；严重打滑时，有烧焦的臭味产生。

产生原因：离合器压紧力降低；摩擦面状况发生变化，使摩擦系数降低。

主离合器压紧力降低的主要因素有：压紧弹簧弹性下降；摩擦片及压盘磨损严重，使压紧弹簧伸长过多。

摩擦系数降低的主要因素有：摩擦表面沾有油污；摩擦片硬化或严重烧蚀；摩擦片磨损严重时，铆钉外露。

排除方法：摩擦片被油沾污，应查明油污来源。当摩擦片油污不严重时，可用汽油洗净，并用压缩空气吹干；若摩擦片表面硬化、严重烧蚀及铆钉外露时，应更换。若压紧弹簧弹性下降或折断，应及时更换。

2. 主离合器分离不彻底

主离合器分离不彻底表现为半离半合状态。

产生原因：分离杠杆高度不一致；从动盘翘曲不平；新铆的摩擦片过厚；中间压盘分离机构失调或分离弹簧折断。

检修方法：调整分离杠杆高度及中间压盘分离机构间隙。校正从动盘不平、摩擦片过厚时，应进行修磨，也可在离合器盖与飞轮之间加适当厚度的垫片调整。

3. 主离合器踏板沉重

在这种气助液动的操纵机构中，如踏板沉重，则表明助力系统工作不良。

产生原因：可能是气压不足或管路漏气；气压作用缸活塞密封圈磨损；排气阀密封不严；随动控制失调。

排除方法：排气；更换作用缸；检修或更换排气阀。

4. 主离合器有不正常响声

产生原因：此类故障一般多属于长期使用后，零件磨损或损坏所致。如分离杠杆销轴、滚针轴承及轴承座松旷；压盘或中间压盘凸耳与飞轮导向凹槽配合间隙过大；从动盘毂与从动轴花键磨损等。

排除方法：发现主离合器有不正常的响声，一般均应拆卸，进行检查与修理。

### 8.1.3 万向传动轴的故障与检修

万向传动轴在工作中承受着巨大的扭矩和动负荷，长期使用后，零件会发生磨损，配合间隙增大。此外，轴管弯曲、凹陷，会造成万向传动装置发响和抖振。

1. 万向节的异响

万向节异响，在车速变化时尤为明显。

产生原因：主要是万向十字轴、滚针轴承严重磨损松旷或滚针断碎。

排除方法：就是更换轴承。严格按照使用维护规程加注润滑油脂，可有效地防止此类故障的发生。

2. 花键松旷的异响

传动轴花键松旷也会产生异响，特别在油门急剧变化的瞬间，响声尤为严重。因此，在维护保养时，应注重润滑以减轻键槽磨损，并保证传动轴的自由伸缩。

3. 传动轴的抖振

传动轴不平衡，在旋转时由于离心力的作用会产生抖振，严重时会使传动轴零件迅速损坏，影响分动齿轮箱的正常工作。

根据传动轴的构造特点，在使用与检修过程中，应注意保持轴的平衡条件。如：消除轴的变形；拆装滑动叉时作记号；检查动平衡片防止脱落；修复十字轴轴承等。

### 8.1.4 齿轮传动箱的故障与检修

大型养路机械的齿轮传动箱有分动齿轮箱、车轴齿轮箱、各种工作装置减速箱等；它们在构造与工作原理方面基本相同，在使用检修中，产生的故障、原因和排除方法也相类似。齿轮传动箱在使用过程中，由于零件磨损和变形，造成零件配合失常，从而引起一系列故障。常见的故障有不正常声响及漏油。

1. 不正常响声

传动箱的不正常响声，主要是轴承磨损松旷和齿轮间不正常啮合而引起的噪声。

(1)轴承响声：轴承响声是一种杂乱的连续噪声。传动箱轴承经常在高速、重载条件下工作，并承受很大的交变负荷。因此，滚动体与滚道会发生磨损，疲劳剥落、烧蚀等现象，轴承的轴向与径向间隙增加，使滚动体与滚道之间发生撞击而发出噪声。轴承外座圈与轴承座孔磨损松旷也会产生不正常响声。为此，应检查轴承，若有损坏，应予更换，并重新调整轴承紧度。

(2)齿轮发响：齿轮正常的啮合间隙和啮合印痕被破坏，是引起齿轮不正常响声的主要原因。

如果响声不严重，可继续使用；严重时，可拆开传动箱盖进行检查，若是啮合间隙超过允许极限、齿轮折断等，应予更换。

2. 润滑不良与漏泄

润滑系统的故障表现在系统的压力高低上。系统压力过高会发生窜油现象，其原因是输油管路堵塞、不畅，必须清洗。系统压力过低会引起齿轮、轴、轴承发热，其原因是多方面的。

车轴齿轮箱润滑系统压力过低的原因：

①凸轮柱塞泵的柱塞卡死，油泵不能工作。

②系统中单向阀过度磨损泄漏严重。

③吸油滤网堵塞吸不上油。

④润滑油不足。

各种齿轮传动箱都设有明显的润滑油位标记，因此，要经常检查油量，及时补充。另外，对齿轮传动箱上的通气孔也应定期检查、清洗，否则通气孔滤网堵塞，会造成密封装置的漏油。

## 任务 8.2 工作装置故障与检修

### 8.2.1 捣固车工作装置故障与检修

1. 捣固装置温度过高(按照规定不允许高于 125 ℃)

(1)检查飞轮转速[一般在(2 050±100) r/min]。处理：转速过高则检查发动机功率，并进行调整。

(2)检查集中润滑系统是否工作。处理:检修集中润滑系统或现场进行手动加注润滑脂。

(3)检查捣固装置支撑臂紧固螺栓是否松动或脱落。处理:紧固螺栓。

(4)检查捣固装置支撑臂是否有变形。处理:支撑臂的变形主要由于安装液压马达时联轴器位置未到位造成的,或液压马达的紧固螺栓未达到规定拧紧力矩松动造成的,检查调整。

2. 捣固装置无振动

(1)液压马达与捣固装置连接的联轴器碎裂。处理:更换联轴器。

(2)检查油压是否正常(详见液压系统故障排查)。

(3)检查是否有异物掉落在捣固装置缝隙内,造成发卡现象(曾经出现过螺栓掉落在捣固装置内导致无法建立振动的情况)。

3. 捣固装置漏油故障

(1)镐臂漏油问题。

原因:①由于镐臂、承压盘、销套、铜套的加工精度不够或组装不规范造成。

②道床板结导致镐臂铜套变形和磨损加剧造成。

③操作错误(如单踏板作业时车辆未停稳或提升到位进行走车)引起。

④非正常的卸镐或装镐不规范造成敲镐等引起。处理:更换密封及铜套,规范组装即可。

(2)夹持液压缸漏油问题。

原因:液压缸体漏油多是由于缸体强度不够引起的,如使用短时间出现内外泄漏多是因配件质量、组装质量(如更换液压缸活塞总成时,液压缸上的缸盖螺栓未使用高强度螺栓或拧紧力矩不达标等)引起的,也经常发生因操作不当造成夹持液压缸容易漏油的情况。

(3)导向柱漏油问题。

原因:①导向柱内铜套磨损。

②导向柱固定哈夫块间隙过大,导致捣固装置延导向柱上下动作不顺畅,存在卡滞现象,导致内铜套磨损加剧。

③因非正常卸镐和装镐敲击造成导向柱下部损伤,导致捣固装置上下移动时拉伤密封件。

(4)主轴箱漏油问题。

原因:①长时间使用,自然磨损使轴承内外圈跑动。

②密封件失效。

③组装不规范,配件不合格。

4. 捣固装置不能下插故障

捣固装置不能下插故障分析流程图如图 8.2 所示。

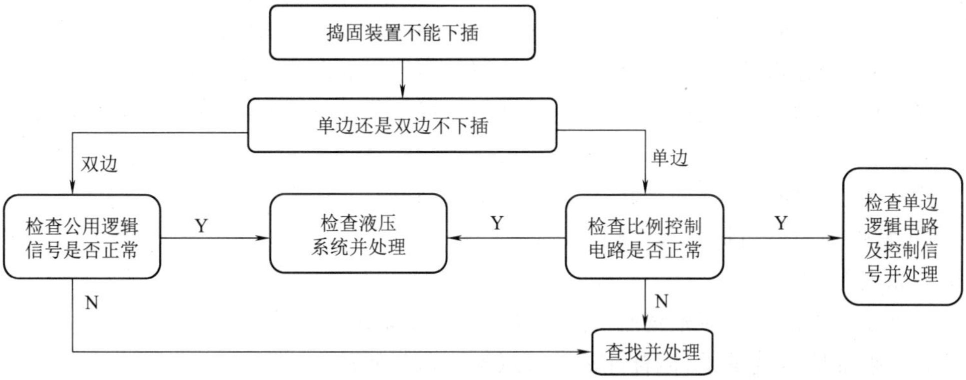


图 8.2　捣固装置不能下插故障分析流程图

5.捣固装置振动较大的故障

(1)检查捣固装置框架与车体及横移液压缸连接的锥形尼龙套是否磨损或调整是否到位。处理:更换锥形尼龙套并通过调整垫片进行调整。

(2)检查导向柱与固定哈夫块的间隙是否过大,导致捣固装置产生纵向振动。

(3)检查捣固装置电气控制系统各位置是否调整到位(详见电气系统故障排除)。

(4)检查捣固装置框架与车体连接处有无脱焊、裂缝等情况。

### 8.2.2　清筛车工作装置故障与检修

1.挖掘装置故障与排除

(1)卡链

卡链是挖掘装置工作中突然出现的故障,其原因可能是:

①下降导槽伸缩段上的螺栓松动;

②链节固定销脱落卡住;

③紧固螺栓松动上窜将链卡住。

卡链后应立即停止挖掘,找出卡链的原因,进行紧固或更换失效零件。

(2)断链

挖掘链长期工作后,链销轴在扒板和中间链节的销孔中被磨细,整条挖掘链也会松弛。挖掘链的松紧程度在链正常情况下除靠张紧油缸调整外,过度松弛必须摘掉链节来调整。一套新的挖掘链一般允许采用三次摘掉链节的方法来调整松弛程度。换句话说,就是一套新的挖掘链,通过使用,在摘掉三个链节后,再松弛就应更换全套新挖掘链。断链就是链销轴磨细后,承载能力降低,突然承受尖锋载荷时,被拉断的现象。出现这种情况,要及时查明原因,进行处理。

2.振动筛的故障与检修

振动筛机常见的故障是:筛分质量不佳;正常工作时,筛机振动频率减慢,轴承发热;有敲击声等。

(1)筛分质量不佳

筛分质量不佳表现在回填的道砟中不清洁,产生原因有:

①筛孔堵塞。如果筛机投料过多,特别是筛面上料层过厚,则筛机负荷过重,污砟通过筛网时,不能充分被抛起落入筛孔中,甚至将筛孔堵塞。因此要减轻筛机负荷,减小筛机的投料量,并及时清理筛面。

②筛机给料不均匀。筛机工作必须保持水平位置,特别在曲线上应随时调节筛机的调平装置,检查导板的磨损情况。另外调节挖掘装置的道砟导流闸板投料的位置。

③筛网拉得不紧。筛网拉得不紧或松动时,振动效果差、筛分效率低。排除方法是张紧筛网紧固固定装置。

④筛网严重磨损出现孔洞。此时,要及时更换筛网。

(2)正常作业时筛机振动频率减慢,轴承发热

产生原因有:

①轴承缺少润滑油。应检查润滑油位及润滑液压系统工作状况。

②轴承阻涩应清洗轴承、检查注油系统或更换密封元件。

③加入的润滑油牌号不对。此时,应清洗再加入适当的润滑油。

④轴承损坏或安装不良、密封圈被卡住。在这种情况下，应更换轴承，调整密封套达到正常的间隙。

(3)筛机在工作时发出敲击声

产生原因有：

①轴承损坏。

②筛网拉得不紧或筛面固定得不牢。

③轴承固定螺栓松动。

④减振弹簧断裂或损坏。

检查出敲击声的原因后，对于损坏零部件给予更换，对于松动件要紧固，并检查防松措施，消除故障。

(4)清筛车振动筛不工作(图 8.3)

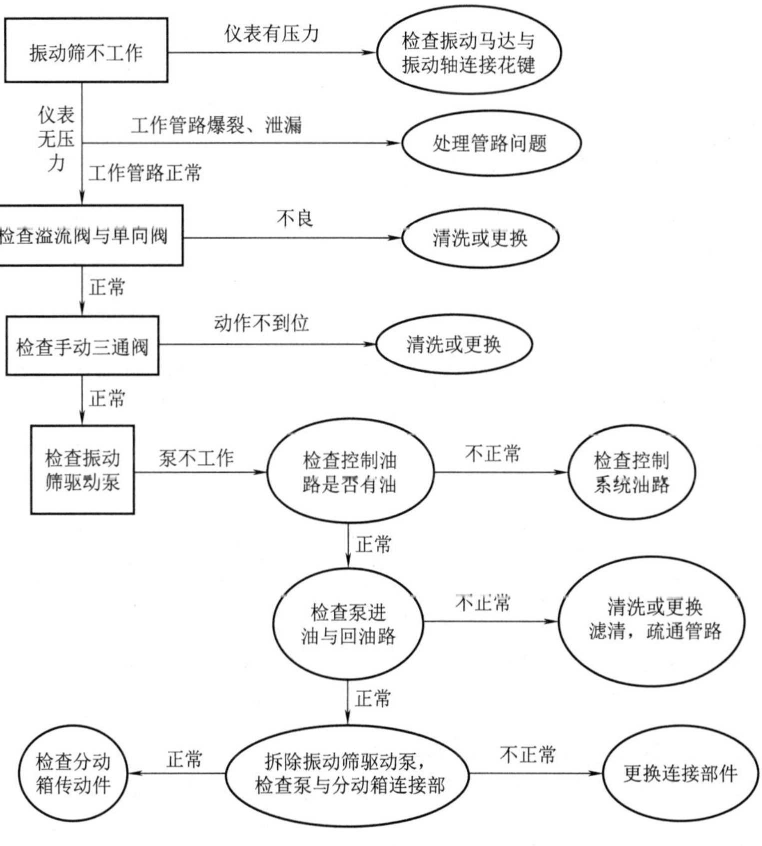


图 8.3 清筛车振动筛不工作故障分析流程图

3.带式输送机的故障与检修

(1)胶带跑偏

胶带跑偏是带式输送机经常遇到的问题，对于托辊槽角为 30°的输送带跑偏的原因及处理方法如下：

①整条输送带安装中心线不直。

②胶带本身弯曲不直或接头不直。

排除方法是将胶带修直或在接头处切正、切齐重新胶合。

③滚筒中心线同胶带机架中心线不垂直。这种情况主要是机架安装不正引起的，必须重新组装机架。装配时，应保证驱动滚筒与改向滚筒轴线间的平行度。

调整胶带在滚筒上的跑偏也可以改变滚筒轴承座的位置，如图 8.4(a)所示。调整方法是哪边跑偏就收紧那边的轴承座。这样使胶带跑偏的那边拉力加大，向拉力小的一边移动。

④托辊组轴线同输送带中心线不垂直。调整方法是输送带往哪边跑偏，就把那边托辊向输送带前进方向移动，如图 8.4(b)所示。一般移动几个托辊组就能纠正过来。

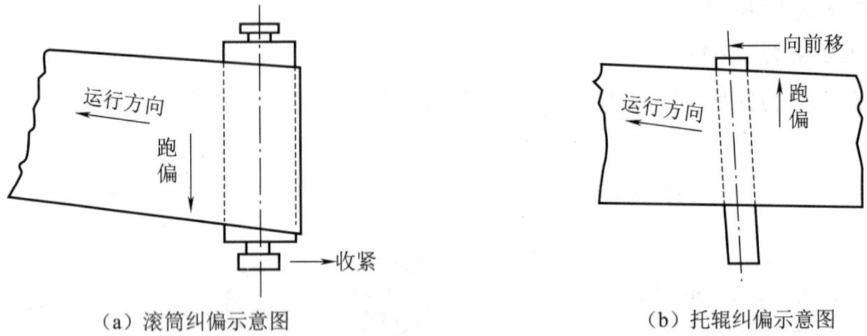


图 8.4　输送带纠偏

⑤滚筒不水平。如果滚筒安装超差，应停机调平；如果滚筒制造外径不一致，则需重新加工滚筒外圆。

⑥滚筒表面黏结物料。滚筒表面粘附物料，可使滚筒变成圆锥体，则胶带就会跑偏。特别是输送湿度大的污砟时，如果输送带尾部密封不良时，污土容易落入空载的胶带而黏结于滚筒上。因此，必须经常检查清扫器工作情况，必要时人工清扫。

⑦输送带一加负载就跑偏。这种情况一般是由于投料点不在输送带中间，应改动投料处挡板的位置。

⑧机架两侧高低不平使输送带不水平，运行时输送带向负荷轻的一边移动，导致跑偏。此时，应校平机架或将托辊组加垫片调平。

⑨输送带无载时发生空车跑偏，而加载后得到纠正。这种现象一般是初张力过大，应进行适当的调整。

(2)回转污土输送带前支架液压支撑干活中低头

回转污土输送带前支架靠液压系统的油缸支撑到工作状态，伸向机器前方。此时，油缸管路在液压锁的控制下闭锁。

产生原因：如果液压锁失控，即磨损后漏泄。

处理方法是检修或更换液压锁，保证回转污土输送带可靠地工作。

### 8.2.3　动力稳定车工作装置故障与检修

1. 稳定装置无法放下

一般是因为操作顺序错误引起，重新按照顺序操作即可，圆曲线上最好不要进行收放稳定装置作业。

2. 稳定装置不能解锁

一般为机械故障，为锁定销锈蚀引起的。

3. 稳定头不产生振动故障

(1)液压走行速度低于 0.2 km/h，或前小车测量轮上的脉冲传感器损坏。

(2)检查振动联锁信号 Q2J 是否存在。

(3)检查继电器 2U1A 有无动作。

(4)检查振动泵伺服阀有无伺服电流。

(5)检查振动马达或振动泵是否损坏。

### 8.2.4 钢轨打磨车工作装置故障与检修

1. 打磨电动机不能启动

(1)故障分析

打磨电动机启动控制较为复杂,为弱电控制强电。一般检测方法是从强电电路图的最末端入手,首先检测启动电动机是否正常,依次往上测量、检测热继电器、空气自动开关、接触器是否正常,若以上几项均无故障,则需要从弱电控制电路入手,检测启动继电器及 PLC 输出信号是否正常。

(2)常见原因

热继电器故障、空气自动开关跳闸、电动机发热烧毁等。

(3)检修措施

定期检查各元器件及时修理或更换。

2. 打磨电动机不下压或压力不稳定

(1)故障分析

打磨电动机工作为风压控制,由于温度等因素极易造成漏风,导致不下压或者压力不稳定。另外,打磨电动机压力由导向阀 FESTO、动作阀等控制,任何一个元器件损坏或者动作不灵敏都可能出现打磨点击压力不稳定或者不下压。

(2)处理措施

打磨作业条件恶劣,灰尘多,极容易出现阀芯阻滞风缸漏风,应该及时除尘和更换导向阀、执行阀。

3. 打磨电动机工作角度异常

(1)故障分析

由于打磨电动机与底座为螺栓连接,有时会出现松动导致角度不准,也可能为控制角度变化的电压转化器由于发热等导致误差增大。

(2)处理措施

加强车下底座连接检查或者定期更换电压转换器。

4. 打磨小车不下降或者升降困难

(1)故障分析

打磨小车升降为液压控制,冬季气温低,液压油呈凝固态,可能出现打磨小车不下降。也可能是控制小车升降的换向阀或者液压油缸密封损坏等。

(2)处理措施

施工前预热液压油,定期除尘和更换相应元器件。

## 任务 8.3 大型养路机械液压系统故障与检修

大型养路机械液压系统在运行中出现的故障主要有漏油、发热、振动、噪声四类。这四类故障有时单独出现,有时伴随出现,也有伴随别的故障(如油中有泡沫伴随液压泵吸空产生噪声)同时或略滞后出现的。

### 8.3.1 大型养路机械液压系统故障诊断的方法

在预防性检查中,有经验的检修人员可以通过问、看、听、摸、嗅等简易监测诊断法来判断液压系统的故障,也可以利用各种检测仪器进行定量测试分析。

1. 简易诊断法

(1)询问设备操作者,了解设备运行状况,包括:液压系统工作是否正常;液压泵有无异常现象;液压油检测清洁度的时间及结果;滤芯清洗和更换情况;发生故障前是否对液压元件进行了调节等。

(2)看液压系统压力、速度、油液、泄漏、振动等是否存在问题。

(3)听液压系统声音:冲击声;泵的噪声及异常声;判断液压系统工作是否正常。

(4)利用灵敏的手指触摸允许摸的部件,检查温升、振动、爬行及联结处的松紧程度,判定运动部件工作状态是否正常。

(5)通过嗅觉可判别油液变质及液压泵烧结等故障。

2. 液压系统原理图分析法

根据液压系统原理图分析液压传动系统出现的故障,找出故障产生的部位及原因,并提出排除故障的方法。结合动作循环表对照分析、判断故障就很容易了。

3. 油液分析法

工作流程是先对大型养路机械进行油品取样,用理化指标性能来分析检测出设备存在问题,利用铁谱分析技术分析出磨屑的形状与尺寸,采用光谱分析法检出油液内金属元素含量的浓度,对检测出来的指标数据进行细致的综合分析,分析出这些指标会带来哪些故障问题,进行故障预报,针对可能出现的设故可查,及时采取预防措施,对已经出现问题的设备故障及时检修维护。

4. 状态监测法

大型养路机械本身配有各种检测仪表,在液压系统中装设有各种监测传感器,当某个部位发生异常时,能及时测出技术参数状况,并自动显示在控制屏幕上,以便分析研究、调整参数、诊断故障。

### 8.3.2 大型养路机械液压系统常见故障与检修

1. 漏油

(1)液压系统漏油的危害

①设备效率显著下降,能量损耗逐渐提高;

②设备工作的可靠性下降;

③设备及环境污染;

④由于密封不良,外界污染物更容易侵入,从而造成恶性循环,使得系统或元件出现早期磨损,严重时将导致整机瘫痪。

(2)系统漏油的原因及其预防手段

①由于加工不良导致泄漏;

②由于安装不当而造成泄漏。

(3)由于维护及选材不当而引发泄漏

①密封圈表面损伤造成密封泄漏；

②间隙咬伤及密封圈翻扭引起泄漏；

③油液遭污染后，将损坏密封，从而造成泄漏。

图 8.5 为大型养路机械漏油故障检查流程图。

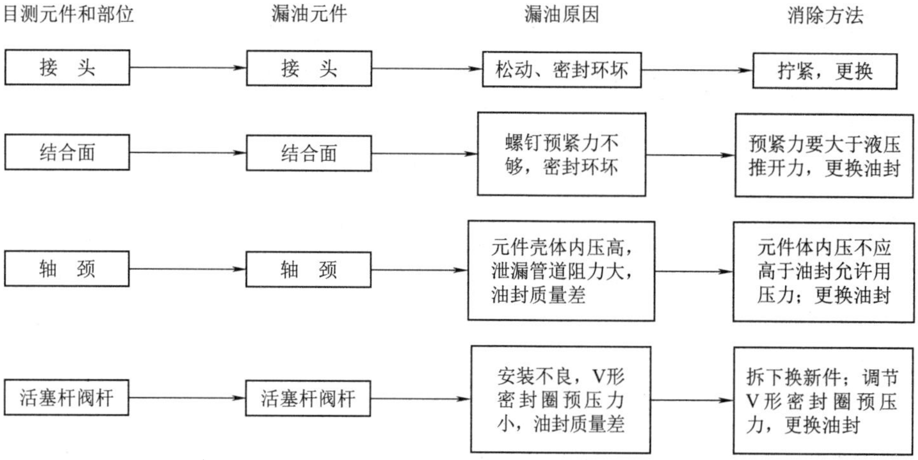


图 8.5　大型养路机械漏油故障检查流程图

2. 发热

液压系统发热和元件的损坏，经常互为因果、恶性循环，元件质量不好，在使用一段时间后零件磨损，使系统发热、泄漏增大、效率降低；液压元件质量好时，由于液压油的污染，也会造成液压泵、液压马达的运动副过度磨损、擦伤、咬合，以致产生许多的金属污染物，使系统发热。系统发热原因如图 8.6 所示。

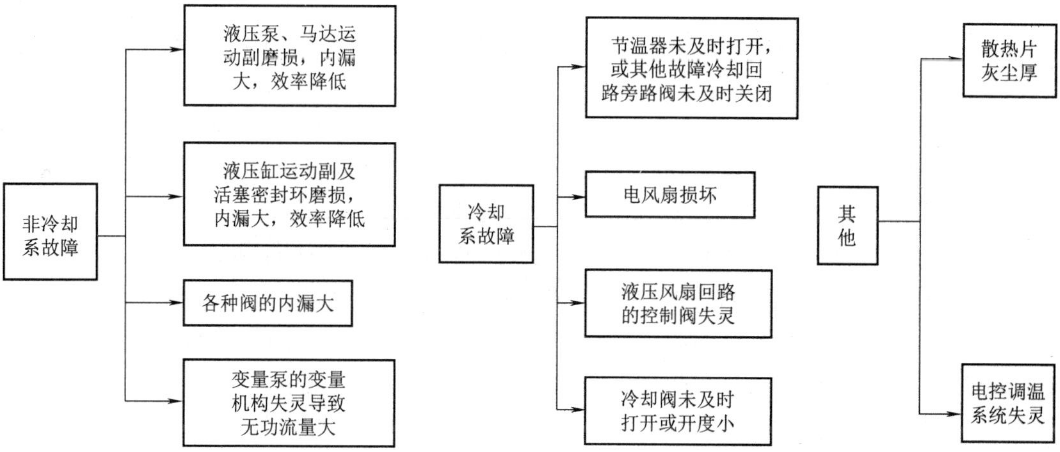


图 8.6　大型养路机械使用中出现发热的原因

3. 振动和噪声

振动和噪声虽属两种现象，但实质均来自物质(体)不同频率的周期性运动，二者互为因果。例如吸油管道的管接头预紧力不足，在运转中松动、漏气，会产生吸空声音，同时也伴随由此而引起的振动。液压系统噪声过大的原因如图 8.7 所示。

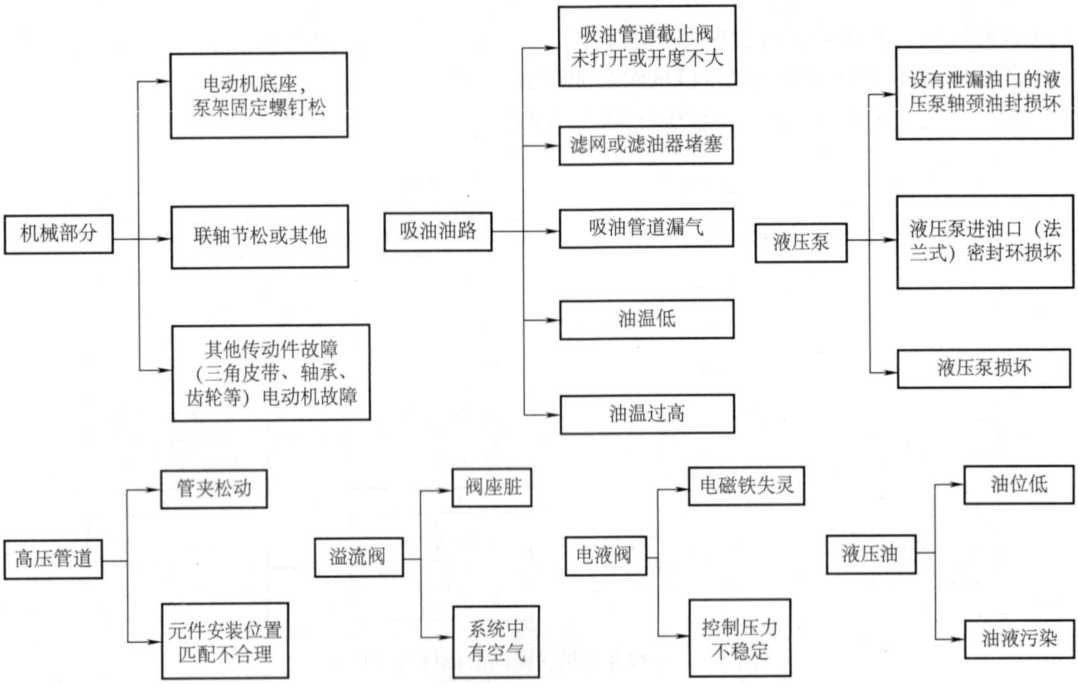


图 8.7　大型养路机械液压系统噪声过大原因

### 8.3.3　各车型常见液压系统故障分析及排除

1. 捣固车液压系统常见故障分析

判断 08-32 捣固车液压系统故障时先要熟悉 5 个液压回路图，分别为①油泵及振动油马达回路。②捣固装置升降及捣固镐夹持液压回路。③捣固装置横移及夯拍器升降液压回路。④起拨道装置及作业走行油马达液压回路。⑤制动及支撑油缸液压回路。然后采用逐步排除法、换件法对液压系统故障进行逐一排除。

(1)捣固装置内镐突然不动作的故障。分析：根据第②项液压回路图，检查 4.5 MPa 溢流阀不正确，判断溢流阀污染，导致卸荷或压力不足。处理：调整溢流阀压力或清洗更换溢流阀。

(2)捣固车作业时主驱动马达不能正常工作，辅驱作业正常。分析：根据第④项液压回路图分析。a. 如果控制主驱动马达方向转换的电液换向阀不能正常换向，阀芯处于中位，液压油就不能通过换向阀进入主驱轴马达。处理：清洗或更换电液换向阀。b. 如果作业油路上溢流阀故障，导致作业系统无压力油源，也能造成主驱马达不动作。处理：清洗或更换溢流阀。c. 主驱轴马达本身故障不能输出扭矩。处理：更换主驱轴马达。

(3)作业时，液压制动突然失效。分析：根据第⑤项液压回路图分析。a. 减压阀故障，导致减压阀的出口压力小于设定压力时，主阀芯处于全开状态，压力油通过主阀芯与阀套之间的孔流出，导致压力油无法进入制动油缸。处理：更换减压阀。b. 两位四通换向阀作用不良导致系统压力油到不了减压阀。处理。更换两位四通换向阀。

(4)作业时，突然作业走行失灵。分析：根据第④项液压回路图分析。三联泵的损坏是造成作业走行突然失灵的主要原因。处理：更换三联泵。

2.清筛机液压系统常见故障分析

(1)系统只能单方向运行。原因及处理办法如下:①检查手动先导阀的控制连杆是否失效或受损。处理:拆下控制连杆,观察变量控制手柄是否能在弹簧作用下对中,失效时更换。②检查溢流法的状态是否正常。处理:采用换件法处理,失效更换。③检查补油单向阀作用是否正常。处理:采用换件法进行处理,或者通过推压其内部的钢球检查是否有弹力作用在钢球上。④检查控制阀是否失效。处理:拆除控制阀连杆后检查是否有相应的弹簧力作用在控制拉杆上,如无,表明控制阀失效,更换。⑤检查梭阀。处理:换件法进行检查、清洗或更换。

(2)系统响应迟缓问题。原因及处理办法如下:①观察补油压力是否过低,若补油压力过低则先检查溢流阀,溢流阀好的则补油泵故障可能性很大。处理:换件处理。②补油压力正常情况下,检查控制阀阀口是否被堵塞。处理:更换控制阀。③检查旁通阀是否失效或开启是否正常。④如上述部分均未发现问题,传动件(变量泵)的故障可能性就很大了,更换变量泵。

(3)系统两个方向都无法运行。原因及处理办法如下:①检查液压油箱油位。②检查控制连杆。③检查旁通阀。④检查补油压力。⑤检查系统压力。

(4)系统离合器压力偏低。原因及处理办法如下:①溢流阀的压力调整弹簧弹性系数变化,导致溢流阀不保压。②系统内卸。③液压泵供油不足。④分流盘与活塞环接触面超限,导致分流盘内卸。⑤分流盘三道活塞环出现折断,导致分流盘内卸。⑥活塞环槽磨损过深,槽宽过大,造成活塞与分流套密封不严,导致分流盘内卸。处理:对于现场出现离合器压力偏低的情况,在高速走行时必须作为辅机状态,作业时可以采用电路短接的方法进行保证施工(但必须保证两个以上车轴离合器压力正常)。

(5)离合器高、低转换阀回中间位时离合器留有压力。原因及处理办法如下:液控阀一侧弹簧折断或阀芯异物卡死,导致液控阀阀芯不能恢复到中间位置,造成离合器 FG 或 AC 出现一定数值的压力现象。处理:更换液控阀或弹簧。

(6)离合器片烧结。原因及处理办法如下:离合器片烧结的故障主要发生在施工完毕时,由于液压油温度过高造成离合器压力过低(低于 1 200 kPa),导致运行时离合器压力达不到要求,致使离合器片静摩擦力过小,使离合器片之间产生相对运动,在高速运转时产生高温,造成离合器片烧结的故障。同时大型清筛机的牵引力过大也是造成此类问题的原因。

## 任务 8.4　大型养路机械电气系统故障与检修

电气系统的综合故障多数为短路故障、断路故障和电压不稳故障,大多表面电气故障深层次的原因也是以上故障引发的,而大多此类故障的排查很耗时耗力。因此对电气系统进行紧固、防潮、防尘(三要素)工作至关重要,这是避免电气故障发生的基本方法。同时,操作人员或电气技术人员要养成对显示电路进行监控的习惯,其实,监控电路数据与压力、温度的监控一样重要,通过对电路的监控可以提前发现很多隐性的电气系统故障。对排查电气系统类的故障往往起到“事半功倍”的效果。

### 8.4.1　蓄电池的故障与排除

蓄电池在使用中,常出现各种故障。外部故障有容器或盖子产生裂纹、封口胶破裂、接线松脱、接触不良和电桩腐蚀等；内部故障有极板硫化、极板活性物质脱落、自行放电等。下面着重介绍自行放电的处理方法。

1. 自行放电的原因

完全充足电的蓄电池，放置不用时逐渐失去电量的现象称为自行放电。其原因之一是电解液含有杂质，在沉附于极板上的杂质与极板之间，以及不同的杂质之间形成电位差，变成了一个局部电池。这种局部电池通过电解液，产生局部电流，就会使正、负极板上的活性物质转变为硫酸铅，从而使蓄电池失去电量。

2. 排除方法

为了减少自行放电，使用中必须经常保持电池表面和桩头清洁，加注的电解液必须用化学纯净硫酸和蒸馏水配制，加水必须加注蒸馏水。

补救方法：自行放电严重的蓄电池，可将它全部放电或过放电，使极板上的杂质进入电解液，然后将电解液倒掉，并用蒸馏水仔细清洗，最后灌入新电解液进行充电。

装在车中的蓄电池，常有存电不足现象。除自行放电、硫化、内部短路等本身故障外，还常因发电机故障、充电线路接头松动、锈蚀或电池搭铁线接触不良、电桩接头松动，用电线路中有搭铁处过度漏电等原因，致使蓄电池蓄电不足，应检查有关部分，进行修复。

### 8.4.2　硅整流发电机的故障与排除

1. 发电机不发电。

(1)二极管击穿或内部整流结脱开，不起整流作用，可逐个检查二极管，发现有损坏，必须更换新的。

(2)碳刷在碳刷架内卡住，发电机不激磁。可拆开发电机检查，将发卡的地方修整(可将碳刷架孔锉大一些，或将碳刷发卡处磨小一些)，如有脏物堵住，则清洁碳刷架即可。

(3)激磁绕组不通电。可用万用表电阻 R×1 挡将两表笔搭在滑环上，如万用表读数超出规定的磁场线圈电阻值很多(正常值在 8 Ω 以内)，说明激磁绕组不通，可能是激磁绕组的两端在滑环处的焊接脱落，或激磁绕组引出线转折处断裂，可重新焊接，但应注意不使其搭铁。

(4)定子绕组搭铁。发电机如经常在满负荷情况下长期工作，用久后，由于导线老化，漆层脱落，就有可能搭铁，用万用表 R×100 挡检查，如果测出的阻值在 1 000 Ω 以下时，说明有可能搭铁，可拆开电机进行检查，并按规定参数重新嵌线。

2. 电流表指示有时有电，有时没有电，很不稳定。这种故障的可能原因有：

(1)传动皮带过松，有打滑现象，发电机运转时转速不够。

(2)蓄电池与发电机之间的连接导线接触不可靠，或者局部将要断裂。

(3)发电机内部接线不可靠，有松动现象。

(4)碳刷与滑环接触不良，或磨损过多。

3. 充电电流很小，低速时不充电。

(1)二极管损坏一个或两个，可拆开电机逐个检查。

(2)定子绕组有一相连接不良或断开。

(3)碳刷在滑环上接触不良，接触电阻过大，一般是滑环上太脏或者碳刷已磨尽。

### 8.4.3　起动电机的故障与排除

1. 起动机不能运转。检查蓄电池蓄电情况，可以先按电喇叭、听声音，若响而脆，表示蓄电足。也可试开大灯，若灯光亮，表示蓄电足。在蓄电足的情况下，不能起动的原因可能是：蓄电池接线柱氧化，或蓄电池导线搭接不良，以及起动机的接线柱接触不良（常见的是蓄电池接线柱氧化）。若按下起动按钮后，听到小齿轮向齿圈方向啮合的“卡卡”声音，或听到蓄电池接线柱处有“啪啪”的声音，仅有起动之势，但不转动，此后再按起动按钮，则起动机无动静，这表明接触不良，而且大多在蓄电池接柱处，应清除接线柱及导线线头。

2. 起动机功率不足，空载可以运转，但无力起动发动机。其原因可能是蓄电池蓄电不足或在冷天时发动机机油过黏，或预热装置失灵及发动机忘了减压起动；轴承磨损过大，转子扫膛；碳刷磨损过多，碳刷弹簧压力不足，使接触电阻过大；整流子脏污；电机内部激磁和电枢绕组有局部短路或搭接不良等。图 8.8 为起动机启动系统。

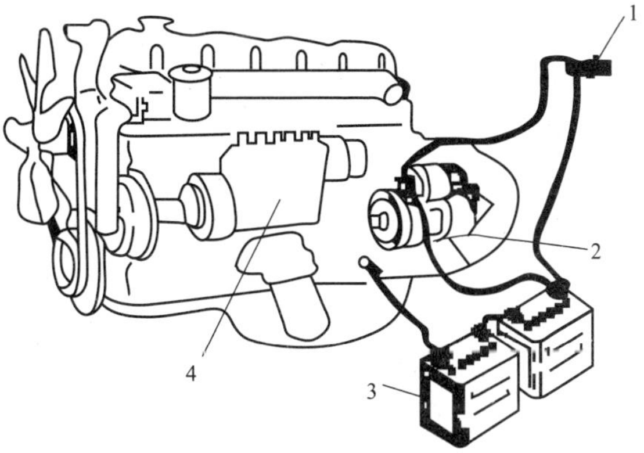


图 8.8　起动机启动系统

1—启动开关；2—起动机；3—蓄电池；4—喷油泵

3. 起动机在柴油机起动后，不能停止转动。这种故障是非常危险的。发生这种故障时，应立即拆开蓄电池搭铁线，否则起动机在短时内就会烧坏。这种故障的原因是：

电磁继电器的三对触点因烧损而焊接在一起，使电路不能切断。铁心表面或和铁心配合的孔太脏，铁心回位弹簧太软或折断，使铁心不能自由退回。

4. 起动机小齿轮尚未与飞轮齿圈啮合，起动机即旋转，小齿轮和飞轮齿圈发生严重的撞击，发出打齿声。产生这种故障的根本原因是：起动机小齿轮未和飞轮齿圈啮合前，控制继电器提前接通了起动电机的串激绕组，使起动机高速旋转，二者无法啮合，这可能是吸引电磁铁固定螺丝松动或检修起动机后装配不当造成的。

5. 按下起动按钮时，只听到起动机发出“卡嗒”一下响声，起动机却不转。发生这种故障的原因是：虽然吸引电磁铁的线圈能吸引衔铁，但不能使控制继电器的触头闭合，因此，听到的只是吸引衔铁的“卡嗒”声，而起动机主电路却没有接通。这是由于电磁线圈短路或接触不良，电磁力太小所引起的。铁心表面太脏，修理后换用的弹簧太硬，也可能产生上述故障。

6. 起动机空转。这种情况与起动机功率不足，无力起动发动机不一样，而是指起动机功率足够，但却不能带动发动机。起动机空转有下列情况；起动机小齿轮根本不和飞轮齿圈啮合而空转；吸引电磁铁吸力减小，不能使起动机小齿轮在轴上移动，当起动机小齿轮尚未与飞轮啮合时，起动机便旋转起来；或是安装时不注意，使起动机小齿轮与飞轮齿圈端面的离过大，不能啮合。

### 8.4.4 电气控制系统常见故障与排除方法

1. 二极管的常见故障与排除方法

在大型养路机械上使用大量的各种型号的二极管。这些二极管除了开关和整流作用外，还有两个作用：熄灭火花放电和指示作用。

(1)二极管击穿

并联在线圈上的二极管击穿后，会形成较大的短路电流，在每条分支电路上都有自动开关和熔断器，会引起自动开关跳闸和熔断器的熔丝烧断，这时除了检查有无电线和车架搭铁现象外，还需要用万用表电阻 R×100 挡检查二极管的正、反向电阻(断开线圈的接点)正向电阻正常值小于 1 000 Ω，越小越好，反向电阻在几十千欧以上，越大越好。如果测出的正、反向电阻值都很小或都很大，说明二极管损坏。更换二极管时一定要按原规格型号更换，如无进口二极管可参照有关二极管手册，用国产二极管代替。对于串联在电路中起开关作用的二极管击穿后故障不十分明显。例如二极管 n100 击穿后在前、后发电机发出的电压相同时，无故障现象。当发电机 M2 发出的电压低于 M8 发出的电压或蓄电池 n1 和 n2 的电压低于 n3 和 n4 时，出现反供电现象，安培表 g6 电流值为负值。这时应在停机后，将自动开关 e182、e183 断开，用万用表电阻挡检查二极管 n100 后更换。

(2)二极管内部断路

并联在线圈上的二极管在内部断路后，故障现象不十分明显。如果某个继电器断电时，触点火花比较大，而且触点使用寿命明显缩短，除了检查线圈和线路短路故障外，也需对二极管进行检查。对于串联电路的二极管在内部断路后，故障十分明显，会使某一电路断电，这时除了检查电线断路故障外，可对二极管进行检查。

2. 继电器不动作与排除方法

直流电磁继电器和直流电磁阀通电后不动作，有以下原因：线圈引出线接触不良；线圈断线和衔铁卡住。当开关闭合后，继电器或电磁阀不动作，这时可用万用表 50 V 电压挡测量线圈出线两端。如果有直流 24 V 电压则可判断是线圈故障。这时，可停车或在确保其他设备安全的情况下不停车，将继电器或电磁阀线圈脱离电源，用万用表电阻 R×1 挡检查线圈是否断路。

3. 线路与触点故障与排除方法

在大型养路机械上，继电器的数量比较多，这些触点在使用中会出现故障：为了便于操作，在各个驾驶室内都设立了各种开关和显示电路，敷设了大量的电线，这些电线在长期使用中会出现断线、搭铁等故障。在检修时会遇到不少困难。

此外，电位法是在机车线路通电的情况下对故障进行查找的一种方法。使用万用表时，为了防止表笔在测量时引起短路，在表笔笔尖金属部分套上橡皮管或塑料管，大小合适，略紧一些；只要笔尖略微露出一点即可。

## 任务 8.5　大型养路机械制动系统故障与检修

### 8.5.1 基础制动故障与检修

1. 闸瓦偏磨问题

主要原因：

(1)制动梁上的闸瓦轴、套磨损;处理:对制动梁上的闸瓦轴进行补焊并机修,对磨损的套进行更换。

(2)闸瓦吊架下端孔、套磨损;处理:一般采取整体更换方式进行。

2. 水平制动臂磨损处理

更换同型号的水平制动臂,同时更换销轴,如没有水平制动臂,可以视磨损情况对水平制动臂进行机加工修理,扩孔镶套时应做到孔要对心,套的材质强度要低于销轴和制动臂机体。

3. 手制动机旋转困难

主要原因:传动部件卡死;处理:检查各传动部件,特别检查丝杆滑母与丝杆的垂直度。

4. 手制动旋转后无制动作用

主要原因:传动部件松脱;处理:检查传动部件,特别检查链条是否断开。

### 8.5.2　中继阀故障与检修

中继阀故障处理方法见表 8.2。

**表 8.2　中继阀的故障处理**

| 序　号 | 故障现象 | 故障原因 | 处理方法 |
|---|---|---|---|
| 1 | 均衡风缸有压力,列车管无压力 | 遮断阀卡滞 | 拆检总风遮断阀 |
|  |  | 主活塞顶杆折断 | 拆检双阀口式中继阀,更换主活塞顶杆 |
| 2 | 均衡风缸、列车管压力上升缓慢 | 主活塞膜板破损 | 检查更换双阀口式中继阀主活塞膜板 |
| 3 | 排风口一直有排气声 | 排气阀口被脏物垫住,排气阀关闭不严 | 拆检双阀口式中继阀,清洗排气阀 |
|  |  | 排气阀口破损 | 更换排气阀套 |
|  |  | 排气阀面不平、有刻痕、橡胶脱胶 | 更换排气阀 |
|  |  | 排气阀挡圈断 | 更换排气阀挡圈 |
|  |  | 过充柱塞 O 形圈损坏,均衡风缸压力泄漏 | 更换过充柱塞 O 形圈 |

### 8.5.3　紧急放风阀的故障与检修

1. 不起紧急制动作用或紧急制动灵敏度差。

①紧急活塞橡胶膜板穿孔、紧急活塞或紧急活塞杆顶部凹穴内的密封圈漏泄。列车管急剧减压时,紧急室压力空气通过漏泄处流向紧急活塞下侧,因而不能形成足以使紧急活塞下移的压力差,或形成此压力差较晚。在机能试验时,当紧急室压力随列车管压力同时下降时,一般就是这个问题。

②安定弹簧过强。紧急活塞两侧的压力差虽形成了,但因安定弹簧过强,紧急活塞不易或不能下降。当列车管压力剧降,而紧急室压力与之相差较大时,一般为这种故障。

③放风阀弹簧过强或导向杆卡住,这时紧急活塞虽下降,但活塞杆压不开放风阀,或不易压开。

④紧急室漏泄或缩孔过大,使紧急活塞两侧形成的压力差较小。

2. 紧急室排气时间不符合要求。

紧急活塞下部径向缩孔Ⅲ过大或过小(在发生紧急制动作用后,紧急室的压力空气经这孔排出)。

3. 紧急制动后 20 s，列车管增压时紧急放风阀排风口漏。

①放风阀弹簧过弱、折损，或放风阀导向杆密封圈过紧，即使紧急室压力空气已全部排完，但放风阀仍未恢复到原来关闭的位置。

②放风阀与阀座间夹有杂物，形成列车管通向排气口的漏缝。

### 8.5.4　空气制动阀的故障与检修

空气制动阀的故障处理见表 8.3。

**表 8.3　空气制动阀的故障处理**

| 序　号 | 故障现象 | 故障原因 | 处理方法 |
|---|---|---|---|
| 1 | 缓解位，均衡风缸压力上升缓慢 | 作用在柱塞套上均布的径向小孔堵塞 | 拆检空气制动阀，清洗作用柱塞套 |
| | | 作用在柱塞、转换柱塞上的 O 形密封圈磨耗或破损 | 拆检空气制动阀，更换 O 形密封圈 |
| | | 转换柱塞套上均布的径向小孔堵塞 | 拆检空气制动阀，清洗转换柱塞套 |
| 2 | 制动位，均衡风缸排风速度不合要求 | 作用在柱塞尾部均衡风缸排风缩堵的缩孔过大，造成均衡风缸压力下降过快 | 更换排风缩堵或用榔头轻击缩孔四周，以缩小孔口 |
| | | 作用柱塞尾部均衡风缸排风缩堵的缩孔过小或堵塞，造成均衡风缸压力下降过慢 | 更换排风缩堵或清洗缩孔，并用标准钢针疏通孔口 |
| 3 | 制动保压位，制动缸压力泄漏 | 单独缓解阀阀口被脏物垫住，阀口关闭不严 | 拆检单独缓解阀，清洗阀口 |
| | | 单独缓解阀阀口破损 | 更换排气柱塞套 |
| | | 单独缓解阀阀面不平、有刻痕、橡胶脱胶 | 磨平单独缓解阀阀面或更换单独缓解阀 |
| | | 单独缓解阀排气柱塞套上 O 形密封圈破损 | 更换排气柱塞套上 O 形密封圈 |
| | | 作用柱塞、转换柱塞上的 O 形密封圈磨耗或破损 | 拆检空气制动阀，更换 O 形密封圈 |
| | | 单独缓解阀下盖 O 形密封圈损坏 | 更换下盖 O 形密封圈 |
| | | 空气制动阀中心顶杆过长，一直顶开单独缓解阀阀口 | 更换或加修空气制动阀中心顶杆 |
| 4 | 电联锁信号输出不正常 | 下微动开关与定位凸轮曲面压合不上 | 更换下微动开关或定位凸轮 |
| | | 微动开关接线短路 | 检查微动开关接线及接线座 |
| | | 下微动开关接线接到上微动开关接线座 | 重新检查并连接电源输入线与电信号输出线 |

### 8.5.5　单独制动阀(小闸)常见故障与检修

1. 小闸制动压力追随总风缸风压。

(1)原因分析：小闸下的调压阀脏污，阀口关闭不严，失去调压作用。

(2)处理方法：掌握小闸放制动位时间，使制动压力不得超过 360 kPa，防止擦伤车轮。返回基地后再拆检或更换调压阀，并利用管路风压吹出管道异物，重新调整到小闸最高制动压力为 360 kPa。

2. 小闸上闸慢。

(1)原因分析:小闸下的调压阀脏堵,使供风量不足。

(2)处理方法:如果此现象只限于一个驾驶室操纵时,应急将 A、B 阀转换成本务机,改用大闸操纵。返回基地后再拆检或更换调压阀,并利用管路风压吹出管道异物,重新调整到小闸最高制动压力为 360 kPa。

### 8.5.6　干燥器常见故障与检修

干燥器常见故障及处理方法见表 8.4。

**表 8.4　干燥器常见故障及处理方法**

| 序　号 | 故障现象 | 故障原因 | 处理方法 |
| --- | --- | --- | --- |
| 1 | 总风缸压力达到(700±20) kPa 后继 | 1. 压力控制器切换差值调整不合适<br>2. 电空阀断线或其他故障,造成气控阀不能转换工作位置<br>3. 旁通管路上的截断塞门开启 | 1. 重新调整压力控制器的切换差值,使之达到(700±20) kPa 时发生电路转换<br>2. 检修电空阀<br>3. 关闭截断塞门 |
| 2 | 总风缸压力降至(600±20) kPa 后,压力不回升 | 1. 压力控制器调整杆的压力调整不合适<br>2. 压力控制器触头部位动作不正常 | 1. 重调压力控制器的最低压力控制值,并多做几次试验<br>2. 检修或更换压力控制器 |
| 3 | 干燥器"再生"后,滤清筒下气控阀口常排风不止 | 单向止回阀泄漏 | 检修或更换止回阀 |
| 4 | 总风缸排水阀排出较多水或排出白粉末物质 | 1. 活性氧化铝失效<br>2. 干燥筒内压缩弹簧压不紧,使活性氧化铝运动加剧而裂碎成粉末 | 1. 更换吸附剂<br>2. 更换吸附剂并重新组装干燥筒 |

### 8.5.7　电空阀常见故障与检修

1. 得电不吸合

造成电空阀得电不吸合的原因有二:一是电空阀线圈烧损或开路;二是因机械卡滞吸合不到位或卡死。处理过程如下:

(1)首先用万用表欧姆挡(K×1)测量两接线柱电阻值在 891～1 013 Ω 范围内,如果阻值小于标准时,为线圈烧损,此时需更换电磁线圈。若阻值为零时,为线圈短路,此现象多发生在接线柱内部外引线处,应折下磁轭外罩,将接线安装座螺栓松开,使短路的线圈接线分离,再将安装座螺栓拧紧即可。如果阻值为无穷大,为线圈开路或是从接线柱内部断线,将电空阀解体后取出线圈,线圈内部开路需更换线圈;若接线内部线头断,可用电烙铁焊接后继续使用。

(2)当用万用表测量阻值在规定范围内时,多为机械卡滞所致,需解体清洗电空阀组成零部件(除橡胶件和线圈),并检查处理之。

2. 失电不释放

造成电空阀失电不释放的原因有二:其一,自复弹簧折断或疲劳;其二,机械卡滞。

(1)首先打开下盖检查,若自复弹簧锈死、疲劳或折断,则更换自复弹簧。

(2)机械卡滞多为长时间失修所致。在使用过程中,由于防尘帽丢失后,尘埃及杂物容易侵入动铁芯和紫铜套间,所以必须解体清洗、吹扫,并用绸布擦拭干净。因此,在日常检查中,若发现防尘帽丢失,应及时配装。

3. 漏泄

(1)造成电空阀漏泄的原因有:

①阀口部被异物垫起或油垢过多。

②阀座上的锥面阀口裂损。

③阀面胶口印痕过深,胶面本身有凸起、刻痕,引起密封不良。

④密封O形圈磨耗到限或破损。

⑤阀杆过长。

(2)按照上述原因,检查并处理如下:

①解体检查上、下阀的橡胶阀口和阀座锥面阀口有无异物,并清洗、擦拭干净。

②检查阀座锥面阀口,若损伤应更换阀座。

③检查阀面胶口有无破损,对压痕过深、不平整的胶面,可在放平了的细砂布上研磨,胶层研磨量应小于0.5 mm,否则更换胶口。

④检查O形密封圈,若发现O形圈破损、老化、变形者须及时更换。

⑤测量阀杆行程,应在(1.0±0.1)mm范围内,否则加修或更换阀杆。

## 思考题与习题

1. 引起柴油机的故障有哪些主要原因?如何判断?
2. 柴油机有哪些常见故障?原因是什么?如何排除?
3. 主离合器磨损的原因是什么?如何调整和检修?
4. 万向传动装置有哪些故障,如何检查与检修?
5. 齿轮传动箱有哪些常见故障?如何检修与排除?
6. 捣固车工作装置有哪些常见故障?
7. 试分析捣固装置不能下插的故障原因。
8. 清筛机挖掘装置有哪些常见故障?如何排除?
9. 清筛机振动筛有哪些常见故障?如何排除?
10. 带式输送机如何进行检修?
11. 大型养路机械液压系统常见的故障有哪些?如何排除?
12. 大型养路机械电气控制系统常见的故障有哪些?如何排除?
13. 大型养路机械基础制动常见的故障有哪些?如何排除?

# 项目9　铁路大型养路机械检修工艺

## 学习目标

知识目标：

1. 掌握车辆预检工艺；
2. 掌握整车冲洗工艺；
3. 掌握车辆架车工艺；
4. 掌握发动机年修工艺；
5. 掌握传动轴检修工艺；
6. 掌握车轴轴箱年修工艺；
7. 掌握捣固装置检修工艺；
8. 掌握液压油泵年修工艺。

能力目标：

1. 能够按照车辆预检工艺的要求进行检修；
2. 能够按照整车冲洗工艺的要求进行检修；
3. 能够按照车辆架车工艺的要求进行检修；
4. 能够按照发动机年修工艺的要求参与检修；
5. 能够按照传动轴检修工艺的要求进行检修；
6. 能够按照车轴轴箱年修工艺的要求参与检修；
7. 能够按照捣固装置检修工艺的要求参与检修；
8. 能够按照液压油泵年修工艺的要求参与检修。

大型养路机械检修工艺以DCL-32连续式双枕捣固车为例，介绍检修工作的工序、工具工装、步骤、方法、技术参数和要求、工序间零部件的管理、检测等内容，力求具有指导性、可操作性。检修工艺编写主要依据《DCL-32连续式双枕捣固车检修规则》和《大型养路机械使用管理规则》等相关文件，按照车辆入库、车辆预检、车辆清洗、车辆架车、各系统检修、静态调试、动态调试、验收出库的检修流程。

## 任务9.1　车辆预检工艺

### 9.1.1　检修前准备

1. 内容与适用范围

(1)内容：DCL-32K捣固车的预检流程使用的材料、主要工具及设备、基本要求、工艺流程、技术要求及安全注意事项。

(2)适用范围:适用于 DCL-32K 捣固车的预检工作。

2. 引用标准

(1)《DCL-32K 连续式双枕捣固车检修规则》。

(2)《大型养路机械使用管理规则》。

3. 主要材料

柴油、机油、齿轮油、液压油、冷却液、润滑脂。

4. 主要设备及工具

检修坑、股道、登高工具、检查工具、通信工具、量具、红外线测温仪、铁鞋、防护备品。

5. 基本要求

(1)环境场地:检修坑及试验线路状态良好。

(2)人员:持有岗位合格证的操作人员。具备操作相关设备作业能力的人员。

(3)攀爬车顶需要采用专用登高设备,登高作业应指定专人防护,在车顶工作时必须系好安全带,地沟作业佩戴好安全帽。

(4)试车时做好防护:设置铁鞋、施加手制动防止车辆溜逸。车辆静态或动态时,停车股道一般为空线,如同一股道有车辆时,前后车辆不少于 10 m 安全距离。指定专人负责观察邻线状态,保证安全。

(5)人员应穿戴劳保用品,静态预检时,检修坑及车辆周边地面无油无水。特殊天气要有防滑措施。动态预检时比照现场施工要求做好车辆现场防护。

### 9.1.2　检修工艺流程

检修工艺流程:汇总不良状态内容—组织预检—静态预检—动态预检—编制年修项目表。

(1)预检车辆提前汇总不良状态内容,交主管工程师审核后,编制不良状态项目表。

(2)检修车间制定预检计划,相关人员做好各项准备工作,重点确认预检安全措施到位,防护备品齐全。

(3)主管工程师按照预检方案组织车辆预检。

(4)静态预检如下。

①动力传动系统:相关总成安装是否牢固,部件或箱体是否存在裂纹和渗漏现象。记录缺件和问题。

②走行系统:轮对总成检查(车轮踏面、迟缓线、车轴齿轮箱油封位、箱体渗漏、轴箱内侧油封、外侧端盖、减振器及其安装)。检查车轴齿轮箱安全悬挂装置、缓冲垫、锁紧螺帽、连接杆、传动轴保险架。记录缺件和问题。

③车钩及缓冲装置:车钩三态动作确认、测量车钩高度。检查密贴式车钩。记录缺件和问题。

④液压系统:按照液压油箱及安装、散热器、管路,阀件,油缸及马达、油泵的顺序分别查验泄漏、缺件、损坏损伤情况,检查蓄能器压力是否正常。记录缺件和问题。

⑤气动系统:按照风缸及安装、管路、阀件、气缸的顺序分别查验泄漏、缺件、损坏损伤情况。记录缺件和问题。

⑥电气系统:按照电源、电气箱(车体,司机室)、操作台、线缆线槽、电气执行元件及机构的顺序进行。所有电气箱、柜、盒安装是否牢靠,密封是否完好,外观有无损伤和破坏,有无杂物。电器箱内检查内容包括:线槽和线排固定可靠、不缺件、端子排和相关元器件无烧损痕迹。仪

器仪表检查：固定是否牢靠，表面有无破损，表盘标识是否清晰，动作是否平稳稳定。确认开关、电路板、保险盒有无烧损损伤、缺失等。记录缺件和问题。

⑦工作装置：按照捣固装置、起拨道装置、道砟犁、卫星小车悬臂梁的顺序，外观检查是否存在漏油、漏风、开裂现象。记录缺件和问题。

⑧附属装置：电台、机车信号、运行监控装置等行车设备、应急系统机件齐全、安装可靠，无明显伤损。记录缺件和问题。

⑨安全锁定装置：安全和锁定装置结合系统检查时进行，机件齐全、安装可靠，无缺件。钢索、铅封等完好。记录缺件和问题。

⑩车体结构：车顶及驾驶室顶棚漏雨、车顶附属装置、空调安装、天窗及透气孔损伤及密封圈、车窗是否完好、车门是否存在变形或损伤、车门门锁状态，车体联结螺栓及减振垫有无缺损、中间车棚支撑杆有无变形。油漆有无剥落。记录缺件和问题。

(5)动态预检如下。

①车辆启动前检查由车组人员按照出车前检查要求负责检查。

②车辆启动，检查发动机运转情况，前后司机室，作业司机室各仪表仪器指示情况及司机室可以操作控制的相关设备设施是否正常。记录存在问题。

③车辆运行前检查。重点检查走行、传动系统机构及安全悬挂装置。

④制动试验：项目包括常用制动、紧急制动、旁路制动、手制动。试验过程中重点查验整车漏风现象，充风缓解时间，仪表显示状态等。

⑤运行至试验线，查验 DCL-32K 捣固车启动、运行、制动、挡位摘挂是否平稳可靠，动力传动系统是否异响。

⑥车辆作业准备：车组人员做好车辆作业前准备，检查车辆。

⑦空调开启后自动、手动模式下是否正常工作。

⑧车辆作业，在作业过程中重点查看相关仪器仪表显示，开关按钮，各锁定装置，作业机构动作，风压，液压系统压力等是否正常，有无误动作和泄漏等现象。

⑨参加预检的人员按照分工检查车辆，检查时按动力系统、传动系统、走行系统、工作装置、测量系统、基础制动、气动系统、液压系统、电气系统、车体及司机室、空调、三项设备等的分类进行。同时做好检查记录。

⑩应急收车试验：车辆作业状态下采用应急系统收车。查验应急发动机、液压泵站、作业机构是否正常。记录存在问题。

⑪车辆反向运行：与进入试验线之前的运行方向相向运行，观察各操作档位、仪器仪表是否正常，与另端仪器仪表及操作比较，观察和记录显示效果，记录不一致现象。运行至静态预检地点。

⑫ 动态检查和记录要点：发动机怠速、工作转速、动力系统换挡换向动作及信号显示状态、空气制动系统充风缓解时间、制动降压风压、仪器仪表显示状态、液压系统、电气控制系统、压力、信号状态显示是否正常。记录存在的问题。

(6)记录：检查过程中详细记录发生的问题和异常情况。当日参加预检人员(所有人员)对记录进行整理后签字确认。原始记录转交检修车间存档保存。作为检修技术方案和过程处理的依据。

(7)预检报告：年修车辆主管工程师参与预检后依据过程检查预检原始记录编制车辆报告，针对预检过程中发现和记录的问题提出修理意见和建议。检修车间组织召开修程会，编制年修项目表。

### 9.1.3　技术要求及安全

1. 技术要求

DCL-32K 捣固车整机性能与技术参数如下。

(1)主要技术参数

| | |
|---|---|
| 外形尺寸(长×宽×高) | 27 700 mm×3 050 mm×3 750 mm |
| 整机质量 | 73 t |
| 轨距 | 1 435 mm |
| 最高双向自行速度 | 90 km/h |
| 最高连挂速度 | 120 km/h |
| 转向架中心距 | 13 800 mm |
| 从动转向架中心距材料小车轴距 | 7 500 mm |
| 转向架轴距 | 1 800 mm |
| 紧急制动距离 | ≤400 m(平直道上速度为 80 km/h) |
| 最小运行半径 | 180 m |
| 最小作业半径 | 250 m |
| 作业走行速度 | 0～2 km/h(可调) |

(2)作业精度

| | |
|---|---|
| 纵向水平 | ≤4 mm |
| 横向水平 | ±2 mm |
| 正矢 | ±2 mm |

2. 安全注意事项

(1)正确佩戴劳保用品,穿防滑绝缘胶鞋。

(2)预检过程中注意统一指挥,防止机械伤害。

(3)攀爬车辆,踩稳扶牢,防止摔倒。

(4)车顶作业要佩戴安全绳。

(5)动态预检时比照现场施工要求做好车辆现场防护。

## 任务 9.2　整车冲洗工艺

### 9.2.1　检修前准备

1. 内容与适用范围

(1)内容:DCL-32K 捣固车整车冲洗的检修过程中使用的材料、主要工具及设备、基本要求、工艺流程、技术要求及安全注意事项。

(2)适用范围:适用于 DCL-32K 捣固车整车冲洗的修理。

2. 引用标准

(1)《DCL-32K 连续式双枕捣固车检修规则》。

(2)《大型养路机械使用管理规则》。

3. 主要材料

| 序　　号 | 物资名称 | 型号规格 | 单　　位 | 数　　量 |
|---|---|---|---|---|
| 1 | 重油清洗剂 | | kg/桶 | 25 |
| 2 | 棉 纱 | 20 kg/包 | 包 | 1 |
| 3 | 塑料搅拌器 | $\phi$10 mm　$L$=1.5 m | 根 | 1 |
| 4 | 塑料薄膜 | 宽 50 mm | m | 20 |
| 5 | 扎带 | 大号 | 根 | 50 |
| 6 | 水桶 | 150 L | 个 | 1 |
| 7 | 水管 | 6 分 | m | 10 |

4. 主要设备及工具

冷热水清洗机、登高小车、铲刀、长柄毛刷等。

5. 基本要求

(1)环境场地:清洗棚、检修坑及排水设施完好、水、电设施齐全。

(2)人员:持有岗位合格证的操作人员。具备操作相关设备作业能力的人员。

(3)防护如下。

①整车防护:车外电气箱、照明灯、电气开关、电磁阀插座(头)等进行防护。

②关键部件总成防护:发动机启动电机、马达、电瓶、传感器、各种外挂电气箱、油箱盖及呼吸口等进行防护。

③人员作业防护:穿戴防水手套、雨鞋、安全帽、防水护目镜。

### 9.2.2　检修工艺流程

检修工艺流程:准备工作—油泥铲除—冲洗调试—冲洗作业。

1. 准备工作:

(1)车辆调至冲洗台位,施加手制动,前后轮对对角设置铁鞋。

(2)作业清洗平台定位锁定。登高作业人员必须采取安全措施并设专人防护。

2. 冲洗前对以下部位厚重的油泥和积碳先要用铲刀进行清理:

(1)燃油箱、液压油箱。

(2)发动机、泵驱动齿轮箱、液力机械变速箱、分动箱。

(3)车轴齿轮箱、轴箱、转向架构架。

(4)捣固装置、起拨道装置等作业装置。

3. 调试高压水枪。

(1)按照去污粉∶水=1∶5 的比例调配去污液并放入去污桶中。

(2)调节水压的大小,范围为 100~130 kg。

(3)调节出水温度的大小,温度范围为 90~100 ℃。

(4)进行试喷,确定参数是否合适。

4. 整车按从上到下,从前到后、从里到外的顺序进行冲洗。

(1)车顶:使用登高作业梯、清洗设施,从前至后进行清洗。

(2)依次对车辆中部各系统部件冲洗。

(3)油箱:检查油箱盖是否盖紧严密,冲洗表面。保证表面无油泥和污渍。

(4)车辆下部:冲洗、清理或清除转向架、齿轮箱上的粉尘结块、油泥、渣土等附着物,保证总成部件表面无浮尘、油渍。

5. 各总成、系统清洗。

(1)液压系统:对伺服阀、比例阀等阀件的电气插头进行防水包扎,冲洗后,保证液压系统各部件表面、阀件表面无油泥。

(2)电气系统:冲洗前,对电气系统各电气箱、电磁阀、开关、电气插头等进行包扎防水处理。冲洗后,要求表面无浮尘、油泥。

(3)散热器:对散热器及散热管进行清洗,保证散热器表面无油泥和污渍。

(4)工作装置:清除工作装置上的粉尘结块、油泥、渣土等附着物。

(5)驾驶室:清洁电气箱、座椅、操作台,表面无浮尘、油迹。

6. 检查:清洗完毕,冲洗人员与验收人员对冲洗车辆进行检查确认。

7. 搬运:验收合格后,拆除电气设备上的防护设施,作业现场工具、材料、登高小车按规定复位。

### 9.2.3 技术要求及安全

1. 技术要求

(1)冲洗时冲洗喷枪与冲洗面的距离要求:厚重油污距离为 0～10 cm,轻微的油污距离为 30～50 cm。

(2)冲洗喷枪同冲洗面的角度为 30°～60°,一般情况下保持 45°。

(3)冲洗时的速度要求。对于厚重的油污,要求喷枪按照上面的距离和角度不动,直到油污冲洗掉,再进行下一部位的冲洗;对于轻微的油污,按照 10～12 m/min 的速度进行冲洗;介于两者之间的油污,综合运用以上两种方式进行冲洗。

(4)冲洗完后进行检查对没有冲洗干净的部位用棉纱进行擦拭后补充冲洗。

(5)对发动机、油箱、变矩器箱、转向架、轮对总成要针对连接面、底面进行专门冲洗,一次冲洗不净用钢丝刷清除污垢再行冲洗直至冲洗干净为止。

2. 安全注意事项

(1)正确佩戴劳保用品,穿防滑绝缘胶鞋。

(2)严禁用喷枪头对准清洗人员,防止人员受伤。

(3)攀爬车辆,踩稳扶牢,防止摔倒。

(4)车顶作业要佩戴安全绳。

(5)作业过程中,严禁踩踏电气箱、电磁阀接头,油管路等部件。

## 任务 9.3 车辆架车工艺

### 9.3.1 检修前准备

1. 内容与适用范围

(1)内容:DCL-32K 捣固车的架、落车过程中使用的材料、主要工具及设备、基本要求、工艺流程、技术要求及安全注意事项。

(2)适用范围:适用于 DCL-32K 捣固车的架车和落车。

2. 引用标准

(1)《DCL-32K 连续式双枕捣固车检修规则》。

(2)《大型养路机械使用管理规则》。

3. 主要材料

| 序 号 | 物资名称 | 型号规格 | 单 位 | 数 量 |
|---|---|---|---|---|
| 1 | 油管堵头 | 各规格 | 套 | 4 |
| 2 | 风管堵头 | 各规格 | 套 | 4 |
| 3 | 棉 纱 | 20 kg/包 | 包 | 1 |
| 4 | 塑料薄膜 | 宽 50 mm | 米 | 5 |
| 5 | 扎带 | 大号 | 根 | 50 |

4. 主要设备及工具

电动架车机 8 台、捣固车专用架车登 8 台、天车 1 台、地沟、照明、地沟电源。

电动扭矩扳手 2 套、开口扳手 4 套、150 mm 活动扳手 2 把、铜棒 2 根、10 t 千斤顶 2 台、25T 吊带 4 根,传动轴托架工装一套。

5. 基本要求

(1)环境场地:检修坑及地面设施完好、照明设施齐全。

(2)人员:持有岗位合格证的操作人员。持有岗位操作合格证、电工作业证,熟悉大机车辆结构,熟练操作架车机、天车等设备的人员。

(3)防护:架落车过程中,不能有人员上下车辆,钻爬车辆。

### 9.3.2 检修工艺流程

指定专人进行分工和交底,安全员负责安全盯控,由负责人统一指挥,控制台 1 人操作,每台架车机安排 1 人盯控。车体与转向架连接拆卸、安装人员 4 人。

架车流程如下。

架车:拆卸车体连接件→架车准备→架车→推出转向架。

落车流程如下。

落车:推进转向架→落车→移出架车机→连接。

1. 架车

(1)拆卸车体连接件

①拆除传动轴,拆除转向架与车体的牵引杆。

②拆除转向架上与车体的连接油管。

③拆除转向架与车体连接的风管。

④拆除连接地线,轴温传感器与车体连接电源线。

⑤对所有拆卸的连接做好编号标记,在落车时防止错接。

(2)架车设备准备

①连接架车机电源线:由持有电工作业证人员,连接 8 台架车机与电器控制台的电缆,架车机编号与电器控制台电缆接头编号一致,连接电器控制台与 380 V 电源。

②控制电缆接好后,根据相应的架车机操作规程试车。

③将 8 台架车机安放在车辆两侧有承重标志处。

④编号 1 号、3 号、5 号、7 号在一侧，2 号、4 号、6 号、8 号在另一侧，其中 1 号、2 号一组，3 号、4 号一组，5 号、6 号一组，7 号、8 号一组。

⑤摇动架车机手轮，升出架车机托头，调节托头伸出量，使托头面积全部位于边梁下方顶升位。

(3)顶升作业

顶升作业时，车体下严禁站人，架车机启升前，响铃警示。架车过程中，各架车机同起同落，作业组人员精力集中，随时观察架车高度，一旦发现异常，将控制台断电锁闭，进行处置。

(4)推出转向架

①架车机升至控制台窗口显示高度 1 200 mm 时，将控制台断电锁闭。推出转向架，设置防溜。

②转向架在推出时不得碰撞车体上的设备。

2. 转向架部件的吊装、转运

吊装、转运时，必须设置专人(持有起重机械指挥证)指挥，专人防护。天车吊装部位下部严禁站人。

3. 落车

(1)推进转向架

①按架车的逆向流程执行。落车时，车体上、下严禁站人，启降时响铃警示。

②落车至控制台窗口显示高度 200 mm 时，操作台断电锁闭，整理油管、风管、电缆，调整转向架位置，使上下心盘中心对齐后，落车到位。

(2)移出架车机

①断开电源后，拆除 380 V 电源线，拆除控制台与各架车机之间的电缆。

②将架车机托头停在低位，转动手轮将托头缩回，对机器进行清扫擦拭，整理工作场地，收好连接电缆。

③将架车机、清筛机专用架车支架及电气控制台搬运到到规定的定置位置。

(3)连接

落车完毕，按照拆卸所做标记编号对之前拆卸零部件进行连接。

### 9.3.3 技术要求及安全

1. 技术要求

(1)架车支承点的选择：有顶车标识的车必须按顶车标识位架车，无标识的架车点一般选择旁承位或枕梁位的两侧边梁。

(2)将架车凳、架车机放至架车支承点旁，在架车凳、架车机与地面，架车凳、架车机与车架接触位置之间，垫纸板或薄木板以对地面及车架进行防护。使用架车机时应靠近车体，以不侵车体外轮廓为标准；然后伸出托板，尽量使托板与车体的接触面达到最大，以不接触除被顶起部分以外的物体为标准，同时不能影响在架车后的施工作业。

(3)利用架车机抬升车辆前，安全防护人员应检查车下及车内是否有其他人员施工，并告知其离开架车作业范围。

(4)待架车辆抬升：

①使用架车机抬升车辆时，应先进行点动试架准备：点动试车每台架车机空载正常，限位行程开关无卡死现象，托板伸缩无阻碍，托板紧固螺钉无松脱。点动升降时不允许单台架车机单独升降，允许同端的两台架车机同时点升车体，但提升高度不要超过 100 mm 且另一端车轮

下必须放置止轮器。

②点动试架：先试架 100 mm 高度，试架过程中各作业人员应注意观察架车机是否有异常，试架后对点进行测量，以便检查控制系统及各架车机是否正常。一切正常后，可开始按操作规程进行架车。

(5)车辆抬升过程中，架车作业总负责人应一直走动观察各机升降是否一至，并观察整车前后、左右是否有偏斜。使用架车机抬升时，按移动电动架车机操作规程操作架车机。

(6)使用架车机落车作业。架起过程与前面所述相同，落车时，则应将对应的转向架按图纸要求放置于主车架下方的正确位置，在将车架缓缓落下，对位过程中可推动转向架使转向架中心与车架的相对位置对准。

(7)整个升降过程，每个人员必须听从总控人的指挥，任何人不得玩忽职守擅离监控号位。

2. 安全注意事项

(1)车辆两端对角设置防溜铁鞋，作业人员佩戴安全帽、穿戴劳动保护用品，执行架车机安全操作规程。

(2)修理过程的防护：防尘、防污染、防碰撞(包括油管接头锥形面)等。

(3)零部件存放：解体零件按要求存放，当日作业完成后需进行现场整理和清点，防止丢失、损伤。

## 任务9.4　发动机年修工艺

### 9.4.1　检修前准备

1. 内容与适用范围

(1)内容：DCL-32K 捣固车 BF12L513C 发动机年修过程中使用的材料、主要工具及设备、操作步骤及基本要求。

(2)适用范围：适用于 DCL-32K 捣固车 BF12L513C 发动机年度检修。

2. 引用标准

(1)《DCL-32K 捣固车检修规则》。

(2)《BF12L513C 操作手册》。

(3)《B/FL513/413F/C 风冷柴油机风压室压力及曲轴箱废气压力检测规程》。

(4)《YANMAR 操作手册》。

3. 主要材料

| 序　号 | 部　位 | 物资名称 | 型号规格 | 数　量 |
|---|---|---|---|---|
| 1 | BF12L513C | 空滤芯 | 216 5059 | 2个 |
| 2 | BF12L513C | 安全滤芯 | 414 4966 | 2个 |
| 3 | BF12L513C | 进气管垫 | 414 1486 | 若干 |
| 4 | BF12L513C | 卡箍 | 117 3970 | 8个 |
| 5 | BF12L513C | 风扇外油封 | 116 4594 | 1个 |
| 6 | BF12L513C | 联轴器弹簧片 | 213 1436 | 若干 |
| 7 | BF12L513C | 风扇胶辊 | 214 9805 | 10个 |

续上表

| 序　号 | 部　位 | 物资名称 | 型号规格 | 数　量 |
|---|---|---|---|---|
| 8 | BF12L513C | 气门室盖衬垫 | 214 4838 | 12 个 |
| 9 | BF12L513C | 柴油粗滤铜网滤芯 | 117 2715 | 1 个 |

4. 主要设备及工具

套筒扳手、开口扳手、风管、一字型螺钉旋具、风扇耦合器拆卸顶具、柴油盆、毛刷、铲刀、撬棍、风扇油封打入工具、U 形压力计、橡胶导管及接头、0.2 mm 及 0.3 mm 塞尺、角度刻度纸、手电筒、布料、毛细管液面指示器、机油滤链钳、锯弓等。

5. 基本要求

(1)场地:清洗棚,有地沟,光线充足。

(2)人员:持证机械钳工或大机操作工,熟悉发动机结构。

(3)通用防护要求:车辆做好防溜措施,车轮对角反向设置防溜铁鞋。

### 9.4.2　检修工艺流程

1. 发动机机油取样。

(1)发动机停放在清洗棚地沟位置,车轮对角反向上好止轮器。

(2)发动机启动 30 min,停机。

(3)准备好取样瓶,在取样瓶标签上写上车号、发动机编号、油类代码、取样时间等信息。

(4)通过机油油标尺口,进行机油取样。取样时,与取样器连接的软管从游标尺口伸入发动机底部,接触底壳后往上提起约 100 mm 再取样,取样后送化验室。

2. 更换发动机机油。

(1)地沟中放置废油桶,位置对准发动机底部放油口。

(2)拆卸发动机底壳废油排油软管,拆卸堵头,将废油排入废油桶。

(3)废油排出后,软管静止垂放 15 min,将发动机底部废油排尽。

(4)堵上排油管软管堵头,固定。

(5)通过发动机加油口,使用漏斗向发动机内加注新机油。油位在油窗 1/2～2/3 处。

3. 更换发动机机油滤芯。

(1)油盆放置在机油滤筒下,做好机油外溢防护。

(2)拆卸旧有滤芯。皮带扳手套住滤芯筒外围靠上不易变形位置,旋转拆卸,拆卸的旧滤芯报废处理。

(3)检查。检查滤筒安装位 O 形圈是否变形、破损,如出现变形、破损,更换 O 形圈。

(4)安装新滤芯。安装前,先将滤芯筒内装满机油,安装好 O 形圈,对接安装位,手工旋转初步安装后,再使用皮带扳手旋转紧固。

4. 更换发动机柴油滤芯、油水分离器滤芯。

(1)油盆放置在柴油滤(油水分离器)筒下,做好机油外溢防护。

(2)关闭柴油管路折角塞门,切断油路,拆卸旧有滤芯。皮带扳手套住滤芯筒,旋转拆卸,报废处理。

(3)检查。检查滤筒安装位 O 形圈是否变形、破损,如出现变形、破损,更换 O 形圈。

(4)安装新滤芯。安装前,先将滤芯筒内装满柴油,安装好 O 形圈,对接安装位,手工旋转初步安装后，再使用皮带扳手旋转紧固。

(5)打开柴油油路折角塞门，手动下压手动柴油泵，排除柴油管路中的空气。

5. 更换空气滤芯。

(1)检查外观。检查空气滤芯外筒外观、固定及连接。外筒变形严重，影响滤芯安装的，进行修复或更换，连接件锈蚀严重的更换。

(2)拆卸。松开外筒端盖固定旋钮，取下端盖，拔出内部原滤芯 2 层(初滤芯和安全滤芯)，报废处理。

(3)清洁。使用棉纱擦拭筒内部，清除粉尘。有条件的话，再采用风枪吹洗。

(4)安装新滤芯。手工安装新的初滤芯和安全滤芯，然后使用橡胶锤轻敲滤芯端部，端口平面低于外筒端盖面，扣上端盖，拧紧端盖旋钮。

6. 检查和调整气门间隙。

检查摇臂座紧固螺母是否异常，检查调整螺钉，检查摇臂、摇臂座是否有异常磨损，排除相关故障，冷机状态下(发动机冷却 7 h 左右)检查调整气门间隙，更换气门室密封垫。

(1)用 13 mm 套筒扳手打开全部气门室盖，用 17 mm 扳手逐个依次检查摇臂座紧固螺母，保证每只螺母都紧固到位、可靠。

(2)逐个检查摇臂座摇臂轴及摇臂内孔、摇臂承压面磨损情况，有异常磨损时检查摇臂工作状态，查找原因并排除故障，更换摇臂。

(3)逐个依次检查调整螺栓螺纹是否完好，按照工艺要求检查调整气门间隙，调整完成后用 17 mm 扳手检查调整螺栓固定螺母，保证可靠。

7. 检查清理风扇转子，检查风扇进油管路是否通畅。

(1)用 10 mm 套筒扳手拧开 3 只风扇端盖紧固螺栓，拧开风扇进油管与机油滤支架的 19 mm紧压螺母，用 10 mm 套筒扳手拧开耦合器罩盖 3 只固定螺栓，使用风扇耦合器拆卸顶具顶出罩盖。

(2)将罩盖内残留的硬质油泥杂物清理，并放入柴油盆内用柴油浸泡，随后用毛刷清洗，清洗干净罩盖内机油残留杂物；清洗耦合器内机油残留杂物。

(3)用风管吹通风扇进油管。

(4)将清洗后的罩盖装入风扇内，安装 3 只固定螺栓及垫片拧紧并保证其稳定可靠；安装风扇端盖、风扇进油管及 3 只端盖固定螺栓及垫片并拧紧，保证其稳定可靠，拧紧风扇进油管与机油滤支架的紧压螺母。

8. 检查风扇进气通道是否有堵塞现象，清理附着在静叶轮上的异物，检查风扇内油封是否漏油，漏油时更换风扇内油封，排除相关故障。

9. 检查风扇传动系统，风扇传动箱及传动轴是否正常，检查风扇胶辊磨损情况，排除相关故障。

10. 检查整车线路连接正确性及可靠性。

11. 检查、调整或更换发动机皮带，挠度应≤10 mm，检查各紧固件是否稳定。

12. 检查支腿减振橡胶块有无损坏，支腿螺栓是否松动。

13. 清洁发动机。检查清洗机油散热器、液压油散热器、中冷器、气缸套等散热部件表面异常附着物，保证正常散热。

使用清洁剂清洁发动机：

(1)取下冷却空气盖板。

(2)把普通冷清洗剂喷到发动机上,并保留大约 10 min。

(3)用高压水将发动机清洗干净。

(4)必要时可重复这一过程。

(5)装上冷却空气盖板。

(6)使发动机预热运转,使残余水蒸发。

使用压缩空气清洁发动机:

(1)取下冷却空气盖板。

(2)用蒸气清洗发动机(不可用气流直喷发动机的敏感部件,如发电机、起动马达)。

(3)装上冷却空气盖板。

(4)使发动机预热运转,使残余水蒸发。

14. 发电机组。

安装检查:电机固定支座无裂纹,固定螺栓紧固。

外观检查:尾部风扇安全外罩固定良好,机体外表无破损,铭牌、安全警示标识无缺失。电气柜固定牢靠,仪表显示正常,门合页状态良好。

### 9.4.3 技术要求及安全

1. 技术要求

(1)安装新的空气滤芯时,为使滤芯就位,使用橡胶锤敲击部位为滤芯金属边沿,避免敲击变形。

(2)安装机油滤芯前,滤筒内灌满机油再进行安装,减少空气进入。

(3)新机油滤筒安装时,使用皮带扳手时,皮带缠绕部位尽量靠近滤筒上方,防止滤芯变形。

(4)安装机油滤芯时,应使用固定扳手及专用扳手解体、组装。

(5)更换柴油滤芯前,关闭油路折角塞门,切断油路,油盆接收好溢出柴油。

(6)新燃油滤筒安装时,使用皮带扳手时,皮带缠绕部位尽量靠近滤筒上方,防止滤筒变形。

(7)应使用固定扳手及专用扳手解体、组装,禁止使用活扳手作业。

2. 安全注意事项

(1)戴好口罩、手套、穿好劳保鞋等劳动保护用品。

(2)作业完毕,擦拭地面洒落机油,防止人踩踏滑倒。

(3)应使用固定扳手及专用扳手解体、组装。

(4)清洗后的废弃物,需专门存放,不能随地乱倒。工作场地严禁烟火。

## 任务 9.5 传动轴检修工艺

### 9.5.1 检修前准备

1. 内容与适用范围

(1)内容:本标准规定了 DCL-32K 捣固车传动轴检修过程中使用的材料、主要工具及设备、基本要求、工艺流程、技术要求及安全注意事项。

(2)适用范围:本标准适用于 DCL-32K 捣固车传动轴检修。

2. 引用标准

(1)《DCL-32K 捣固车检修规则》。

(2)《大型养路机械使用管理规则》。

3. 主要材料

| 序　号 | 物资名称 | 型号规格 | 单　位 | 数　量 |
|---|---|---|---|---|
| 1 | 传动轴 | KGW180.1000.110.00 | 根 | 1 |
| 2 | 传动轴 | KGW180.0950.110.00 | 根 | 1 |
| 3 | 传动轴 | KGV180.1250.110.80 | 根 | 1 |
| 4 | 传动轴 | KGW180.0950.110.00 | 根 | 2 |
| 5 | 传动轴 | LZ420LA40/UD72.2719G-A | 根 | 1 |
| 6 | 传动轴 | LZ325LA35/0112130 | 根 | 1 |

4. 主要设备及工具

荧光磁粉探伤机、磁粉探伤仪、扭力扳手、叉口扳手、棘轮扳手、麻绳、方木垫板、一字起、白色记号笔、钢丝刷、小铲刀、小撬棍、黄油枪。

5. 基本要求

(1)环境场地：检修库,有地沟,照明光线充足。

(2)人员：持有Ⅱ级探伤证的探伤工2人；持证机械钳工或大机操作工,熟悉传动轴结构。

(3)防护：

①车辆做好防溜措施,车轮对角反向设置防溜铁鞋；

②地沟上部传动轴安装位盖好作业平板；

③作业时戴安全帽。

### 9.5.2　检修工艺流程

流程：标示—拆卸—运输—修理—探伤—保养—运输—安装—检查。

1. 做标记

用白色记号笔在传动轴轴身上花键轴与花键套间纵向画两条非平行直线；在轴身上划一箭头,箭头方向指向动力输入方向；轴身上写上传动轴型号或连接位置(如“发动机—分动箱”)。

2. 传动轴拆卸

对走行部位(连接变速箱与车轴齿轮箱、车轴齿轮箱之间)的粗大传动轴,使用专用工装承托架；拆卸传动轴两端连接。

3. 运输

传动轴使用专用小车运输到探伤工位,装在小车上,要求两端法兰处于自由状态。

4. 修理

(1)外观检查。轴身外表碰伤变形；花键轴密封胶层有无损伤；黄油最完好状态,润滑时是否有油脂溢出等项目检查。传动轴表面碰伤超过限度报废；花键轴密封胶层损伤报废；黄油嘴损坏更换黄油嘴。

(2)润滑。对传动轴注入油脂进行润滑,十字节、轴套等处油脂溢出为标准。

(3)传动防护罩修理。外观检查防护罩,有变形、焊缝开裂等现象时,进行矫正、补焊处理。

5. 探伤

(1)除漆。使用脱漆剂喷涂传动轴法兰盘加强筋、轴身连接耳、轴身焊缝、轴身表面,待到脱漆剂起反应,表面漆层脱皮后,使用钢丝刷和铲刀清除表面漆层,直到露出金属本色。

(2)探伤。采用传动轴荧光磁粉探伤机进行湿法探伤,或者使用磁探钳进行干法探伤。重点探伤部位:法兰加强筋、轴身连接耳、轴身焊缝。

(3)判伤。传动轴探出有伤时,一律进行报废处理。

6. 安装

(1)对位。安装前,使用麻绳、垫板将传动轴吊起来或垫到安装需要高度,安装过程中使用小撬棍调整安装高度,对螺栓孔位置并穿插螺栓。

(2)螺栓紧固。紧固螺栓时,先用小力矩对称紧固,然后按照规定力矩要求对称紧固,使得同一法兰上各螺栓的力矩一致。

(3)检查调整。检查传动轴与保护罩之间的缝隙,轴身不得擦碰保护罩,转动传动轴,最小间隙大于 8 mm。

### 9.5.3 技术要求及安全

1. 技术要求

(1)传动轴在年修时进行检修。

(2)拆卸前,走行系统大直径传动轴使用专用工装拆卸;传动系统传动轴使用麻绳吊起或方木垫在传动轴地下,防止传动轴螺栓拆卸后掉落碰伤。安装前,走行系统大直径传动轴使用专用工装安装;传动系统传动轴使用麻绳、垫板将传动轴吊起来或垫到安装需要高度。

(3)运输过程中传动系统传动轴使用专用运输小车进行运输,传动轴法兰处于自由状态。

(4)传动轴连接螺栓是一次性的,重装传动轴时必须更新。

(5)应使用固定扳手及专用扳手解体、组装,禁止使用活扳手作业。

2. 安全注意事项

(1)粗大传动轴拆卸、安装及运输时注意重物伤人。

(2)清洁后的废弃物,需专门存放,不能随地乱倒。

(3)工作场地严禁烟火。

## 任务 9.6　车轴轴箱年修工艺

### 9.6.1 检修前准备

1. 内容与适用范围

(1)内容: DCL-32K 捣固车转向架车轴轴箱检修过程中使用的材料、主要工具及设备、基本要求、工艺流程、技术要求及安全注意事项。

(2)适用范围:适用于 DCL-32K 捣固车轴箱检修。

2. 引用标准

(1)《DCL-32K 连续式双枕捣固车检修规则》。

(2)《大型养路机械使用管理规则》。

3. 主要材料

刀口布、松锈剂。

4. 主要设备及工具

扭力扳手、专用扳手、铜棒、手锤。

5. 基本要求

(1)场地:有地沟,照明光线充足。

(2)人员:持证机械钳工或大机操作工,熟悉车轴轴箱结构。

(3)防护:车辆防溜措施,做好铁鞋制动。

### 9.6.2 检修工艺流程

1. 清洁。将轴箱表面油泥、灰尘、锈垢等彻底清除。

2. 外观检查。检查轴箱连接件状态:弹簧、油压减震器、轴端传感器、箱体外表面等。

3. 解体。拆卸轴箱外围附件,包括油压减震器、轴端速度传感器等。拆卸轴箱端螺栓,取下轴端盖、固定螺栓、止退片、压板等。

4. 清洗、检查。清洗、清洁轴箱内的原有油脂。目视检查轴箱内部轴承内圈,外圈,滚珠,保持架等各部状态。

5. 安装。安装轴端压板、止退片、固定螺栓、轴端盖、油压减振器、轴端传感器等。

6. 超声波探伤车轴后涂抹新的油脂,上好轴承压板、止退片、轴端盖,注意轴承压板螺栓力矩必须达到规定要求。

7. 总成检查。

(1)安装:轴端盖螺栓固定牢靠;轴箱悬挂螺栓固定牢靠;轴端盖上的止退片卷边折叠扣押在六角螺栓侧面。

(2)外观:轴端盖无裂纹。

(3)连接:轴箱弹簧检点锤敲击声音清脆无断裂,底部下橡胶垫无老化;油压减振器上下连接橡胶减振无老化,上下连接销两端垫圈、开口销无缺失。轴箱拉杆端盖胶垫无破损。

### 9.6.3 技术要求及安全

1. 技术要求

(1)主要技术参数

| 序　号 | 名　称 | 主要技术参数 |
|---|---|---|
| 1 | 轴承轴向游隙 | 0.125～0.165 mm |
| 2 | 轴箱孔直径 | $215^{+0.022}_{-0.007}$ mm |
| 3 | 轴承内圈与轴颈配合过盈量 | 0.037～0.061 mm |
| 4 | 防尘挡圈与防尘板座的、配合过盈量 | 0.027～0.105 mm |

(2)应使用固定扳手及专用扳手解体、组装,禁止使用活扳手作业。

(3)车轴端盖拆卸后,做好防尘措施。

(4)带爪止退片、开口销是一次性配件,拆卸后换新。

2. 安全注意事项

(1)清洗后的废弃物,需专门存放,不能随地乱倒。

(2)工作场地严禁烟火。

# 任务 9.7 捣固装置检修工艺

## 9.7.1 检修前准备

1. 内容与适用范围

(1)内容:DCL-32K 捣固车捣固装置检修过程中使用的材料、主要工具及设备、基本要求、工艺流程、技术要求及安全注意事项。

(2)适用范围:适用于 DCL-32K 捣固车捣固装置的修理。

2. 引用标准

(1)《DCL-32K 连续式双枕捣固车检修规则》。

(2)《大型养路机械使用管理规则》。

3. 主要材料

夹持油缸、密封组件、捣镐、镐臂、润滑油脂。

4. 主要设备及工具

专用检修工装、专用检修工具、拆卸(安装)专用工装;5 t 行吊、电动叉车、电动搬运车、液压压力机、液压试验台、钳工桌、手电钻、硅整流电焊机、氧乙炔、液氮、高压清洗机、空压机、常用检修工具等。

5. 基本要求

(1)环境场地: 检修库内照明设备良好。

(2)人员:持有岗位合格证的操作人员。具备操作相关设备作业能力的人员。

(3)防护:

①整车防护:车辆两端对角轮对设置铁鞋,施加手制动,防止车辆溜逸。

②叉车防护:叉车作业半径内严禁站人。

③人员作业防护:穿戴劳保鞋、安全帽、防护手套。

## 9.7.2 检修工艺流程

1. 外观检查

(1)清洁捣固装置箱体、油缸、气缸等部件,检查箱体、悬臂支承部等无裂纹;检查支撑臂连接螺栓的紧固情况;各螺栓、螺母无松动,垫圈、开口销无丢失、损伤。

(2)检查内外夹持油缸、加宽块气缸的活塞杆无较深的拉伤、磕伤或镀铬层磨损情况,油缸各部件无漏油,防尘圈无破损、脱出;检查内外夹持油缸铰接部位、气缸销和行程挡块销损坏或异常情况。

(3)检查振动轴油封和镐臂密封处无漏油;振动轴润滑油箱和镐臂润滑油箱油位应在上下刻度范围中。

(4)检查镐臂捣镐安装孔,无磨损变大不能紧固捣镐;检查镐头磨损情况和镐头紧固螺栓的紧固状态,捣镐损坏、镐掌高度小于 56 mm、镐身与镐掌过渡部位磨损变细、硬质合金捣镐的硬质合金片碎裂时,应更换捣镐。

(5)检查振动马达安装情况,油管、法兰有无漏油。

(6)清洁导向柱,检查导向柱有无严重磨损、碰伤等缺陷;检查导向柱上连接板、下安装座有无明显裂纹、变形和安装座紧固螺栓、导柱定位螺栓等的紧固情况。

(7)检查提升油缸、吊架、支承板无裂纹、变形等缺陷;检查支承板、吊架各部螺栓、螺母、垫圈、定位销无缺失,螺栓、螺母无松动;检查提升油缸活塞杆、缸盖、管接头、油堵、阻尼堵等无渗漏,活塞杆无较深的拉伤、磕伤或镀铬层磨损严重,油缸各部件无漏油、防尘圈检查无破损、脱出。

(8)检查所有硬管、软管有相互摩擦,管夹板无缺失,夹板紧固螺栓无松动,软管无磨损超限;清洁油气路集成块,无裂纹、渗漏等缺陷;更换油箱内的润滑油,检查油窗、箱体无渗漏。

(9)清洁储油罐,加注润滑脂到储油罐刻线以上;检查集中润滑系统工作情况:主油泵应工作正常,压力表压力在 10 MPa 以下,系统无泄漏,监视所有部位有油脂溢出;清洁分配器,检查其紧固情况,无泄漏;润滑管路无鼓包、破损,接头无断裂。

2. 更换配件

(1)更换外夹持油缸

①拆除外夹持油缸的液压油管、气缸的供气软管和挡块销的润滑油管,并在管接头上安装相应的盖形螺母进行防护。

②使用天车将外夹持油缸吊住。拧下外夹持油缸两端的连杆销上的螺母,取下垫圈。使用拔销工装拔出油缸两端的连杆销。使用天车将外夹持油缸吊离捣固装置。

③取出活塞杆头部的隔套,将气缸、翻转挡块、固定挡块从外夹持油缸上拆下。

④检查新的外夹持油缸是否完好,是否有漏油。检查连杆销是否有损伤,如有损伤须修复或更换。检查尼龙垫圈是否磨损严重,选用松紧合适的尼龙垫圈。

⑤在活塞杆头部装入隔套。使用天车将新的外夹持油缸吊到安装位置。在内、外油缸铰接位置安装尼龙垫圈。使用假销给油缸的前、后铰接孔定位,并使用定心套固定住。

⑥使用液氮将连杆销冷却,装入到油缸铰接孔中,将定心套顶出。待恢复常温后,安装垫圈和螺母并拧紧。

⑦安装气缸、翻转挡块和固定挡块。

⑧安装油气管路。

(2)更换镐臂

①拆下连杆销和镐臂销上的螺母和垫圈。

②使用拔销工装拔出连杆销和镐臂销。使用天车将镐臂吊离捣固装置。拆除镐臂铜套上的旧的轴向密封。

③新的轴向密封圈内孔涂润滑油,用手套装在铜套法兰上,然后用压入套轻轻地把轴向密封圈打入到根部。

④在隔套内放入两个定心套,新的承压盘凹面涂润滑脂后挂在轴向密封圈上。

⑤用撑开螺栓把镐臂张开一些,把镐臂吊起,靠近安装位置,然后把承压盘轴向压紧,把镐臂推移就位,插入假销。镐臂和油缸活塞杆用定心销销住。

⑥在销孔中推入一个定心套,抽出假销。

⑦镐臂销外圆面及螺纹涂润滑油,石棉绳浸水后包住承压盘。用氧乙炔割矩均匀烤热镐臂销孔的凸台部位,装入镐臂销。

⑧用铜棒把镐臂销轴向打紧靠死,安装垫圈和螺母。

⑨安装连杆销及其垫圈、螺母。

(3)更换气缸

①拆除气缸的管路。将气缸活塞杆收到底部。

②拆除气缸两端销轴的锁紧螺母，敲出铰接销轴，拆下旧气缸。

③将新气缸安装到位，装入铰接销轴，安装垫片和锁紧螺母。锁紧螺母每次拆解后需更换。

④安装管接头及管路。气缸材料为铝合金，螺纹易损坏，气缸管接头的拧紧扭矩为30 N·m，需控制拧紧力。

(4)更换捣镐

①使用套筒扳手松开捣镐夹紧螺栓。拆下捣镐的吊紧螺栓。

②拆下两夹紧螺栓中间的塑料螺堵，使用顶镐螺栓将捣镐孔撑开(螺栓顶端接触孔底后，再拧紧约3/4～1圈)。捣镐将自行脱落。如有必要，可轻轻敲击捣镐。

③在将捣镐安装到镐臂上之前，先要检查捣镐是否洁净，表面是否有划痕。根据情况进行砂磨或清洗，捣镐与镐臂接触的部位涂少许润滑油(不能涂抹油脂)，使得捣镐装入顺滑。

④使用顶镐螺栓将捣镐孔撑开(螺栓顶端接触孔底后，再拧紧约3/4～1圈)。顶镐螺栓拧入过多会造成捣镐孔异常变形，捣镐装不进。

⑤按照正确的方向将捣镐装入镐臂。拆下顶镐螺栓，安装吊紧螺栓。再将夹紧螺栓拧紧。外镐臂捣镐夹紧螺栓扭矩为350 N·m，内镐臂捣镐夹紧螺栓扭矩为500 N·m。需将上下两个夹紧螺栓进行多轮紧固。

(5)更换联轴器

①拆下支撑臂与箱体的连接螺栓，拆下支撑臂。

②拆下旧的外侧爪形法兰、尼龙罩和橡胶圈。

③拆除内侧爪型法兰与飞轮的连接螺钉，拆下内侧爪型法兰。

④在飞轮上安装新的内侧爪型法兰及其螺钉等。安装新的橡胶圈。

⑤将尼龙罩和外侧爪型法兰组装到一起，并安装到飞轮上。

⑥安装支撑臂及其连接螺栓和螺母等。

3. 台架试验

(1)捣固装置4 h台架试验，模拟夹持与振动动作。

(2)内外夹持油缸活塞杆每10 s全行程伸缩循环一次。

(3)连续运转4 h。其中振动轴转速不低于额定转速的50%运转1.5 h，不低于额定转速的75%运转1 h，额定转速的100%运转1.5 h，达到每一转速对应的运转时间后测量各轴承温度。振动轴承部位温度≤115 ℃，其他部位轴承≤85 ℃。

(4)观察液压、润滑、气动系统及软管情况。液压元件、润滑元件及气动元件等各密封处无渗漏。

### 9.7.3　技术要求及安全

1. 技术要求

(1)振动轴转速：约2 100 r/min。

(2)捣镐振动频率：约35 Hz。

(3)捣固装置各点压力如下：

| | | |
|---|---|---|
| 9 000～15 000 kPa | 外夹持油缸夹持压力(夹持油缸大腔) | 捣固系统 |
| 15 000 kPa | 外夹持油缸张开压力(夹持油缸小腔) | 捣固系统 |

续上表

| | | |
|---|---|---|
| 3 500 kPa | 内部夹持油缸张开压力(夹持油缸大腔) | 张开系统 |
| 15 000 kPa | 内夹持油缸夹持压力(夹持油缸小腔) | 作业系统 |
| 18 000 kPa | 捣固装置振动驱动马达 | 振动系统 |

(4)振动马达 M14X50-10.9,紧固力矩 185 N·m。

(5)镐掌高度不小于 56 mm。

2.安全注意事项

(1)正确佩戴劳保用品,穿防滑绝缘胶鞋。

(2)严禁用喷枪头对准清洗人员,防止人员受伤。

(3)攀爬车辆,踩稳扶牢,防止摔倒。

(4)车顶作业要佩戴安全绳。

(5)作业过程中,严禁踩踏电气箱、电磁阀接头,油管路等部件。

# 任务 9.8　液压油泵年修工艺

## 9.8.1　检修前准备

1.内容与适用范围

(1)内容:DCL-32K 捣固车液压油泵年修过程中使用的材料、主要工具及设备、基本要求、工艺流程、技术要求及安全注意事项。

(2)适用范围:适用于 DCL-32K 捣固车液压油泵的修理。

2.引用标准

(1)《DCL-32K 连续式双枕捣固车检修规则》。

(2)《大型养路机械使用管理规则》。

3.主要材料

煤油、干净的纸张、塑料塞、塑料袋、塑料板、棉丝或棉布。

4.主要设备及工具

铲刀、扳手、内六角扳手一套、螺丝刀、干净的油桶、压缩空气。

5.基本要求

(1)环境场地:检修库内照明设备良好。

(2)人员:持有岗位合格证的操作人员。具备操作相关设备作业能力的人员。

(3)防护:

①车辆防护:车辆两端对角设置铁鞋,施加手制动,防止车辆溜逸。

②人员作业防护:穿戴劳保鞋、安全帽、防护手套。

③拆卸液压元件防护:拆解的液压元件密封且单独存放,防止污染和碰坏。

## 9.8.2　检修工艺流程

1.检查:

(1)安装接合面有无泄漏,连接的液压油管及接头无泄漏,泵体外观有无破损。

(2)检查安装座的固定螺栓是否紧固、牢固。对松动的螺栓按规定力矩进行紧固。

(3)运转良好,无异响或异常振动现象,无异常啸叫声,无高温现象。

2.拆卸(需下车试验的液压泵):

(1)拆卸前,必须将液压泵表面的油泥或灰尘清除干净,防止在分解部件时落入系统内部。

(2)拆卸液压泵管路时,在管路上面做好标记,以便二次安装,并在管端安上塑料塞。

(3)使用强度符合安全要求的绳索将泵体在车体上固定牢靠后,拆卸液压泵固定螺栓。

(4)拆下的零部件密封面应及时用胶纸缠好,以防止磕碰,小的零部件应用干净的塑料袋密封保存。

(5)拆下的液压泵进出油口必须用塑料塞塞好或用胶纸粘盖好(严禁用棉布、或木塞代替)。

3.清洗:用煤油进行清洗,完工后应吹净吹干,摆放整齐,盖湿润无毛边布,避免新的粉尘与颗粒粘上。

4.检查泵体是否有裂纹,花键轴及花键套是否磨损。

5.试验:利用试验台,测试液压泵的额定压力、流量和容积效率。

6.根据试验结果,判定液压泵的性能,修复或更换。

7.安装:

(1)安装前须保证液压泵壳体内充满液压油。

(2)安装连轴节时,忌用锤击,以免损坏液压泵转子等零件。

(3)紧固液压泵安装螺栓时,螺栓受力应均匀并牢固可靠。

(4)用手转动联轴节时,应感觉到液压泵传动轻松、无卡住或异常现象,然后安装拆卸时所做标记进行配管。

### 9.8.3　技术要求及安全

1.技术要求

(1)各泵主要参数如下表:

| 项　目 | 工作转速/($r \cdot min^{-1}$) | 排量/($mL \cdot r^{-1}$) | 工作压力/MPa | 回　路 |
|---|---|---|---|---|
| 三联泵 | 2 257 | 120.3 | 14 | 捣固头振动马达驱动 |
| | | 70.3 | 15 | 夹持(高压)系统 |
| | | 58.3 | 18 | 内侧捣镐张开 |
| 三联泵 | 2 257 | 120.3 | 18 | 捣固头振动马达驱动 |
| | | 34.1 | 15 | 夯拍振动、散热驱动 |
| | | 21.3 | 25 | 液压空调系统、背压、散热油源 |
| 双联泵 | 2 150 | 120.3 | 14 | 工作系统 |
| | | 70.3 | 14 | 工作系统 |
| 柱塞泵 | 2 150 | 100(主泵) | 21 | 作业走行驱动 |
| | | 34(辅泵) | 2.8 | |

(2)各油泵输入轴所能承受的轴向及径向力有限,安装过程中应缓慢用力,禁止野蛮安装。

(3)对于走行变量泵,如果走行控制压力可以达到系统要求,并且无其他异常情况,年检可以不予以检修;否则应予以拆卸送专业机构进行检修。

(4)对于振动变量泵,如果振动控制压力可以达到系统要求,并且无其他异常情况,年检可以不予以检修；否则应予以拆卸送专业机构进行检修。

(5)对于叶片泵，应单独进行测试，如果可以使作业系统可以达到 12～15 MPa，并且无其他异常情况，可以不予以检修；否则应予以拆卸送专业机构进行检修。

(6)液压泵的噪声应在 75～80 dB 间。

(7)液压泵的温度不得超过 80 ℃，正常在 35～70 ℃。

(8)拆卸前，先泄压，并关闭液压泵进出油口的球阀。

(9)安装后，打开液压泵进出油口的球阀时需先进行排气。

2. 安全注意事项

(1)液压泵拆卸不可直接从高处将泵体掉到地面。

(2)拆卸零件中不允许敲打、撞击。

(3)将元件清洗干净吹干，严禁使用棉纱头清洗零件，应当采用毛刷或稠布。

(4)熟知拆卸顺序，不得损坏零部件，特别是不得损坏密封件。

(5)拆下的小零件要分别装入干净塑料袋中保存，避免碰撞。

## 思考题与习题

1. 车辆预检需要准备哪些材料、设备及工具？简述车辆预检工艺。
2. 整车冲洗前有哪些基本要求？简述整车冲洗工艺。
3. 车辆架车前有哪些基本要求？简述车辆架车工艺。
4. 发动机年修需要准备哪些材料、设备及工具？简述发动机年修工艺。
5. 传动轴检修需要准备哪些材料、设备及工具？简述传动轴检修工艺。
6. 车轴轴箱年修需要准备哪些材料、设备及工具？简述车轴轴箱年修工艺。
7. 捣固装置检修需要准备哪些材料、设备及工具？简述捣固装置检修工艺。
8. 液压油泵年修需要准备哪些材料、设备及工具？简述液压油泵年修工艺。

# 附录：大型养路机械常见车型应急故障处理办法

**DC-32 捣固车应急故障处理**

| 序号 | 故障现象 | 故障可能原因 | 处理方法 |
|---|---|---|---|
| 1 | 1. 整车不缓解<br>2. 某一转向架不缓解 | 1. B2 箱继电器故障，程控信号或接地线断开<br>2. 制动压力阀不得电，电源线断或阀故障 | 1. 更换继电器或技术员查找处理<br>2. 检查电源，若有电，则调整或更换阀 |
| 2 | 作业时液压制动失效、溜车 | 1. 作业支撑未打紧<br>2. 空气制动有小压力存在<br>3. 减压阀失效 | 1. 打紧作业支撑<br>2. 缓解空气制动<br>3. 修复或更换 |
| 3 | 作业走行打滑、前冲 | 1. 作业走行液压流量过大<br>2. 制动压力太小 | 1. 关闭辅助走行，调节走行节流阀<br>2. 调整制动压力至车体不前冲、车轮不打滑为止 |
| 4 | 夹持动作故障 | 1. 外镐动作太小或无动作<br>2. 挟持动作过大，翻动轨枕 | 1. 检查夹持压力，调整夹持流量<br>2. 异步同力通过左右压力、前后流量反复调整，反复实验，直至合适为止 |
| 5 | 拨道无力现象 | 1. 滤芯堵塞<br>2. 旁通阀坏<br>3. 拨道油缸严重内泄<br>4. 拨道伺服阀故障，伴有振动或不规范动作 | 1. 清洗或更换滤芯<br>2. 更换旁通阀<br>3. 检测后确认修理或更换<br>4. 专业技术检修 |
| 6 | 作业过程中内镐突然不动作 | 1. 4.5 MPa 的溢流阀故障<br>2. 功率放大板继电器故障<br>3. 电控阀故障 | 1. 修复或更换<br>2. 更换相应继电器<br>3. 修复或更换 |
| 7 | 作业时，主驱动马达不能正常工作，辅助驱动马达能正常工作 | 1. 控制走行方向的电液换向阀故障<br>2. 作业油路上的溢流阀有故障<br>3. 油马达本身有故障 | 修复或更换 |
| 8 | 捣固车在作业时，突然作业走行失灵 | 三联泵故障 | 更换 |
| 9 | 在拨道动作中，突然出现拨道动作有，但拨道表针不回零，拨道动作不结束现象 | 1. 拨道传感器插头内拨道正矢值输出端连线松动<br>2. 加在传感器两端的电源接触不良 | 1. 紧固<br>2. 检查修复 |

续上表

| 序　号 | 故障现象 | 故障可能原因 | 处理方法 |
|---|---|---|---|
| 10 | 拨道动作无 | 1. 程控系统不输出拨道动作控制信号 Q1A<br>2. EK-2106LV 板不输出伺服电流 | 1. 检查程控系统<br>2. 更换 EK-2106LV 板 |
| 11 | 左右起道抄平表均在起道位，但均无起道动作，亦即双侧不起道 | 1. 前测量小车未放下<br>2. 前张紧小车或测量小车锁定行程开关故障<br>3. 左右夹钳近轨感应开关故障 | 1. 放前测量小车<br>2. 修复或更换<br>3. 修复或更换 |
| 12 | 左右起道抄平表均在起道位，但一侧无起道动作，亦即单侧不起道 | 1. 功放输出板 EK-554P 无功放信号输出，相应继电器故障<br>2. 起道电磁换向阀 1S3 或 1S4 的电磁线圈故障<br>3. 电磁换向阀本身故障 | 1. 更换功放板上相应继电器<br>2. 更换起道电磁换向阀 1S3 或 1S4 的电磁线圈<br>3. 更换电磁换向阀 |
| 14 | 作业中水平表来回摆动，造成水平很难控制与调整 | 两侧起道动作完成一先一后，即起道不同步 | 调整两侧起道电流一致或更换起道较慢一侧的起道伺服阀 |
| 15 | 捣固装置无下插动作 | 1. 深度传感器电位计损坏<br>2. 深度传感器 2 kΩ 电阻松动<br>3. 深度传感器＋10 V 插头接地<br>4. 深度传感器钢弦从索轮中脱出<br>5. 无 Q10、Q11 信号 | 1. 更换电位计<br>2. 紧固<br>3. 更换插头<br>4. 重调钢弦并调试<br>5. 检查程控系统 |
| 16 | 捣固装置下插越来越浅 | 深度传感器拨叉与捣固装置之间的连接板松动 | 紧固 |
| 17 | 捣固装置无上升动作 | EK-8BLV 没有 10 V 电源输出 | 更换 LM747 元件 |
| 18 | 捣固装置提升时冲击到顶 | 深度传感器索轮与其传动轴脱开 | 紧固或更换传感器 |
| 19 | 动作中出现二次冲击 | 深度传感器拨叉与壳体干涉 | 调整传感器垂直度 |
| 20 | 夹持时间过长 | 1X17、1X18 信号不同步 | 调整同步 |

**DCL-32 捣固车应急故障处理**

| 序　号 | 故障现象 | 故障可能原因 | 处理方法 |
|---|---|---|---|
| 1 | 作业主开关打开后，程控系统、拨道系统、捣固系统、起道系统无电 | 继电器 5d9 故障 | 更换 |
| 2 | 作业主开关打开后，程控系统无电 | 1. 保险 18e7 断路<br>2. 保险 18e8 断路<br>3. 电源板 EK-812SV 故障 | 1. 更换<br>2. 更换<br>3. 更换 |

续上表

| 序　号 | 故障现象 | 故障可能原因 | 处理方法 |
| --- | --- | --- | --- |
| 3 | 准备作业时，程控系统的功率放大板的指示灯显示不正常，所有的液压电磁阀处于失电状态 | “看门狗”电路板 EL-T5533.002 坏 | 更换 |
| 4 | 作业中起拨道装置失去控制，无信号输出时自动进行起拨道 | 1. 程控主板 EK-503P 故障<br>2. 程控主板 EK-503P 松动 | 1. 更换<br>2. 紧固 |
| 5 | 准备作业时，发动机无法起动，打开作业主开关时所有功率放大板都无电，输入输出板有电 | 1. B95 箱继电器 d1 动作不良或故障<br>2. B95 箱继电器 d2 动作不良或故障 | 1. 更换<br>2. 更换 |
| 6 | 捣固头不下插 | 1. 程控信号 Q10、Q11 无输出<br>2. 10U5 电源板 EK-813SV 的±10 V、±15 V 输出不正常<br>3. 深度传感器的弦线断开<br>4. QLB0 或 QLB1 烧掉<br>5. 插在比例方向阀 1S17 或 1S18 上的电源插头松动<br>6. 捣固头升降控制板 EK-176V 板故障 | 1. 查看 Q10、Q11 的程控内容，让输入信号满足条件<br>2. 更换 EK-813SV<br>3. 更换<br>4. 更换继电器 QLB0、QLB1<br>5. 紧固插头<br>6. 更换 |
| 7 | 捣固头不提升 | 1. 提升信号 Q18 无输出<br>2. 继电器 7U2/A 故障<br>3. 插在比例方向阀 1S19 或 1S20 上的电源插头松动 | 1. 查看 Q18 的程控内容，让输入信号满足条件<br>2. 更换<br>3. 重新紧固 |
| 8 | 工作小车不前进 | 1. 程控信号 Q61 无输出<br>2. 10U5 电源板 EK-813SV 的±10 V、±15 V 输出不正常<br>3. 小车走行传感器进水或弦线断开<br>4. QLB2 烧掉<br>5. 插在比例方向阀 1S388 上的电源插头松动<br>6. 工作小车走行控制板 EK-2.61V4 故障<br>7. 继电器 QL25 烧掉 | 1. 查看 Q61 的程控内容，让输入信号满足条件<br>2. 更换 EK-813S<br>3. 更换<br>4. 更换<br>5. 紧固插头<br>6. 更换<br>7. 更换 |
| 9 | 工作小车不后退 | 1. 小车后退信号 Q70 无输出<br>2. 继电器 7U2/B 烧掉<br>3. 插在比例方向阀 1S389 上的电源插头松动<br>4. 继电器 QL25 烧掉 | 1. 查看 Q70 的程控内容，让输入信号满足条件<br>2. 更换<br>3. 紧固插头<br>4. 更换 |
| 10 | 工作小车制动后不缓解 | 1. 继电器 QL24 烧掉<br>2. 气动电磁阀 1S443 堵塞 | 1. 更换<br>2. 清洗或更换 |

续上表

| 序　号 | 故障现象 | 故障可能原因 | 处理方法 |
|---|---|---|---|
| 11 | 作业中大车不能前进 | 1. 作业走行信号 Q04 无输出<br>2. 工作小车传感器故障<br>3. 继电器 7U1/B 烧掉<br>4. 6U7 电源板 EK-813SV 的±10 V、±15 V 输出不正常<br>5. 继电器 QL37 烧掉<br>6. 伺服阀 1S390 的电源插头松动<br>7. 作业驱动控制板 EK-319LV 故障<br>8. 走行旁通阀 1S387 故障 | 1. 查看 Q04 的程控内容，让输入信号满足条件<br>2. 更换<br>3. 更换<br>4. 更换<br>5. 更换<br>6. 紧固插头<br>7. 更换<br>8. 更换 |
| 12 | 作业中大车不能后退 | 1. 大车后退信号 Q42 无输出<br>2. 继电器 7U1/C 烧掉 | 1. 查看 Q42 的程控内容，让输入信号满足条件<br>2. 更换 |
| 13 | ALC 在起机过程中显示器无图像显示，多次起动 ALC 仍无反应 | 1. 显示器与主机箱的连接线松动<br>2. 显卡的插脚松动 | 1. 检查并紧固<br>2. 检查并紧固 |
| 14 | 发动机转速不能控制，只有怠速 | 油门电机控制板 EL-T5311. 02b 故障 | 修复或更换 |
| 15 | 发动机的停机电磁铁 1S6 不动作 | 1. 继电器 5U5/D 烧掉<br>2. 继电器 13d8 烧掉<br>3. G66 未接地<br>4. B13 箱的 313 箱至停机电磁铁 1S6 的电线插头松动<br>5. 停机电磁铁的接地线松脱 | 1. 更换<br>2. 更换<br>3. 检查降功电路板 EL-T5390. 00a<br>4. 紧固插头<br>5. 紧固接地线 |
| 16 | 机械车高速运行时，换挡时发动机熄火 | 油门感应开关 1b823 松掉或烧掉 | 紧固或更换 |
| 17 | 前端偏移量不能调成零位 | E52(+10 V)或 E53(−10 V)线头端子松落 | 紧固线头端子 |
| 18 | 作业中某一股不起道 | 1. Q06 或 Q07 无输出<br>2. 继电器 QL2E 或 QL2F 烧掉<br>3. 抄平模拟控制板 EK-347LV 坏<br>4. 抄平伺服阀 1S1 或 1S2 的插头松动<br>5. 10U1 电源板 EK-813SV 的±10 V、±15 V 输出不正常 | 1. 查看 Q06、Q07 的程控内容，让输入信号满足条件<br>2. 更换继电器<br>3. 更换电路板<br>4. 紧固插头<br>5. 更换 |
| 19 | 作业时起道指示表无反应，而夹钳将钢轨无止限的起道 | 1. 抄平传感器的弦线断<br>2. 抄平传感器的弦线连接杆断 | 1. 更换<br>2. 更换 |
| 20 | 作业中某股水平总是高 | 左右超高调整板 EL-T5140 坏 | 更换 |

**QS-650 清筛机应急故障处理**

| 序　号 | 故障现象 | 故障可能原因 | 处理方法 |
|---|---|---|---|
| 1 | 功率不足 | 1. 燃油泵处离心滤清堵塞<br>2. 空气滤清脏污 | 1. 清洗<br>2. 清洗、更换滤清器 |
| 2 | 运转过程中突然熄火 | 1. 保护电路动作<br>2. 燃油系统进空气 | 1. 检查各保护项目是否处于正常，如液压油位，风压，机油压力等<br>2. 排空气 |
| 3 | 运转过程中气缸处、机油散热器处冒机油 | 1. 密封垫损坏<br>2. 螺丝松动 | 1. 更换<br>2. 紧固 |
| 4 | 走行压力前后不一致 | 1. 走行电磁阀松动<br>2. 车轴配油盆内泄<br>3. 走行压力变化 | 1. 紧固<br>2. 修复<br>3. 调整压力至正常 |
| 5 | 主齿轮箱压力、温度报警 | 1. 电磁阀误动作<br>2. 油位过高<br>3. 滤清器堵塞<br>4. 箱内油液污染 | 1. 检查更换<br>2. 放油至规定油位<br>3. 清洗或更换<br>4. 更换 |
| 6 | 补油(回油)滤芯报警 | 1. 压力继电器失效<br>2. 滤芯脏堵 | 1. 检查更换<br>2. 清洗或更换 |
| 7 | 液压缸内泄、漏油 | 密封圈破裂 | 更换 |
| 8 | 溢流阀压力波动 | 1. 阀座松动<br>2. 阀芯弹簧失效<br>3. 密封圈破裂 | 1. 紧固<br>2. 更换<br>3. 更换 |
| 9 | 振动筛激振器透气孔冒油 | 1. 油位过满<br>2. 回油滤清器堵塞 | 1. 放油至规定油位<br>2. 清晰或更换 |
| 10 | 工作中主离合器灯报警 | 1. 继电器误动作<br>2. 离合器压紧力不足<br>3. 气阀穿风 | 1. 检查更换<br>2. 调整离合器压紧力<br>3. 检查更换 |
| 11 | 工作中回转输送带低头 | 1. 液压锁密封不良<br>2. 伸缩油缸内泄 | 1. 更换液压锁<br>2. 更换密封圈 |
| 12 | 工作中输送带跑偏造成堵带 | 1. 调整螺杆处松动<br>2. 滚筒弹出<br>3. 石渣卡带<br>4. 负荷突增 | 1. 紧固<br>2. 检查，重装<br>3. 清除<br>4. 减速 |
| 13 | 角滚轮销轴断裂 | 1. 挖掘张度过大<br>2. 润滑不足造成烧轴 | 1. 调整张紧度<br>2. 检查润滑装置，加强润滑作业 |
| 14 | 弯角导槽裂纹 | 1. 操作不当造成<br>2. 角滚轮润滑不良 | 1. 正确操作<br>2. 检查润滑系统 |
| 15 | 发动机在运转过程中突然停机 | 1. 柴油不足<br>2. 液压油泄漏严重<br>3. 主风缸风压低于 5 kg<br>4. d3 继电器失效<br>5. 紧急按钮被按下 | 1. 检查补充<br>2. 检查补充<br>3. 重起<br>4. 更换<br>5. 复位 |

**PGM-48 打磨车应急故障处理**

| 序　号 | 故障现象 | 故障可能原因 | 处理情况 |
|---|---|---|---|
| 1 | 发动机无法启动 | 1. 走行液压油过少<br>2. 其他原因参照发动机应急故障处理 | 1. 检查并补充走行液压油 |
| 2 | 发动机自动停机 | 1. 机油油位太低<br>2. 走行液压油油位太低<br>3. 冷却液液位过低<br>4. 冷却液温度过高<br>5. 柴油机超速<br>6. 空气滤芯真空度过高 | 1. 补充机油<br>2. 补充液压油<br>3. 补充冷却液<br>4. 检查冷却风扇运转情况，停机冷却<br>5. 检查油门执行器的接线情况 |
| 3 | 发动机转速不稳 | 1. 柴油滤芯真空度过高<br>2. 电子调速器故障 | 1. 更换柴油滤芯<br>2. 重新调整电子调速板 |
| 4 | 模块通道开路 | 1. 线缆接触不良或破皮损坏<br>2. 模块相应通道接口损坏 | 1. 清洗后重装或更换线缆<br>2. 更换模块 |
| 5 | 模块与 JAM 无通信 | 1. 网络线损坏或接触不良<br>2. 模块损坏 | 1. 更换或拧紧网络线<br>2. 更换模块 |
| 6 | 打磨作业时磨头不能向内侧偏转 | 1. 控制该磨头工作的 I/O 电路板不能正常稳定的工作<br>2. 偏转电机驱动电源线断<br>3. 控制向内侧偏转的计算机指令输出的 MODULE 不能正常工作<br>4. 控制向内偏转的继电器开关不能在复位弹簧的力作用下复位 | 1. 拔出该 I/O 电路板，并对该电路板插槽进行清洁、冷却<br>2. 更换电源线<br>3. 更换 MODULE<br>4. 更换控制向内的继电器开关 |
| 7 | 磨头工作过程中在计算机上突然显示不能偏转 | 信息反馈的角度检测电路不得电，电源整流电路板的接线柱接触不良 | 紧固接线柱后重新启动计算机 |
| 8 | 磨头在停泵以后短时间内出现所有磨头慢慢下落现象 | 节流卸荷阀与打磨激活阀的密封圈老化 | 更换密封圈或集成阀座 |
| 9 | 磨头工作时偏转不正常 | 角度反馈信号线接触不好，使反馈信号极不稳定地波动，造成偏转电机不停的内外偏转 | 更换反馈信号线后 |
| 10 | 增压机电机驱动电路跳闸 | 电容烧坏 | 更换电容 |
| 11 | 运行时某轴向前进时压力过低，影响整个走行系统的速度 | 控制向前运行的泵的输出压力传感器故障 | 更换压力传感器 |
| 12 | 挡火板放下后不能提起来 | 1. 提升气缸的进气阀锈死<br>2. 控制阀座不能动作 | 1. 清洗进气阀<br>2. 更换阀座 |
| 13 | 磨头不能动作 | 提升控制阀的先导电磁阀块失效 | 更换先导电磁阀块 |

续上表

| 序　号 | 故障现象 | 故障可能原因 | 处理情况 |
| --- | --- | --- | --- |
| 14 | 600 V发电机无电压输出 | 1. 励磁输出线断路<br>2. 电压调整器电源未合上<br>3. 主断路器跳闸<br>4. 电压调整器损坏<br>5. 发电机输出端断路器跳闸<br>6. 一次励磁回路有短路 | 1. 检查并修复励磁回路电路<br>2. 合主开关<br>3. 主断路器复位合上<br>4. 更换电压调整器<br>5. 断路器复位合上<br>6. 检查并处理短路 |
| 15 | 600 V输出不足/过高 | 电压调整器增益/衰减调整过大 | 调整电压调整器的输出电压调节开关 |
| 16 | 磨头角度无法到位 | 偏转电机电源线短路，断路器烧坏 | 更换电源线 |
| 17 | 偏转电机角度显示异常 | 反馈保险烧断 | 更换保险 |

**WD-320稳定车应急故障处理**

| 序　号 | 故障现象 | 故障可能原因 | 处理方法 |
| --- | --- | --- | --- |
| 1 | 模拟抄平控制装置不工作 | 电源EK-813SV故障 | 更换 |
| 2 | 作业时无振动现象 | 1. EK-2031LV故障<br>2. 电位计2F3故障<br>3. 振动电磁阀1S236接线松动或故障 | 1. 更换<br>2. 更换<br>3. 拧紧或更换 |
| 3 | 作业不能走行 | 1. EK-2032LV故障<br>2. 电位计2F6故障<br>3. 电磁阀1S237接线松动或故障 | 1. 更换<br>2. 更换<br>3. 拧紧或更换 |
| 4 | 振动频率无显示 | 1. EK-2031LV故障<br>2. 振频传感器接线松动或故障 | 1. 更换<br>2. 拧紧或更换 |
| 5 | 走行速度显示不正常 | 1. EK-2032LV故障<br>2. 走行速度传感器接线松动或故障 | 1. 更换<br>2. 拧紧或更换 |
| 6 | 振动幅度无显示 | 1. EK-2033LV故障<br>2. 加速度传感器接线松动或故障<br>3. 电荷放大器故障 | 1. 更换<br>2. 拧紧或更换<br>3. 更换 |
| 7 | 程控系统不能工作 | 1. 程控电源板故障<br>2. 程控主板故障<br>3. 各接线端是否牢固 | 1. 更换<br>2. 更换<br>3. 拧紧 |

**SPZ-200配砟车应急故障处理**

| 序　号 | 故障现象 | 故障可能原因 | 处理方法 |
| --- | --- | --- | --- |
| 1 | 作业时不能前进和后退 | 1. 液压油箱油位过低或吸油管口在油面以上<br>2. 吸油管折断或破碎<br>3. 滤油器污染严重<br>4. 变量马达失灵，内泄严重<br>5. 辅助泵失灵，无压力<br>6. 变量泵高压溢流阀失灵，主油路无压力<br>7. 短路阀失控，无压力<br>8. 换向电磁阀不工作 | 1. 加液压油<br>2. 修复<br>3. 清洗或更换<br>4. 修理或更换<br>5. 修理或更换<br>6. 修理或更换<br>7. 修理或更换<br>8. 修理或更换 |

续上表

| 序　号 | 故障现象 | 故障可能原因 | 处理方法 |
|---|---|---|---|
| 2 | 起动慢有异常噪声 | 1. 液压油中气泡太多，油箱油太少<br>2. 滤油器污染严重<br>3. 变量马达压力阀失灵 | 1. 加液压油<br>2. 清洗或更换<br>3. 修理或更换 |
| 3 | 油温太高 | 1. 油位太低或用错了液压油<br>2. 吸油管不密封，进气<br>3. 泵失灵，溢流阀动作 | 1. 加液压油<br>2. 修理<br>3. 修理或更换 |
| 4 | 减速不平稳 | 系统中节流阀孔太大 | 更换 |
| 5 | 驱动转速未达到 | 控制压力未建立或压力太小 | 建压或调整压力 |
| 6 | 作业时系统无压力 | 溢流阀故障 | 修理或更换 |
| 7 | 油缸动作过快或过慢 | 单向阀故障 | 修理或更换 |
| 8 | 中翼犁无动作 | 电磁换向阀故障 | 修理或更换 |
| 9 | 输送带不能动作 | 电磁换向阀故障 | 修理或更换 |

# 参考文献


[1] 张永革. 机电设备检修技术[M]. 北京：人民交通出版社，2012.

[2] 吴先文. 机电设备维修技术[M]. 北京：机械工业出版社，2009.

[3] 佘贵川. 大型养路机械运用管理[M]. 北京：中国铁道出版社，2008.

[4] 毛必显，蒋红晖. 道依茨风冷柴油机的构造与原理[M]. 成都：西南交通大学出版社，2008.

[5] 毛必显，孙宝清. 液压传动原理与故障诊断[M]. 成都：西南交通大学出版社，2007.

[6] 赵风德. 动力稳定车[M]. 北京：中国铁道出版社，1995.

[7] 中国铁路总公司. 大型养路机械使用管理规则[S]. 北京：中国铁道出版社，2015.

[8] 寇长青，宋慧京. 全断面枕底清筛机[M]. 北京：中国铁道出版社，1998.

[9] 毛必显. 大型养路机械 YZ-1 型空气制动机[M]. 北京：中国铁道出版社，2000.

[10] 许安，崔崇学. 工程机械维修[M]. 北京：人民交通出版社，2004.